AVANT QUE LA NUIT NE VIENNE

DES MÊMES AUTEURS

Pierre de Bénouville

SAINT LOUIS OU LE PRINTEMPS DE LA FRANCE, Robert Laffont ; Livre de Poche, 1970.

BAUDELAIRE LE TROP CHRÉTIEN, Bernard Grasset, 1936.

LE CHEMIN BRÛLÉ, Darentière.

LE SACRIFICE DU MATIN, Robert Laffont, 1945 ; 1983.

Laure Adler

À L'AUBE DU FÉMINISME. LES PREMIÈRES JOURNALISTES, Payot, 1979.

SECRETS D'ALCÔVE : UNE HISTOIRE DU COUPLE DE 1830 À 1930, Hachette Littératures, 1983 ; réédition Complexe, 1990.

L'AMOUR À L'ARSENIC : HISTOIRE DE MARIE LAFARGE, Denoël, 1986.

LA VIE QUOTIDIENNE DANS LES MAISONS CLOSES DE 1830 À 1930, Hachette, 1990.

LES FEMMES POLITIQUES, Seuil, 1994.

L'ANNÉE DES ADIEUX, Flammarion, 1995 : réédition J'ai Lu, 1996.

MARGUERITE DURAS, Gallimard, 1998.

À CE SOIR, Gallimard, 2000.

En collaboration :

MISÉRABLE ET GLORIEUSE. LA FEMME AU XIXe SIÈCLE *(sous la direction de Jean-Paul Aron)*, Fayard, 1981.

AVIGNON : 40 ANS DE FESTIVAL *(avec Alain Veinstein)*, Hachette, 1987.

PIERRE DE BÉNOUVILLE

AVANT QUE LA NUIT NE VIENNE

entretiens avec Laure Adler

BERNARD GRASSET
PARIS

PRÉFACE

Il s'asseyait sous le tableau, sa canne négligemment posée du côté droit. Il regardait dans le vide après avoir fort courtoisement, en inclinant ses yeux, salué. Il semblait plongé dans des pensées profondes. L'attente manifestement ne lui coûtait guère. Déjà il donnait l'impression d'avoir fort à faire avec lui-même.

Je l'ai croisé ainsi chaque fin de semaine pendant des mois, à la toute fin des années 80. Je l'appelais le visiteur du vendredi. J'appris bien vite que sa ponctualité n'avait d'égale que la régularité de ses rencontres avec François Mitterrand qui – hasard ou simple coïncidence, jeu de rôles ou désir d'alliances, nul ne le saura jamais – nous fixait rendez-vous le même jour à la même heure au premier étage du palais de l'Elysée où je travaillais à l'époque. Devant le tableau donc.

Pourquoi avait-il choisi de ne pas le voir ? Toujours assis avant moi, il me laissait par conséquent le fauteuil en face. Et, pour moi, chaque semaine, c'était toujours le même émerveillement devant ce bleu si fragile de la lumière du début de l'hiver, ces champs nus, cette sensation d'espace que le peintre avait su, par ses aplats de couleurs et sa maîtrise de l'espace, donner à voir.

Un jour – cela devait arriver – le Président fut si en retard qu'il en vint à sortir de son bureau pour s'excuser auprès de ses visiteurs. Impossible de ne pas faire les présentations. « C'est une femme dangereuse. Elle aime les livres » – dit-il à son ami, ajoutant en haussant les sourcils avec une expression de commisération – « mais elle n'est pas encore atteinte, mon cher Pierre, par notre passion, la bibliophilie. »

C'est ce « pas encore » porteur d'espoir qui nous valut de nous revoir. Mais je compris seulement dix ans plus tard, au hasard d'une conversation sur l'Italie, que le visiteur du vendredi avait choisi de ne pas voir ce tableau. Il ne correspondait pas à la période préférée de ce peintre qu'il tenait en si haute estime.

De Balthus, en effet, il n'aimait que les tableaux d'intérieurs. Les huis-clos où les chats, seuls, sont porteurs de vérité et d'éternité. Des saisons, il n'aimait que le printemps et s'émerveilla, jusqu'à la fin de sa vie, des premiers bourgeons de l'amandier qui poussait en bas de son immeuble juste à la frontière de Paris où les oiseaux bâtissent encore des nids dans les arbres des squares. Des fleurs, il aimait à la folie les orchidées, celles d'une blancheur nacrée avec une teinte pourpre dans le cœur. Il les regardait et les soignait avec une douceur stupéfiante. Une orchidée séchée avait été placée dans la bouche d'un bouddha qui souriait là, énigmatique, dans ce salon-bibliothèque où il a passé les dernières années de sa vie. Mais ce qu'il aimait par-dessus tout, c'était les livres, ses livres, sa collection exceptionnelle de livres de bibliophile. Stendhal bien sûr, mais aussi Montaigne, les encyclopédistes, les théologiens. Ses livres, il les touchait, on pourrait dire qu'il les caressait, mais il en connaissait aussi par cœur chaque page. A s'imprégner physiquement et intellectuellement de cette joie que fut la lecture, il dépensera, durant ces dernières années, toute son énergie. Il voyait peu de monde et ses blessures qui l'empêchèrent de sortir, à la fin de sa vie, devinrent aussi le prétexte à rester chez lui pour lire, méditer, lire de nouveau et prier.

Le livre qu'on va lire est composé à partir d'entretiens réalisés entre septembre 1998 et juin 2000. Editeur chez

Grasset à cette époque, j'avais proposé à Pierre de Bénouville – j'avais donc eu la chance de le rencontrer plusieurs fois grâce à son ami d'adolescence, François Mitterrand, et j'avais vécu avec lui cette journée bouleversante de commémoration du cinquantenaire du débarquement – d'écrire des Mémoires. Auteur de plusieurs ouvrages (Saint Louis ou le Printemps de la France, Baudelaire le trop chrétien, Le Chemin brûlé), *il n'avait rien publié depuis 1945 où, grâce à l'enthousiasme de Robert Laffont et avec l'aide de sténodactylos réquisitionnées par l'armée sur son lit d'hôpital, il avait dicté son admirable texte sur la Résistance,* Le Sacrifice du matin.

Il m'expliquera, plus tard, devant ma naïveté fougueuse et mon insistance, qu'il avait été courtisé par de nombreux éditeurs et qu'il avait refusé toutes les propositions. Il y a peut-être un âge où l'on a plus envie de se confier, de raconter à quelqu'un d'une autre génération des fragments de sa vie. Pierre de Bénouville n'avait pas d'enfant mais sans doute le désir de laisser quelque chose à la postérité. Une leçon de vie ? Sûrement pas. Trop sarcastique et dur vis-à-vis de lui-même, il ne se considérait pas comme l'incarnation de la vertu, tant s'en faut. Il se vantait plutôt et de manière élégante d'avoir toujours été politiquement incorrect, à contre-courant, en éveil permanent, et d'avoir toujours su donner corps à ses passions tant physiques qu'intellectuelles et politiques. Contre toute attente, après avoir tergiversé et s'être laissé prier – et grâce à la complicité affectueuse de Jean-Claude Fasquelle –, il accepta pourtant l'hypothèse de se raconter. Ecrire, non, hélas, il ne le pouvait plus, sa blessure l'en empêchait. Mais que je vienne l'écouter demeurait possible. Il faisait semblant d'avoir besoin de moi. Je n'étais pas dupe. Je savais cependant que ma proposition d'enregistrer l'itinéraire de sa vie tombait à pic, au moment où la mémoire, l'action de François Mitterrand étaient soumises au feu des critiques dont certaines eurent été plus pertinentes, plus efficaces si elles avaient été émises du vivant du Président. Pierre de Bénouville trouvait cette situation odieuse, en était révolté. L'ombre de François Mitterrand planait entre nous. Il y avait aussi son désir de parler, l'envie très forte de rendre hommage à son ami d'adolescence rencontré dans un dortoir de pensionnat et à qui il restera fidèle jusqu'au dernier moment.

Il fallut s'apprivoiser et mettre en place un dispositif. D'abord des déjeuners – il était gastronome, cela tombait bien – sans pouvoir noter et encore moins enregistrer. Ensuite des premiers rendez-vous avec le magnétophone. Je lui demandais de préparer, j'appuyais sur le bouton. Cela n'allait pas. Il perdait son souffle mais je n'osais pas l'interrompre quand il revenait sur ce qu'il avait dit. Jeu de rôles. Nous avons exprimé très vite notre impossibilité à travailler ainsi. Nous sommes ainsi passés très naturellement au récit de sa vie en prenant le fil chronologique et en adoptant le ton de la conversation.

Ce ne fut simple qu'en apparence. Coffre-fort symbolique de la IVe et de la Ve République, Pierre de Bénouville n'est pas seulement un patriote fervent qui, issu de l'Action française, embrassa ensuite la Résistance puis participa aux affaires de l'Etat auprès du général de Gaulle. Il est aussi l'homme des contradictions, des secrets intimes, et même de certains secrets d'Etat, l'homme de l'ombre. J'ai compris que mon rôle d'enregistreuse devait s'accompagner non seulement de celui de questionneuse, mais également parfois d'interrogatrice contradictoire. Sa version des faits sur plusieurs périodes ne coïncidait pas avec les écrits d'historiens. Certaines dates ou certaines explications qu'il avançait pouvaient varier. Il a été nécessaire de rentrer dans le maquis des publications spécialisées et de relire les manuels d'histoire, de recouper aussi ses affirmations avec celles des personnes qu'il avait côtoyées. Il a fallu la patience et la gentillesse de Jean-Pierre Azéma, de Pierre Péan qui, tout au long de ces entretiens, n'ont jamais ménagé ni leur temps ni leur peine pour répondre à mes incessantes questions et me guider vers les vrais problèmes tout en évitant les chausse-trappes qu'il me tendait.

Il n'aimait pas cela, ce rôle que je n'aurais pas dû, selon lui, m'octroyer. Avec la ferveur de la loyauté et la sincérité de l'amitié et de l'admiration que j'avais pour le grand résistant, je lui expliquais que je n'étais pas avec lui, dans ce projet, pour le juger – de quel droit, en effet, l'aurais-je jugé, moi qui suis née après la guerre – mais pour savoir, pour comprendre des points de vue qui étaient opposés aux miens tant sur l'extrême droite française que sur la période de l'Algérie ou sur certains martyrs de la Résistance. Nous eûmes des hauts et des bas. Il me trouvait impudente à fouailler la vérité, il me battait froid quelquefois. Plus de rendez-vous, plus même de conversation au téléphone. Le temps passait. Et puis, on reprenait. Il me demandait souvent d'arrêter de noter ou de stopper le magnétophone. J'ai toujours accepté. Je n'ai jamais cherché à le piéger. Il m'avait promis de me donner un texte qu'il avait écrit sur la Cagoule. Il me l'a montré physiquement mais ne m'a jamais autorisé à le lire malgré mon insistance. Plusieurs fois il se fâcha très fort mais le plaisir de se retrouver effaçait sans doute les orages. D'une courtoisie extrême, avec l'élégance de l'âme, il me faisait croire, et il me fera croire jusqu'au dernier rendez-vous, qu'il m'attendait et qu'il éprouvait du plaisir à ces rencontres. Anne-Julie Bémont retranscrivait ces entretiens. Je lui remis le texte après une relecture attentive d'Alain-Gérard Slama et d'Alexandre Adler qui me permirent de lui faire compléter certains chapitres, ce qu'il fit de bonne grâce. Il me confia sa fatigue et me demanda le temps de relire longuement. L'été passa. Il dit alors qu'il n'en était pas l'auteur tout en ne remettant pas en cause mon travail. Il demanda ensuite que soient enlevés certains passages concernant la Cagoule, l'antisémitisme, Jean Moulin. Je refusai, préférant que le texte ne soit pas publié. Il en convint.

Quelques mois plus tard, il décida et nous demanda, à Jean-Claude Fasquelle et à moi-même, que le texte soit publié après sa mort. J'ai vécu cette demande comme une offense. Je voulais qu'il porte ce livre, son livre. Le courage dont il fit preuve à des moments cruciaux de sa vie balayait à mes yeux ses errements idéologiques et certains de ses jugements politiques. Ce texte, je l'espère, restitue l'itinéraire d'un acteur passionné de son siècle, d'un homme qui eut le courage suprême : celui de risquer sa vie pour ses idées. Je le suppliais de revenir sur sa décision. Il ne voulait pas se justifier auprès de certains de ses contradicteurs, me répétait-il. Je compris aussi qu'il jugeait qu'il n'avait plus de temps à perdre et préférait l'utiliser à lire des textes religieux. C'est ainsi que ce livre se termine : par son désir d'être en harmonie avec cette mort qui approchait.

J'espère ne pas trahir sa mémoire en respectant sa volonté. J'ose croire que ces fragments composent l'histoire de la vie d'un acteur exceptionnel du XXe siècle qui, jamais, ne fit plier ses convictions.

A aucun moment je n'eus l'outrecuidance de croire qu'il m'avait dit la vérité, rien que la vérité, toute la vérité. Il m'a égarée à plusieurs reprises. Ces entretiens décrivent un cheminement plutôt qu'une ligne droite. Ce n'est pas la pleine lumière mais le règne du clair-obscur, du double sens quelquefois. Entre chien et loup. J'ai laissé à dessein toutes ces zones d'incertitude en ajoutant en bas de page – postérieurement à sa lecture – des notes chaque fois qu'il me paraissait nécessaire d'éclairer un point d'histoire. C'était d'ailleurs toujours entre chien et loup, au moment où je lui disais que j'allais partir, qu'il me promettait de dire la vérité.

PREMIÈRE PARTIE

DE L'ACTION FRANÇAISE À LA RÉSISTANCE

I – ENFANCE

Laure Adler : Vous me parlez sans cesse de votre mère. Elle demeure, aujourd'hui, la personne la plus importante de votre vie ?

Pierre de Bénouville : La présence de ma mère dans ma vie d'enfant, de jeune homme, d'homme, et même de vieil homme, m'accompagne à chaque instant. Elle fut la source de tous les bonheurs, de toutes les découvertes, de toutes les joies. Je ne voulais pas être séparé d'elle. J'avais toujours besoin de l'interroger et de l'entendre me répondre. D'ailleurs elle me répond toujours.

— Vous en parlez comme Marcel Proust parle de la sienne dans *A la recherche du temps perdu*... D'où venait-elle ?

— Elle était d'une famille alsacienne, d'un patriotisme vigilant et elle nous avait communiqué, à nous ses enfants, un grand amour de l'Alsace. Nous y avons appris, dès l'armistice de 1918, l'amour total de la patrie. Je revois encore, réunis devant le perron de la maison, les premiers conscrits partir faire leur service militaire, tenant un grand drapeau tricolore et qui criaient « Ein, zwei, drei, vive la France ». Le curé de notre petite ville était un héros de la Grande Guerre, récompensé, célébré, et le patron de la petite loge maçonnique de notre ville avait inventé une chanson dont le refrain disait : « Ce n'est plus de l'union sacrée, c'est de la sacrée union ! »

Je suis issu de la génération des combattants victorieux de 14-18. Mon père était chasseur à pied. Il a été blessé gravement à la jambe droite. Je me souviens qu'à son retour, il a fallu le réopérer. Je l'ai entendu gémir de nombreuses années. Cette souffrance l'a accompagné toute sa vie. C'est long, toute une vie ! Il m'a été très difficile, petit enfant, d'entendre, non seulement les hurlements de souffrance mais les petits gémissements quotidiens dès que mon père se déplaçait dans la maison, ces espèces de petits cris avec lesquels il fallait coexister.

J'avais une préceptrice dont j'ai gardé un souvenir éblouissant. C'était une veuve russe, son mari avait été tué pendant la guerre. J'ai reçu une éducation cosmopolite. Ma mère parlait allemand. Mais elle n'a jamais voulu que nous apprenions l'allemand, mon frère et moi. Notre cocon était l'amour maternel. Du père, j'étais fier qu'il ait contribué, comme les siens, à ce que la France fût elle-même.

— Quel enseignement vos parents vous ont-ils inculqué ?

— Très jeune, j'ai eu la certitude que la France n'aurait pas gagné la guerre s'il n'y avait pas eu ces régiments innombrables qui se sont battus pied à pied avec un courage immense. Dans les valeurs les plus naturelles de mon enfance, il y avait tout d'abord le sacrifice de soi pour la patrie. Mon père me parlait souvent de sa guerre. Comme tous les combattants, il possédait des photographies prises dans les tranchées, qu'il me montrait lors de ses permissions. C'était un spectacle inoubliable qui m'a beaucoup marqué dans mon enfance. La boue, la misère. Et malgré tout, sur les visages, la sérénité. Ce qui comptait aux yeux de mon père était d'avoir su, tout au long de cette interminable guerre, demeurer un combattant d'honneur. J'ai vu, un jour, sortir d'un magasin du quartier de la Madeleine un garçon boucher qui appelait Papa par son prénom. Je les ai vus tomber dans les bras l'un de l'autre en pleurant. Ils avaient vécu des sacrifices et la fraternité qui les unissait était inoubliable.

Je suis né en Hollande le 8 août 1914 au moment où les hostilités commençaient. Mon père a attendu ma naissance pour rejoindre son régiment. Dans mes souvenirs les plus lointains, je vois des uniformes. Mon père ne revenait en permission que lorsqu'il était blessé. Il souffrait un martyre mais il disait à ma mère qu'il était fier d'avoir servi. Ma mère m'a communiqué tout petit sa foi, et par-delà les apparences, les clefs pour comprendre la vérité de la vie. Elle le faisait par des gestes, par de nombreuses lectures. Elle m'a fait lire *Don Quichotte* à huit ans, ce qui n'est pas une mauvaise école. Nous passions l'été en Alsace avec mes oncles, mes cousins, mes cousins germains. Tous mes oncles avaient, comme mon père, fait la guerre durement et avaient payé très cher le fait d'avoir été fidèles à la patrie ! Passaient là des artistes, des intellectuels. Je me souviens par exemple d'Henri Bergson, de Georges Auric. J'étais avide de leur conversation, de leur ouverture d'esprit qui complétait mon éducation maternelle. Très tôt j'ai su la force de la ferveur. Celle de la foi se distingue de celle de la patrie mais au fond c'est la même.

— Enfant, déjà, vous aviez des idées politiques bien arrêtées ?

— Très jeune, j'ai su physiquement que nous avions conquis la rive gauche du Rhin avec le sang de nos pères. Lorsque, après les trois grandes marches du pacifisme mondial, la politique a conduit à rendre cette rive aux Allemands, ce jour-là, il fut évident pour moi qu'on signait déjà la victoire définitive de Hitler. Il est impossible de comprendre les cent mille morts de la campagne de 1940, la naissance de la Résistance, la terrible et mortelle aventure que fut la déportation si l'on ne martèle pas que nous avons crié de l'abîme pour que nous ne rendions pas la rive gauche du Rhin à Monsieur Hitler et que rien n'y a fait ! Or l'Allemagne s'est réarmée, ce qui a rendu le processus de la guerre inéluctable. Ceux qui l'ont provoqué, historiquement, portent une responsabilité très lourde vis-à-vis des martyrs, vis-à-vis de la Shoah. Seule la Cagoule [1] s'est alors insurgée contre la République qui avait désarmé la France ! C'est comme ça. Cela vous fait sursauter mais c'est la vérité. J'entendais parler Eugène Deloncle [2]. Ce polytechnicien, qui fit des études brillantes, aimait assez la France pour ne pas se taire. Il s'est jeté dans la bataille. Il entre à l'Action française en 1934. Il ne voulait pas que l'on rende la rive gauche du Rhin aux Allemands. C'était évident ! En nous désarmant, on nous condamnait. Les jeux étaient faits.

— La Cagoule n'était pas la seule organisation qui se fût battue contre les Allemands ! Ce n'était pas la seule réponse.

---

1. La Cagoule, organisation d'extrême droite, fondée après les événements de février 1934, est née de la déception de certains membres de l'Action française de n'avoir pas pu saisir l'occasion d'une prise du pouvoir. Le groupuscule luttera contre le Front populaire qu'il accuse d'être influencé de l'intérieur (par le Parti communiste) et de l'extérieur (par l'URSS). Jean Filliol, Jacques Corrèze, Eugène Deloncle en seront les cadres. Son comité directeur sera lié à l'Espagne franquiste. Elle sera notamment responsable de l'assassinat de Navachine et trouvera des relais dans l'armée (cf. Frédéric Freigneaux, *Histoire d'un mouvement terroriste de l'entre-deux-guerres*, DEA, université de Toulouse).

2. Fondateur de la Cagoule, il en sera le chef incontesté. En 1914, il s'engage comme lieutenant d'artillerie. Après la guerre, il devient ingénieur expert dans les problèmes d'armement. Il entre à l'Action française en 1934. Arrêté en 1937, libéré en 1939, il est assassiné par la Gestapo le 17 janvier 1944.

— C'était une réponse décisive parce que plutôt que de subir le commencement des conséquences de ce désarmement, les membres de la Cagoule étaient prêts à tous les complots. A vingt ans, on est prêt à tous les complots quand il s'agit de faire triompher ses préférences. Et que préfère-t-on si ce n'est la patrie ? Très tôt, j'ai su la force de cette ferveur.

Ma foi n'était pas seulement naïve mais aussi, très vite, assez intellectuelle. Elle impliquait le dessein de connaissance, si bien qu'elle m'a poussé en avant. Elle avait emporté en moi une adhésion profonde et probablement définitive. Je veux dire qu'elle me donnait Dieu. Dieu était là pour moi. Bien sûr, je savais que certains le contestaient mais les discussions que l'on pouvait opposer à la présence de Dieu et à l'idée de cette présence étaient pour moi, très jeune, des faux-semblants. C'était se refuser à l'évidence profonde. Les enfants comprennent tout, très vite, et passent insensiblement, progressivement, à une notion de Dieu plus profonde et moins tangible. Les Grecs, en donnant le même nom à la beauté et à la bonté, ont tracé pour toujours un chemin, que nous avons tous un jour retrouvé dans notre vie. Oui, l'idée de Dieu m'a préoccupé toute ma vie.

— Et aujourd'hui ?

— Il est là...

— Qu'en savez-vous ?

— Dieu a accompagné ma vie dans trop de circonstances pour que je ne l'aie pas reconnu.

— Mais il y a pourtant des moments où vous avez douté et où l'adversité était si grande à l'extérieur mais aussi à l'intérieur de vous-même que vous vous êtes interrogé ?

— En prison, je ne me suis pas interrogé sur Dieu mais sur moi. Quels qu'aient été les moments de désespoir que j'aie pu connaître ou pénétrer, parce que je pense souvent au désespoir des autres, j'ai toujours cru en Dieu et aujourd'hui encore je n'arrête pas de prier.

II – L'APPRENTISSAGE DU MONDE

— Les écoles religieuses où vous avez été, très jeune, pensionnaire vous ont-elles influencé moralement, intellectuellement, politiquement ?

— J'ai été éduqué dans des établissements soumis à la discipline de l'Eglise. J'ai compris très tôt que le conflit de l'Action française avec l'Eglise était d'une importance capitale. Je me suis rapidement opposé à certains enseignants. Même quand ils me reprochaient de me tromper sur un sujet qui devait rester extérieur à la discipline du collège, ils le faisaient avec beaucoup d'affection et mes disputes ne se sont jamais transformées en combat personnel. Chez les jésuites, j'ai appris des choses essentielles.

Dans l'école d'Angoulême où j'ai été plus tard avec François Mitterrand, nous avons eu la chance d'avoir un professeur merveilleux originaire de Cognac et qui était un passionné de la poésie française de rythme. Il s'appelait Henri Boucherie. Il connaissait la poésie, toute la poésie, depuis Virgile. Il était éblouissant et il nous transportait dans une autre lumière, une sorte de bonheur que les autres cours – car nous découvrions aussi les contraintes – étaient loin de provoquer. Nous nous disions, à l'aube de l'adolescence, avec François, que seule la poésie était digne des plaisirs de la vie. Je n'étais pas mauvais élève mais j'étais turbulent, indiscipliné, porté à manifester. Mais j'ai gardé de l'autorité des pères un très grand souvenir, car cette autorité, quand elle était le moins du monde ébréchée, était l'objet d'explications directes avec eux. Lorsqu'ils sentaient un conflit, ils provoquaient le rendez-vous. Je me souviens du père de Montrichard avec qui j'avais des entretiens sur les raisons et les voies de mon indiscipline. Il ne me poussait pas à demander pardon, mais je ressentais qu'il fallait me faire pardonner. Cela ne m'a pas empêché d'être exclu à cause de mon engagement pour l'Action française.

— Si jeune et déjà engagé politiquement !

— Oui, j'étais royaliste tout petit, tout jeune. Mes parents l'étaient. Mais de manière plus calme. Moi, tout petit, je suis devenu un militant. J'ai adhéré à l'Action française au moment où Léon Daudet a été condamné lors du procès concernant Philippe, son fils. Tout de suite, je me suis inscrit aux Collégiens, les lycéens d'Action française... J'avais douze ans. L'Action française avait la vertu, à mes yeux, d'être dirigée par un doctrinaire tout à fait intéressant, intelligent, Maurras [1], qui réunissait autour de lui des écrivains de qualité. La première fois que j'ai entendu parler de Proust avec éloge, c'est dans *L'Action française*, parce que Léon Daudet le soutenait mordicus.

1. Charles Maurras, *Mes idées politiques* (Fayard, 1937) : « Il n'y a point dans la république de frein à la république, bien qu'il y ait dans la monarchie des freins à la volonté du monarque. Qui dit royauté dit Conseils royaux, Etats du peuple. Qui dit démocratie dit un double gouvernement : l'apparent, celui du nombre, le réel, celui des oligarchies et de l'or. » Le « génie » de Maurras, explique Alain-Gérard Slama, fut de doter les droites, dans leur ensemble, d'une doctrine à la fois synthétique et réactionnaire au sens fort de ce dernier mot. Son monarchisme, son antisémitisme (initialement d'inspiration catholique), son nationalisme ne seront pas « de cœur », mais « de raison ». Article d'Alain-Gérard Slama, « Charles Maurras : portrait d'un irréductible », *L'Histoire*, n° 155, mai 1992.

— Mais vous n'allez pas me dire que vous avez épousé les thèses de l'Action française pour des raisons littéraires !

— Mais si, aussi. Toutes les pages de suppléments de *L'Action française*, la page littéraire, la page théâtrale que dirigeait Lucien Dubech ainsi que la page militaire à laquelle collaborait un certain Charles de Gaulle constituaient une sorte d'émerveillement. L'atmosphère créée par ceux qui avaient servi la France en luttant était une atmosphère exaltante, le président des anciens combattants à l'Action française était un sculpteur, Maxime Réal del Sarte, qui savait ce qu'était le talent. Les pages supplémentaires de *L'Action française* m'ont appris la poésie, toute la poésie, ainsi qu'une ouverture sur le monde que je n'aurais jamais eue sans cette école de pensée.

— Adhérer au bulletin des jeunesses de l'Action française et acheter la revue suffisaient à faire de vous un militant ?

— Cela ne se passait pas comme cela. Il y avait, rue Saint-André-des-Arts, un siège des étudiants d'Action française, ainsi qu'un institut d'Action française, qui organisait des conférences chaque semaine avec des personnalités comme Henri Massis ainsi que toutes sortes de gens qui connaissaient le monde intellectuel d'une façon étonnante pour nous, qui étions très jeunes. Cela fut pour moi une révélation.

Rencontrer des gens qui avaient toute leur vie fréquenté Proust, l'histoire, la poésie et la philosophie, provoquait chez nous une exaltation. Ce supplément d'âme fait aujourd'hui complètement défaut dans les partis politiques, quels qu'ils soient. La culture était un mode d'accès à l'adhésion politique. Elle était à sa place. La première, il est vrai. Nous avons appris à décrypter l'histoire de France grâce à Jacques Bainville. Il existait à l'époque une école historique au sein de l'Action française que nous appelions l'« école capétienne », vulgarisée par les livres des grandes écoles historiques. Quand on a douze ans, on est inquiet de l'histoire de son pays. On s'intéresse à ceux qui l'ont faite et en particulier à Napoléon. Or Maurras avait publié une brochure intitulée *Napoléon pour ou contre la France*, où il posait le problème de la guerre à cause du grand nombre de tués. Il nous fournissait des arguments auxquels nous n'étions pas du tout formés. Alors, je me suis jeté à corps perdu dans la lecture de l'histoire. Je me souviens par cœur de la dernière page fulgurante du *Napoléon* de Maurras : « Voilà. Nous sortions de la Révolution très saignants, et il a entraîné la France dans une très grande aventure, mais était-ce légitime ? Ne l'était-ce pas ? » Maurras a tout de même abordé des problèmes de l'avenir que nul autre n'a évoqués avant qu'on ne construise l'Europe. Je me souviens encore par cœur de la suite de son texte : « Et quelles que soient les critiques, les récriminations, les pertes, il est vrai que pendant que nous parcourons les étapes qui nous ont été données de l'histoire de France, nous ne cessons pas d'entendre sa marche de l'autre côté de la montagne et son pas qui nous marque à jamais. »

— Mais vous donnez l'impression que l'Action française était pour vous avant tout un club, une association culturelle [1]. Ce n'était pas vraiment cela...

1. Certains jeunes intellectuels cédèrent alors à la « tentation maurrassienne », qu'il s'agisse de Philippe Ariès ou d'Edgar Faure qui raconte dans *L'Ame du combat* (Fayard, 1970) que ce mouvement avait « l'avantage de présenter aux jeunes gens une construction rigoureuse, d'une grande cohérence apparente, en tout cas un effort de construction et de rigueur que l'on trouvait difficilement ailleurs, une pensée politique architecturée. L'Action française était le seul groupement qui s'intéressait aux très jeunes et qui poussait sa propagande dans les lycées ». « Mais, ajoute Edgar Faure, dès que je fus au Quartier latin, les procédés du groupe me rebutèrent sans délai et sans retour. »

— Pas seulement ! Naturellement, on se battait beaucoup. Je me souviens d'un avocat, qui est mort il n'y a pas très longtemps et qui s'appelait Pierre Béquat. Il avait remarqué mes talents de bagarreur à la suite de combats que nous étions allés livrer en Bourgogne pour je ne sais plus quelles raisons avec des autocars spéciaux. Il m'appelait le Marcel Oudin de la matraque. On se battait vraiment. Mais à quoi servait d'aller à des réunions d'adversaires politiques si ce n'était pas pour les disperser ?

— Mais l'Action française c'était aussi un parti politique qui cultivait l'intolérance, qui pratiquait la violence et qui était antisémite.

— Antisémite, voyons !

— Mais oui !

— Mais non. Non. D'abord, j'ai connu des Juifs à l'Action française.

— Il y a même des Juifs au Front national !

— Oui. Je sais. Mais ce que j'appelle l'antisémitisme, c'est une forme d'abréviation intellectuelle qui fait qu'on se réfugie dans une attitude haineuse et inexplicable. On peut constater que dans le tissu d'organisation financière, il y a une grande présence juive et on peut en même temps être ami de ces Juifs. J'ai été, dans ma vie, ami avec beaucoup de Juifs et j'ai toujours été scandalisé par l'antisémitisme et le racisme. Je ne vois pas au nom de quoi on pourrait continuer à ne pas accorder à certains ce à quoi la conscience leur donne droit...

— Revenons à l'Action française. C'était quand même un parti d'extrême droite...

— Oui.

— Qui pratiquait l'intolérance comme mode de compréhension politique et qui était en révolte contre la légitimité républicaine. Comment et pourquoi l'acceptiez-vous, quelles étaient vos justifications ?

— Le problème de mon engagement s'est posé à tous mes proches, y compris à mon père. Il savait que j'étais royaliste, au point qu'il a redouté, au moment de la déclaration de guerre, que je ne décide de ne pas servir la République. Je le sais parce qu'il me l'a dit. Avant de partir faire la guerre, je suis passé à la maison de mes parents, et papa, soulagé, m'a dit : « Tu fais bien de partir... » Lui était royaliste, mais il n'était pas à l'Action française. Il était sûrement pour le roi mais il était avant tout un patriote.

— Tandis que vous, vous étiez avant tout un castagneur !

— Si on ne veut pas de la castagne à vingt ans, on n'en voudra jamais ! Or elle est absolument indispensable à former les hommes. J'avais un copain au Quartier latin, Weil-Curiel. J'aimais bien Weil-Curiel, mais je trouvais qu'il était trop modeste. Il était très intelligent et courageux. J'ai donc tenté de le faire adhérer à l'Action française. Je n'arrêtais pas de lui répéter : « Dis-toi bien que si tu veux devenir l'un de nous, l'un des jeunes Français de ton âge, il faut que tu abandonnes un certain nombre d'opinions que tu n'as adoptées que parce que tu es juif. A l'Action française, la patrie passe d'abord. Quand on fait passer la patrie avant ses préférences idéologiques, tout change. » Weil-Curiel a refusé. Depuis il s'est fait connaître pour son militantisme politique de gauche. Cela ne nous a pas empêchés de devenir amis. Tellement amis que, quarante ans plus tard, lorsque j'aurai à engager de graves batailles juridiques, je le choisirai comme avocat. Je crois même qu'il était communiste. Peu importe car il était saisissant et admirable par les valeurs éthiques qu'il défendait envers et contre tous. C'est ce qui importait à mes yeux. Quand j'ai eu des procès politiques, je lui disais : « Tu sais, je veux essayer de gagner, mais je ne veux pas sortir de la vérité. Voilà ce que je pense d'essentiel sur le sujet. » L'expérience de la vie est étrange. Je n'aurais jamais imaginé quand j'étais ce jeune homme exalté de l'Action française que je deviendrais un jour l'intime de personnes comme lui qui furent engagées dans le camp adverse sur le plan idéologique et politique, comme Marcel Degliame, Maurice Kriegel-Valrimont ou Serge Ravanel.

— Mais vous les avez peut-être combattus de l'autre côté des barricades quand vous castagniez dans les rues de Paris au sein de l'Action française ?

— Je me suis certainement heurté à eux. Sûrement. Mais me battre vraiment comme cela est arrivé dans la guerre, je l'ai tout de même fait avec eux. Cela seul est décisif dans ma vie.

— Donc la période d'Action française a été une période d'apprentissage pour vous ?

— Oui, ce fut un grand apprentissage intellectuel. Je suis sûr que vous n'avez jamais mis votre nez dans un journal de l'Action française de cette période du début des années 30. Vous avez tort. Le jeu en vaut la chandelle et vous allez vous ouvrir des horizons étonnants. Lucien Dubech était dans le domaine de la critique dramatique ce que nous avions de plus haut en France. Il n'était pas le seul. J'étais militant à l'Action française. Je croyais, j'ai toujours cru, je crois toujours aux idées que je défendais alors et pour vivre vraiment, il fallait s'arranger pour les appliquer. J'ai cru qu'on allait changer des choses, changer l'état d'esprit des camarades.

— Au même moment, alors que vous vous transformez en militant politique d'extrême droite, vous devenez profondément croyant ?

— J'ai lu saint Thomas très jeune et j'ai dès lors considéré que saint Thomas d'Aquin incarne un pivot de vérité qui surplombe la réalité du monde. J'ai souvent défendu, devant mes camarades de gauche, que les vérités chrétiennes sont des vérités faites pour tout le monde. J'ai dévoré pendant la guerre le *Journal d'un écrivain* de Dostoïevski et il y a un passage absolument inoubliable où Dostoïevski, socialiste, condamné au bagne, est libéré par une grâce du tsar. Il rentre à Saint-Pétersbourg où il veut revoir un de ses amis socialistes. Ce sera la dernière fois car il explique : « Je ne le reverrai plus jamais. J'ai passé la soirée avec lui et dès que je lui ai parlé de nos réalités, il a blasphémé le Christ. » J'approuve intérieurement son attitude.

— Vous parlez de vous comme d'un jeune homme épris de littérature, de philosophie, mais en même temps vous n'étiez pas que dans le ciel des idées, vous étiez dans l'action !

— Oui. L'action conduisait à la subversion. Les théories de l'Action française débouchaient sur une possibilité de coup d'Etat.

— Votre combat politique contre la république était aussi un combat contre la démocratie. Pourquoi étiez-vous si violent, si élitiste, si intransigeant ?

— Nous étions certains que le suffrage universel constituait un appauvrissement et que le choix du roi pour gouverner était le meilleur. Ces idées étaient alors fort répandues et pas seulement dans le milieu que je fréquentais. Peu de jours avant sa mort, Ambroise Roux, qui fut tout de même un acteur de la vie politique de notre pays pendant plus de quarante ans, ancien patron d'Alcatel, m'a dit : « Oh vous savez, moi je n'hésite plus politiquement. Mon choix est fait. Je suis royaliste. »

Moi, je n'étais pas seulement royaliste. J'étais à l'Action française. Donc, je militais pour la prise du pouvoir, voilà ! J'avais été troublé dans ma petite enfance par des événements que je n'ai jamais oubliés. Je n'avais que trois ans quand j'ai vu, en 1917, les révoltes de soldats mais je n'ai pas oublié. Au fond j'ai toujours admis que le malheur vous pousse à dire non, avec résolution. Personne n'est forcé d'accepter le sort qu'on lui propose. Pour que règne la justice sociale, il faut se battre. Ensuite, au collège, j'étais porté à être l'ami de camarades du même milieu social que celui où j'étais élevé, et qui avaient eu en commun le désir de se révolter.

J'ai étudié différentes philosophies, dont le marxisme qui m'apparut, dès que j'ai commencé à l'étudier, comme une stupidité. Il faisait passer l'économique avant la politique. C'est prendre les conséquences pour les causes ! La politique est d'abord une obligation. A cette époque, l'Action française représentait le mieux mes aspirations. Il n'y avait pas, à l'Action française, que des crétins agités. Il y avait beaucoup de gens de grande qualité et très préoccupés par l'ordre social. Massis était une âme généreuse, un esprit ouvert et anxieux d'entendre la voix des autres dans les domaines où il fallait oser porter la parole. Maurras était un poète, un cœur ouvert. Maurras participait à toutes les réunions. Je le rencontrais toutes les semaines, rue Saint-André-des-Arts. Il venait aux conférences. Nous étions alors cent cinquante. Il n'y avait pas de filles. Beaucoup d'étudiants de la fac de droit, des philosophes comme Gustave Le Bon. Un homme remarquable, auteur notamment des *Lois psychologiques de l'évolution des peuples*, qui exerçait alors une influence considérable, un homme que Bergson appréciait et auquel Freud a rendu un vibrant hommage. Mais nous étions surtout fascinés par Charles Maurras. Tout était séduisant chez lui parce qu'il avait l'émotion à fleur de peau et qu'il n'avait rien d'étroit. Rien ne pouvait le surprendre. C'était un être très structuré intellectuellement autour d'un certain nombre de vérités indiscutables, mais politiques d'abord, autour du grand souci qu'il avait des difficultés sociales. J'ai appris là des choses qui m'ont, dans la vie, beaucoup aidé. Il y avait alors aussi un historien qui s'appelait Buchon. Il nous a appris sur notre histoire de France des choses que nous ignorions, des richesses que nous ne regardions même pas. Par exemple, l'existence, près d'Athènes, d'une église orthodoxe du nom de Daphné, construite lorsque les Francs se sont installés à Athènes. Le roi a désigné un Français qui était dieu de la terre. Un Français a régné sur la Grèce. Quand je suis allé pour la première fois, jeune étudiant, en Grèce, j'ai tenté de retrouver des traces de cette histoire oubliée. J'ai trouvé dans la cour de cette église de Daphné les tombes de nos compatriotes, qui toutes sont marquées de la fleur de lys. Mais cette partie de l'histoire a été complètement rejetée et ignorée par l'histoire officielle !

Tous ces enseignements nous émouvaient et nourrissaient notre âme à l'Action française. Cela représentait notre vision du patrimoine. Toute ma vie j'ai cherché des antiques partout dans le monde. Par exemple, j'ai voulu et j'ai apporté la preuve que les Parthes étaient bien venus en Israël. J'ai trouvé la preuve archéologique. J'ai découvert des statues. Et cette passion personnelle qui ne s'est jamais démentie pour l'histoire de France a commencé grâce à l'enseignement de l'Action française [1].

1. Comme le remarque J.-F. Sirinelli dans un article intitulé « L'Action française » (*L'Histoire* n° 51, décembre 1982) : « A cette

— En quoi votre passion pour l'histoire rejoignait-elle les théories politiques de l'Action française ?

— Nous avons appris par l'Action française que nous avions une part beaucoup plus grande que nous ne le savions à l'héritage grec classique. Marcel Sembat a publié un livre, très courageux, à l'époque, intitulé *Faites la paix, ou faites un roi.* Ces idées existaient et ce socialiste qui avait été élevé dans la religion de principes contraires aux nôtres, professait des idées proches des nôtres. Il y a eu entre Maurras et beaucoup d'hommes de qualité des relations intenses que les Français ignorent. Par exemple, l'amitié Jaurès-Maurras. Maurras et Jaurès étaient des hommes qui avaient l'un pour l'autre de l'estime, ils avaient des contacts nombreux entre eux, ils partageaient le désir du bien commun, et ont découvert le chemin de l'amitié et de la réalité. Aujourd'hui, ces choses sont tout simplement ignorées.

---

période les étudiants royalistes règnent en maîtres au Quartier latin physiquement et aussi intellectuellement. Pierre de Bénouville va subir l'attrait exercé par l'Action française sur une partie de la jeunesse française. Y compris dans des bastions réputés plus à gauche comme la Sorbonne, l'Ecole normale, le mouvement de Charles Maurras recrute. Les cours d'André Bellessort exercent une influence certaine sur Robert Brasillach, Thierry Maulnier et, avant qu'il ne devienne intellectuel communiste, sur Paul Nizan. »

III – L'ACTION FRANÇAISE

— Quels étaient les principes qui vous guidaient à l'Action française, dans ces années-là ?

— Des choses simples. Premièrement, s'appuyer sur une foi véritable.

— Avant la théorie politique, d'abord la foi ?

— Mais la foi inspire la théorie politique, parce que – sans se laisser aller à parler de charité car les mots s'usent à force de vivre – si le cœur n'y est pas mêlé, aucune vérité ne vit. J'ai passé une grande partie de ma vie, et je la passe encore, à lire saint Thomas.

— L'Action française, outre l'affirmation des thèmes ultraracistes, combat l'idée même de république et travaille à la déstabilisation de la démocratie [1] ?

---

1. Rappelons la sombre gloire intellectuelle dont bénéficie alors le quotidien *L'Action française* (dont le tirage n'a jamais dépassé 100 000 exemplaires) et qu'atteste Marcel Proust au soir de sa vie : il parle de la lecture de *L'Action française* comme d'une cure d'altitude mentale (cf. *L'Histoire,* n° 51). Sur l'Action française, cf. l'ouvrage d'Eugen Weber *L'Action française* (Fayard, 1985) ainsi que : « La greffe maurassienne », J.-F. Sirinelli, *L'Histoire*, n° 113, juillet-août 1988; « Charles Maurras, portrait d'un irréductible », d'Alain-Gérard Slama, *L'Histoire*, n° 155, mai 1992; « Les ex de l'Action française », par R. Girardet, *L'Histoire*, n° 51, décembre 1982; « Les origines intellectuelles du racisme en France », Zeev Sternhell, *L'Histoire*, n° 17, novembre 1979.

— Oui. Encore que sur ces mots, il faudrait s'expliquer. Mon action a commencé par le fait que, alors, jamais aucune de mes préférences ne pouvait aller vers quiconque ne comprenait pas ce langage de l'action jusqu'au-boutiste. J'étais intransigeant et ouvert de tout mon cœur à tous ceux qui pouvaient entendre que la vérité était la lumière même. Tout de suite, j'ai été militant. Nous avions des contacts avec nos ennemis, tout le temps, ne serait-ce que parce qu'on se battait les uns contre les autres, mais cela n'empêchait pas l'amitié. Les chefs militaires de l'Action française s'appelaient, à l'époque où j'y militais le plus activement, Maxime Réal del Sarte et Pujo, que je n'aimais pas parce que je sentais qu'il avait envie de pactiser. Je me suis lié alors pour toujours avec des amis comme Renouvin, qui me fera rencontrer plus tard pendant la guerre Henri Frenay, Camaret et les autres. On ne s'est jamais quittés. L'aventure de notre vie a été commune et constante. On faisait tout ce qu'on fait quand on milite, des manifestations très dures. On échangeait des coups. On ne voulait pas se faire foutre à la porte du lieu où on avait décidé de tenir une réunion. Mais on n'était pas armés. Il arrivait à la police de tirer. Je suis rapidement devenu chef de bande. Je n'éprouvais aucune peur physique. Les choses se radicalisent avec le temps. On ne peut pas militer et ne pas vouloir augmenter son autorité. A cet égard, la journée et la soirée du 6 février 1934 [1] furent une expérience extraordinaire.

---

1. Dans le livre d'E. Weber, *L'Action française* (op. cit.), il est précisé que le 6 février 1934 à onze heures du soir, « quelques enthousiastes dont Pierre de Bénouville et Lucien Rebatet se persuadèrent qu'une troupe réduite mais bien décidée enlèverait la décision car les gardes sur le pont de la Concorde paraissaient à bout ; mais les derniers assauts entre onze heures et onze heures et demie échouèrent. Vers minuit, la police avait réussi à nettoyer la place ». Pour E. Weber, à compter de ce jour-là, Jacques Renouvin et Pierre de Bénouville, qui

— Le 6 février 1934, vous étiez où ?

— Sur le pont de la Concorde. J'ai vécu cette journée dans une grande exaltation qu'augmentait la vision de la guerre qui allait éclater. Car la guerre était là. Et nous n'étions pas du tout préparés à la faire.

— Est-il vrai que vous aviez l'intention d'entrer dans le Palais-Bourbon et de faire un coup d'Etat ?

— Oui, sûrement, mais on n'a pas pu. Enfin si ç'avait été possible, on aurait été jusqu'au bout, mais toute la police de la république était là.

— Quel était votre plan pour ce jour-là ? Et quelle fut votre action ?

— Il faut rappeler les circonstances. Les pouvoirs publics venaient de glisser dans une histoire épouvantable, l'affaire Stavisky. Tout à coup la corruption était partout. Elle s'étalait. A partir de là, le mépris, le dégoût l'emportaient sur toute autre réaction. Alors, si nous avions pénétré à l'Assemblée, nous les aurions sûrement fichus dehors. Les hommes politiques, complètement déconsidérés, étaient tombés dans l'abjection ! En dehors du parlementarisme, il y avait une terrible pauvreté de pensée chez nos adversaires qui faisait que, tout à coup, le pouvoir était accessible.

— Mais ce jour de février, vous n'avez pas hésité à employer des moyens illégaux pour essayer de prendre le pouvoir ?

— Tout Paris manifestait.

---

n'avaient pu renverser la république et restaient convaincus qu'elle aurait pu l'être avec l'aide de l'Action française, seront désormais attirés par la Cagoule et abandonneront l'Action française, persuadés que Maurras ne croyait plus à la révolution, ne la souhaitait même plus.

— Vous aviez conçu un plan stratégique ?

— Oui, nous voulions entrer dans l'enceinte même de la représentation du peuple, c'est-à-dire nous emparer symboliquement des rênes du pouvoir. Les gens au pouvoir étaient des pourris, on voulait les prendre à la gorge et les jeter dehors.

— Oui, mais pour faire quoi, après ?

— Il fallait aller, au moins provisoirement, à de nouvelles élections pour que le peuple ait le sentiment d'exercer sa souveraineté.

— Cela ne vous gênait pas de ne pas demander l'avis du peuple en tentant l'assaut du Palais-Bourbon ?

— Mais le peuple me semble avoir été aux côtés de ceux qui voulaient le coup d'Etat ! Chasser le régime d'abord. Après, on verrait. Je vous le répète : le peuple était alors très las de cette corruption.

— Pourquoi votre plan a-t-il échoué ?

— Moi, j'ai une thèse. Je crois que nous n'étions pas assez bien préparés sur le plan tactique. La foule nationale, nationaliste, du 6 février, était immense. Immense ! Cela a tenu à peu de chose, j'imagine que certains de l'Action française ne souhaitaient pas ce coup d'Etat. Cette journée du 6 février 1934 n'a pas été assez préparée, elle a été la conséquence des événements mêmes.

— Vous aviez une stratégie ?

— Non. Nous avions l'idée de nous réunir et d'aller au cœur du pouvoir, mais ce n'était pas la première fois que nous tentions ce genre de démarche de déstabilisation politique. Simplement, là, c'était la première fois que le mouvement social prenait autant d'ampleur. Donc, au sein de l'Action française, nous étions assez nombreux à pouvoir imaginer une prise de pouvoir réelle. Nous avons été conduits à l'échec, parce que la police de la république a bien joué sa partition sur le plan stratégique, et que nous avons été fragmentés en deux corps, l'un sur la rive gauche et l'autre sur la rive droite. Il n'y avait plus de communication entre ceux qui étaient les plus déterminés. Le pont de la Concorde est un croisement absolument nécessaire. Il était bloqué. Puis nous avons été repoussés par des forces plus grandes que les nôtres, celles de la police. La prétendue révolte des militants de gauche du 7 février n'a pas du tout été la cause de l'échec du mouvement général qui s'était dessiné le 6 février 1934. Notre méthode d'insurrection a échoué devant la police mais ce n'était pas la seule cause, car je pense que, parmi ceux qui commandaient à l'Action française, certains avaient décidé de ne pas aller au bout.

— Ceux qui avaient peur de l'exaltation de leurs propres militants ?

— Oui. Y compris au plus haut niveau. Maurras, pour ne pas le citer. Nous en avons eu les preuves. Il y a eu la crainte d'être entraîné trop loin. Au fond, tout le monde a eu peur que le sang coule.

— Mais le sang a coulé. Quatorze morts ce jour-là [1], sans compter ceux qui moururent de leurs blessures les jours suivants.

— Oui, mais le nombre de morts aurait pu être beaucoup plus important. Je suis resté pendant toute cette journée rive droite. La place de la Concorde a été,

1. Treize autres personnes devaient trouver la mort dans les journées qui lui firent directement suite les 7, 9 et 12 février, et cinquante-sept autres furent grièvement blessées. Le contrecoup de cette journée du mardi 6 février affectera le pays pendant de nombreuses années et déchirera de manière inéluctable le mouvement de l'Action française. (cf. E. Weber, op. cit.).

tout au long, le cœur de l'action. Là s'étaient regroupés les gens les plus résolus.

— Aviez-vous déjà préparé la prise du pouvoir ?

— Non, cela ne se passe jamais ainsi. On ne prépare pas le fait qu'on va réussir réellement à prendre le pouvoir. La politique est faite pour changer le pouvoir et puis, un beau jour comme l'était celui-là, tout à coup, cela devient possible. Si on gagne, on y va et si on ne gagne pas, tout s'écroule. Nous avions prémédité cet instant. Nous voulions férocement prendre le pouvoir. C'est pour cette raison que d'un seul coup, les Jeunesses patriotes de M. Taittinger, l'Action française et les anciens combattants se sont trouvés réunis ! Très, très nombreux.

— Vous n'étiez pas minoritaires ?

— Non. Il n'y avait personne, dans cette foule, qui s'opposât à ce que nous tous, nous cherchions. Personne.

— Donc, le pouvoir était comme un fruit mûr...

— Oui ! Prêt à tomber. Il y a eu un moment où tout le monde voulait gagner, et un moment où la victoire a tourné la tête, mais c'était fini.

— Et le lendemain, vous vous souvenez de ce que vous avez fait ?

— Très bien. Mais enfin, c'était perdu. Sentiment de perte. Rendez-vous manqué. Les uns se sont réunis, les autres ont reçu des messages, l'affaire se calmait. Les messages qu'on envoyait quand on possédait une quelconque influence sur les groupes étaient rédigés dans une tonalité pacificatrice. La démonstration de force n'avait pas suffi à certains membres. Moi, j'étais pour que ce coup d'Etat réussisse, je n'étais pas le seul mais de cet échec dans l'Action française est venue une autre révolte, plus profonde, et qui a été la Cagoule !

— Vous avez dû vous sentir marginalisé à l'intérieur de l'Action française ?

— Quand je réponds que la Cagoule est née de cette échec, j'ai tout dit...

IV – LES DÉBUTS DE LA CAGOULE

— Jusqu'au-boutiste vous l'étiez, anti-républicain vous le demeuriez, d'extrême droite franchement vous vous revendiquiez. L'échec du 6 février 1934 a-t-il modifié votre vision de la politique ?

— Je n'ai pas pris un engagement spécial le 6 février 1934. J'ai continué à alimenter ma vie de l'indépendance, toujours, et de la liberté qu'elle procure. Ce sont les autres qui ont changé puisqu'ils ont accepté la servitude, comme les gens de Vichy qui ont créé un insigne pour les prisonniers : des fils de fer barbelés. Ils le portaient à leur boutonnière, là où je porte aujourd'hui ma Légion d'honneur. C'est tout dire. Ils s'étaient accroupis.

— En 1934, vous êtes un jeune étudiant à l'Action française. Vous êtes donc déçu de l'attitude de Maurras qui n'a pas tenté le coup d'Etat alors que vous estimiez qu'il en avait la possibilité ?

— Oui, mais ma déception était beaucoup plus grande encore vis-à-vis des Français. L'indépendance, la liberté, le désir d'agir, ce sont des nécessités pour chacun à l'intérieur de la formation nationale.

— Vous vous retrouvez un petit groupe, plutôt amer ?

— Oui. Terriblement. Comme abandonnés. Il n'y a pas d'évolution, dans l'idée de la liberté. Elle est innée et la liberté de la France est sans conditions. On nous retire les moyens qu'on retire à la France, les moyens de sa supériorité militaire. On renonce à la rive gauche du Rhin. On crée le danger et une fois qu'il est créé, on y succombe. C'est tout de même trop simple.

— Revenons à cette tentative de coup d'Etat que l'Action française n'a pas décidé de mettre en place matériellement. Vous êtes avec des amis, vous décidez quoi ?

— On décide ce qui est inscrit dans nos vies. On ne se rendra jamais. Voilà. Jamais. Quoi qu'il advienne. Et on se considère comme trahis.

— Combien êtes-vous à l'intérieur de l'Action française à éprouver ce genre de sentiment ?

— Très peu. Mais nous sommes des milliers et des milliers en France à sentir la même chose. Malheureusement, toute cette révolte n'est pas coordonnée. Les mouvements de droite sont alors à l'image du fonctionnement de la nation, ils se dissolvent à mesure qu'avance le danger, et finalement, ils acceptent de ne pas se révolter. Ils acceptent la réalité des faits mais ils le font au nom de gens qui, eux, n'acceptent pas. Je parle là de la droite telle qu'en elle-même. Au fond d'eux-mêmes, les Français normaux refusent la défaite. Et la trahison consiste à la leur faire acclamer, puisqu'ils disent qu'ils la veulent.

En 1934, on sait déjà qu'on va perdre. A partir du moment où nous consentons à perdre le contrôle de la rive gauche du Rhin, il faut être aveugle et ignare pour ne pas savoir que la guerre va irrémédiablement surgir et que les Allemands ont dans leurs mains les possibilités de la victoire. Alors, il existe des gens – une étonnante majorité – qui se disent : les Allemands sont victorieux, peut-être, mais du moment que je peux quand même aller chez le boulanger tous les jours, on s'en accommodera.

Il existait un comité France-Allemagne dans lequel toutes sortes de gens, comme Pierre-Etienne Flandin, président du Conseil, affirmaient haut et fort qu'il valait mieux accepter la suprématie allemande. Heureusement pas tous ! Quand mon ami Renouvin, qui n'était personne, un petit avocat à la cour, voit, un jour, le président du Conseil rendre un hommage au nom de la France au Soldat inconnu sous l'Arc de Triomphe, il estime qu'il déshonore la France et, devant un parterre d'officiels consternés, il lui colle une paire de claques retentissante. Des Français qui s'insurgeaient, il y en avait tout le temps. Ils s'opposaient à ceux qui ne comprenaient pas que le moment était venu de relever le gant. C'est nous-mêmes qui n'aimions pas la république, parce qu'elle n'était capable que de défaillances et de corruption. Nous-mêmes, nous ne nous préoccupions pas du tout de ce problème de légalité ou de pseudo-légalité.

— Et la république, vous l'abhorriez ? Le principe même, vous le combattiez ? Et, parmi ceux qui l'incarnaient, la défendaient, la faisaient vivre, aucun d'entre eux ne trouvait grâce à vos yeux ?

— Non, qu'ils s'en aillent. Et le plus vite possible, tous des pourris !

— Qu'ils s'en aillent mais au profit de quoi, alors ?

— Au profit du gouvernement que pouvait constituer l'insurrection nationale. L'Action française, les Croix de feu, les Jeunesses patriotes de Taittinger, c'est-à-dire des militants de droite dont on pouvait élargir le cercle, ne voulaient pas, a priori, de la défaite. Puisqu'ils n'en voulaient pas et qu'ils étaient déterminés, il fallait passer à la vitesse supérieure : agir. Alors agissons.

— Donc vous constituez alors une petite minorité dans un parti lui-même minoritaire !

— Non, car je pense que tout le monde pensait alors de cette façon. Et il y avait des gens de tous les âges qui ressentaient la même chose. A la fois des personnes qui avaient déjà accompli leur vie et ne voulaient pas mourir dans un état de servitude, et puis des jeunes exaltés et très courageux. La droite était alors très diverse. Il n'y avait pas seulement le prurit d'une insurrection nerveuse des jeunes gens. Régnait aussi le rejet de la défaite. Ensuite nous avons assisté à toutes sortes d'erreurs. A un moment, lors des débuts du maréchal Pétain, la majorité des gens de droite se sont rassemblés autour de lui et puis, très vite, les meilleurs se sont dit : « Mais, est-ce qu'on a rêvé ? Il est bel et bien en train de traiter avec les Boches ! »

Dans *Le Sacrifice du matin*[1], je raconte que j'ai constaté à ce moment-là que, de même qu'il y a eu une internationale de la gauche, la droite prend soudain conscience qu'il y a aussi une internationale de droite.

Ce que nous voyons quand on assiste à l'insurrection de l'Espagne, c'est qu'elle veut organiser un régime très proche du régime communiste. C'est la base même de l'entente du régime de Blum avec les républicains espagnols. C'est pour cette raison que Marty y va : pour créer une insurrection de la gauche sur le plan international ! Dès après février 1934, cette notion, l'opposition droite-gauche, grandit peu à peu.

— Mais vous, ce n'est pas insensiblement mais de manière déterminée que vous allez durcir votre position jusqu'à épouser les thèses cagoulardes ?

— Les choses et les sentiments ne viennent pas d'un coup mais peu à peu. Il se trouve que, géographiquement, je faisais partie de la section d'Action française où était

1. *Le Sacrifice du matin,* de Pierre de Bénouville (Robert Laffont, 1945).

née la droite la plus décidée. C'est là que se sont trouvés les types qui ont créé la Cagoule. Et la Cagoule n'est qu'un des épisodes de la lutte qu'ils engagent. Tout s'est passé naturellement. Ceux qui ne voulaient pas démordre n'ont pas démordu, ceux qui acceptaient d'en démordre ont disparu et ceux qui ont duré, ce sont ceux qui ont refusé.

— Les générations étaient-elles toutes représentées à l'intérieur de la Cagoule ?

— Toutes. Et le sentiment général qui régnait était qu'on n'allait pas se mettre dans la position d'être vaincus par l'Allemagne qui préparait son coup depuis trop longtemps. Avec toutes les complications que vous pouvez imaginer, car beaucoup de gens de droite avaient fait le voyage d'Allemagne, heureusement les plus intelligents ne s'y étaient pas laissé tromper... Mais, tout le monde n'est pas intelligent. Alors, il en résulte des complicités et des divisions. Les uns réagissent en agissant tout de suite, c'est-à-dire en préparant des éléments d'insurrection, et puis les autres attendent de voir ce qui va se passer. Mais pour moi, il n'y avait pas de doute : le malheur avait déjà montré son visage. Le malheur mais aussi la tristesse, l'abandon.

— Donc, dans quelle section la Cagoule est-elle née ?

— Dans la dix-septième section. Nous n'étions rien.

— Rien, c'est-à-dire une dizaine d'hommes ?

— Non. Une centaine, quand même.

— A partir de ce moment-là, quelle fut votre méthode ?

— Ma méthode sera différente de certains autres camarades, puisque je serai un des premiers à être gaulliste. Je passe en conseil de guerre dès 1941 comme gaulliste. Je ne pouvais pas faire mieux tout de même ! Il a fallu ensuite que je m'évade deux fois.

— Oui, mais vous ne saviez pas à ce moment-là, quand vous entrez dans la Cagoule, que vous alliez embrasser la Résistance ?

— Non, mais je savais ce que je voulais. Je voulais la liberté.

— Mais les autres ? Quelle était la charte qui vous reliait à la naissance de la Cagoule ? C'était une association de malfaiteurs ou c'était un petit groupuscule politique insurrectionnel ?

— Non, c'étaient des patriotes.

— Tous ?

— Oui, tous. Des patriotes.

— Des patriotes dont certains sont devenus vichystes...

— Oui. Mais moi, jamais. Les gens qui font partie de ceux qui ne veulent pas accepter se dispersent dans différents mouvements et essaient de mettre l'Etat en péril, mais la résolution d'aboutir est la même. Se battre contre l'Allemagne. Sur le territoire national, ne pas accepter que l'Allemagne puisse avoir des attaches et des relais. Renouvin, outre son geste d'insulter le président du Conseil, s'attaque à tous les membres des comités France-Allemagne et les provoque en duel. Tout est bon pour lutter. Il faut empêcher que ne s'officialise dans ces comités un grand fracas, une doctrine qui rendrait acceptable la charnière avec le nazisme. Les nazis organisent à ce moment-là de nombreux voyages de propagande, des conférences.

— Est-ce qu'on adhérait à la Cagoule ?

— Non.

— Comment se reconnaissait-on, alors ?

— Parce qu'on s'y retrouvait.

— Où ? Dans les réunions que vous faisiez ?

— Oui. Il y avait aussi mille complots où les gens généreusement tentaient de toutes les manières d'empêcher la suite, de s'opposer à la défaite et à la honte.

— D'où vient ce mot Cagoule ?

— De la police. La police a prétendu, dès que les choses ont mal tourné pour le régime, qu'il y avait un complot contre la république, et elle l'a appelé la Cagoule. Ce n'est pas la Cagoule qui s'est baptisée ainsi ! La Cagoule, du nom de la cagoule, cette manière de cacher le visage.

— A cette époque, Maurras ne veut plus de vous, alors qui sont vos maîtres ?

— Les gens qui dirigeront ces mouvements et les gens qui, partout où ils seront, ne se résigneront pas à la servitude. C'est très général.

— Il n'y a pas de charte idéologique ou philosophique ?

— Non.

— Et il y a des gens très différents ?

— Très différents. Mais qui ne veulent pas de la servitude.

— Quelle importance fut donnée à l'action armée ?

— Il n'y avait pas d'action armée. Au début, quelques crimes sont commis parce qu'il y a des exaltés, là, comme ailleurs ! Il y a l'exécution de Navachine, un personnage d'ailleurs très douteux, un agent de l'Union soviétique qui a pris contact avec la droite ; elle est en train de se laisser piéger par lui, de se laisser gagner. La preuve, c'est qu'elle accepte le contact avec lui. Le type de la Cagoule qui a assassiné Navachine l'a empêché de continuer son action destructrice. Je ne suis pas pour l'assassinat, mais Navachine était objectivement dangereux [1].

— Qui se portait volontaire, alors, pour commettre pour vous ce genre de crime ?

— Des exaltés à titre individuel.

— Recevaient-ils des ordres ?

— Non, c'était à titre individuel. A partir de ce principe d'adhésion à la révolte, il n'y avait plus besoin d'une conception particulière. Il y avait des hommes courageux et qui prenaient leurs responsabilités. Alors, l'assassinat de Navachine nous apparut comme un coup plein de lumières. Il pénétrait effectivement les milieux de droite, comme agent de Moscou. Il faisait des provocations. Il constituait un véritable danger pour la droite car il venait lui proposer une tout autre attitude. Elle était éventuellement sensible à l'idée de traiter de ce genre de problème

1. Le 24 janvier 1937, Dimitri Navachine, directeur de la Banque commerciale pour l'Europe du Nord, est assassiné à coups de baïonnette par Jean Filliol, ancien chef de la 17e section des camelots du roi, responsable de la sécession de l'Action française à l'origine du MSR (Mouvement social révolutionnaire). Adjoint de Deloncle, Filliol sera de toutes les actions violentes du mouvement. Au moment de la découverte du complot, il fuit en Espagne. Pendant la guerre, il se mettra au service de la Milice. Condamné à mort, il rejoindra l'Espagne où Franco refusera de l'extrader. Pour la Cagoule, cette disparition a valeur de symbole : Navachine était soviétique, communiste. Cf. Frédéric Freigneaux, *L'Histoire*, n° 199, octobre 1992.

avec les envoyés de Moscou. Il fallait donc qu'il disparaisse. Alors, il valait mieux le faire soi-même.

— Donc, c'est bien un ordre qui a été donné à l'assassin de Navachine de l'exécuter ? Une commande politique ?

— C'est une conséquence politique normale. Comment se décide la vie ou la mort d'un homme ? J'ai tué un homme dans le métro, pendant l'Occupation. Vous savez, ce n'est pas difficile si on se dit : c'est lui ou moi. J'ai été mêlé à toutes sortes d'histoires où il a fallu prendre des décisions. Il m'est arrivé de capturer des agents. A chaque fois, c'était douloureux, je savais que l'homme arrêté allait pleurer, me dire qu'il ne voulait pas mourir, m'expliquer qu'il avait des enfants, me montrer les photographies de sa famille. Chaque fois, c'était l'horreur. A partir du début de la guerre, j'ai considéré comme ennemies toutes les personnes qui avaient pris parti pour les Allemands. Rien à voir avec les querelles politiques.

— Dans la Cagoule, pourtant, on est passé par des exécutions.

— Oui, mais avec des gens dangereux. Je ne sais pas, si j'avais été appelé à décider, ce que j'aurais fait, mais je suis sûr que Navachine était dangereux pour l'indépendance nationale.

— Donc, vous n'avez pas été mêlé directement à l'histoire de Navachine, mais à d'autres ?

— Oui.

— Eh bien un jour il faudra bien le dire, alors pourquoi pas aujourd'hui ?

— Non.

— Comment non ? Vous n'allez pas me mentir ?

— Je ne parlerai pas. Cela mettrait en cause trop de gens connus...

— Pourtant, je vous écoute. J'ai tout mon temps. Qu'avez-vous fait ?

— De mon mieux.

— C'est-à-dire ?

— Je faisais partie d'une catégorie de jeunes gens absolument décidés, mais je n'ai été mêlé à aucun assassinat.

— Vous le regrettez ?

— Non. Si j'avais eu le moindre regret, j'aurais commis ces actions.

— Il y a eu une part en vous qui reculait devant l'idée même du crime ?

— Non, enfin. Pas vraiment. J'aurais pu. Mais non. Parce que vous pensiez que j'étais un assassin ? Mais, quand les révolutionnaires russes exécutaient des ennemis, on ne considérait pas qu'ils étaient des assassins. Aussi bien, pour prendre un exemple beaucoup plus contemporain, les brigadistes italiens, quand ils prenaient en otages des patrons et qu'ils les exécutaient, ils les considéraient comme des ennemis et pas comme des victimes. Tout est une question de dispositifs et de perception de l'ennemi. Pour moi il n'y a d'ennemis exécutables que ceux qui ont le pouvoir des armes. Mais, en revanche, peu à peu, il y avait des éléments qui constituaient la définition de l'ennemi dans ces années-là, notamment ceux qui étaient les propagateurs de la corruption intellectuelle et morale. La notion de patrie demeure la plus belle notion. Pour elle, on peut tout faire. Le mot patrie veut dire des choses qui tiennent à notre origine même. Alors, oui bien sûr, à ce titre-là, je me battais, mais la patrie n'exige jamais de nous d'être inhumain ou lâche. Au contraire, elle nous élève.

— Mais en quoi consistait votre rôle ?

— Des réunions, des conférences. Quand on crée quelque chose, on essaie d'éveiller des sentiments positifs chez ceux qu'on va chercher.

— Donc c'était une association secrète, par définition [1] ?

— Oui, on ne dit pas cela à tout le monde, évidemment ! Cela impliquait un mode de vie particulier et notamment d'inscrire dans sa vie la possibilité de faire ce qu'on devait faire sans jamais se dérober.

— Certains des amis que vous fréquentiez à l'époque ignoraient que vous étiez à la Cagoule ? Vous pouviez avoir plusieurs vies dans une même journée ?

— D'abord je ne vous dis pas que j'y étais, je vous dis que...

— Mais si, vous y étiez ! Non seulement vous y étiez, mais vous en étiez un des principaux idéologues.

— Oh !

— C'est vrai.

— Non.

---

1. La Cagoule s'est illustrée dans trois types d'actions : services rendus à des pays étrangers, notamment à l'allié italien mussolinien ainsi que soutien à l'Espagne franquiste, élimination des traîtres et des parjures, politique de la terreur : assassinat de Navachine, attentat de l'Etoile le 11 septembre 1937, contre les locaux de la Confédération générale du patronat français.

— Je l'ai compris depuis longtemps. Cela n'est pas une honte.

— Finalement vous avez raison. Non, je ne suis pas du tout honteux après tout ! Autant dire la vérité. J'étais convaincu qu'il fallait s'insurger. J'ai toujours été comme ça, oui. Ma vie s'organisait alors autour de ce groupe : avoir des rendez-vous, des conciliabules.

— Par qui étiez-vous financés ?

— Il fallait de l'argent, mais obtenir de l'argent, pour une entreprise d'insurrection, ce n'était pas facile.

— Oui, mais qui décidait quand même de faire des coups. Il y avait des gens armés, on pouvait aller jusqu'au bout. La preuve : Navachine.

— Sûrement.

— Alors, qui vous aidait ?

— Moi, je n'ai jamais reçu d'argent de personne.

— Mais est-ce que vous en avez donné, vous, à la Cagoule ?

— Non. Je donnais tout ce que je pouvais donner, c'est-à-dire mon temps. Mais pas seulement à la Cagoule, à l'insurrection nationale.

— Oui, on peut l'appeler comme on veut. Et les réunions se tenaient où ?

— Partout, on avait des relais un peu partout. Quand on veut créer un incendie, il faut allumer beaucoup de feux, avant. Alors, on les allume, spécialement chez les jeunes gens, chez ceux qui peuvent s'enthousiasmer. Toutes ces actions ne nécessitent que le don de soi-même. Ce n'est pas très compliqué.

— Et quelles étaient vos méthodes d'infiltration ? Comment aviez-vous connaissance de certains dossiers ? Vous n'allez pas continuer à faire comme un gamin, qui met sa main devant sa bouche ?

— Mais comment voulez-vous qu'on ait connaissance des dossiers ? C'est d'une évidence... Vous êtes d'une grande naïveté ! Il se trouvait tout simplement des gens qui nous ouvraient les portes ou nous ouvraient leurs dossiers. Y compris au cœur de l'Etat ! C'est comme toutes choses. Aucun mouvement secret ne peut naître autrement que de lui-même. On génère en soi la connaissance des secrets qu'on a décidé de percer, ou de ceux dont on veut détruire les conséquences.

— Vous êtes pourtant demeurés, dans la Cagoule, la minorité d'une minorité ?

— Oui, et fiers de l'être !

— Sur qui pouviez-vous compter ?

— Pour bien comprendre, il faut revenir à la période 1934-1936, parce que, à partir du moment où commencera la guerre civile espagnole, le mouvement va basculer autrement et avec une dimension internationale. La guerre d'Espagne est toujours mal racontée. Les gens qui commandaient en Espagne étaient des gens tout à fait comme nous. Ils étaient patriotes et ils ne voulaient pas du communisme. Ils nous soutenaient. Pas Franco directement mais des patriotes espagnols, parce que Franco a beaucoup hésité à s'engager dans le mouvement national. Mais, vous savez, les complicités s'allumaient alors comme des feux de paille [1].

1. Il y eut un soutien logistique de la Cagoule aux franquistes : sabotage de voies ferrées reliant la France à l'Espagne, intimidation des partisans des républicains, destruction de navires ravitaillant le gouvernement espagnol. Cf. *L'Histoire*, n° XX, février 1980.

— Mais en 1934-1936, avec qui se nouaient les complicités ? Avec certains membres de l'armée ?

— D'une façon générale, avec tous les membres de l'armée qui ont eu, après dans la bataille, une position qui n'a pas varié, et tous ceux qui ne voulaient pas céder à une propagande perverse qui leur disait que, sous prétexte de servir l'ordre, on aurait même pu s'entendre avec l'ennemi ! C'était inconcevable, pour des gens comme nous. On ne pouvait pas supporter l'idée de traiter où que ce soit et quoi que ce soit avec l'ennemi. On avait deux ennemis. C'était clair comme le jour. On avait l'Allemagne avec qui il fallait faire la guerre, et on avait les Soviets qu'il fallait faire reculer. Plus tard, quand je serai incarcéré à la prison militaire de Toulon par les autorités de Vichy, je rencontrerai beaucoup de communistes qui avaient été arrêtés puis incarcérés pour propagande communiste, c'est-à-dire pour propagande contre nos armées. Moi, je ne les saluais pas ! Je ne salue pas quelqu'un qui se livre à l'ennemi.

— Et pourtant, vous allez vous retrouver un peu plus tard, objectivement beaucoup plus proche, de cœur et d'âme, de communistes résistants que de certains cagoulards qui vont devenir vichystes puis activement collaborationnistes et pro-allemands.

— Oui. S'il y avait une thèse très claire, c'était que la guerre approchait de plus en plus et qu'il fallait la gagner. Donc, d'abord la livrer, et qu'en aucun cas il ne fallait se résigner aux stratagèmes qui, par le chemin de l'armistice ou du complot, visaient à paralyser nos forces. Mes amis étaient dans le domaine du combat clandestin. Les amis sont forcément ceux qui mènent le même combat et c'est normal et sain. Donc, dans la Résistance, ont combattu certains de mes amis cagoulards.

— Justement. N'avez-vous pas aussi constitué dans la Cagoule des amitiés qui vous seront très utiles plus tard dans la Résistance ?

— Dans la Résistance, j'ai appris, par exemple, à connaître et donc à aimer certains garçons que je n'aurais pas rencontrés autrement. Mais j'estimais tous ceux, quelles que soient leurs opinions politiques et leurs engagements, qui possédaient la certitude de ne jamais renoncer au combat que nous avions engagé. De la Cagoule à la Résistance, je n'ai pas changé. Tout revient à une seule et unique chose : il n'y a pas d'autre réponse que l'amour sacré de la patrie. La patrie passe avant toute chose. Dans toutes les hypothèses et en toutes circonstances, sauf, bien entendu, quand on se trouve en face de gens qui par exemple vous arrêtent, vous mettent en prison et vous disent droit dans les yeux que, ce faisant, ils considèrent qu'ils agissent pour la patrie. Dans ce cas, on ne peut que parler de traîtres.

— Dans cette période cagoularde de 1934-1940, vous n'avez jamais été inquiété par les autorités ?

— Au risque de vous étonner, j'ai toujours réussi à y échapper. Je faisais tout ce qu'il fallait pour. J'étais, du point de vue des autorités de la France, un Français impeccable, ardent défenseur de sa patrie.

DEUXIÈME PARTIE

LA GUERRE

V – LÉON BLUM

Laure Adler : Comment avez-vous vécu l'arrivée au pouvoir de Léon Blum ?

Pierre de Bénouville : J'ai toujours éprouvé des sentiments favorables envers Léon Blum. A la fois pour son intelligence, son souci de la vérité, sa grande humanité. D'ailleurs, j'ai de multiples raisons de l'aimer. En voici une qu'il m'a donnée lui-même, un soir, au cours d'un dîner chez Duff Cooper, alors ambassadeur d'Angleterre. C'était juste après le débarquement et, dans la salle à manger de l'ambassade, un invité a commencé un long discours qui s'adressait à Léon Blum sur la dureté de la déportation que ce dernier venait de vivre. Blum l'a très vite arrêté : « Non. Je ne peux pas vous laisser dire des choses pareilles, je n'ai pas été déporté, j'ai été arrêté par les Allemands. Et la preuve que je n'ai pas été déporté, c'est qu'en Allemagne, tout près du camp où sont allés les résistants, j'ai disposé d'une maison et que j'ai pu m'y marier. » J'ai admiré cette honnêteté, parce qu'il était quand même là-bas, certes traité comme l'ancien chef du gouvernement mais enfin, quand même au péril quotidien de sa vie. Lors de son accession au pouvoir, aux débuts du Front populaire, en 1936, je savais déjà que c'était un homme distingué. On n'aime pas impunément Stendhal. C'est une forme d'aristocratie que les gens qui aiment Stendhal. Ils se reconnaissaient entre eux. Et Léon Blum adorait Stendhal ! Il y a dans le goût un jugement de soi qui compte autant que tous les actes humains.

— Et pourtant, c'était votre ennemi politique et vous auriez tout fait pour le faire partir ?

— Oui. Politiquement, je m'employais à le renverser. Il était le responsable du socialisme en France, et le socialisme était l'ennemi des forces de résurrection nationale. Mais dans la vie, ce n'était pas quelqu'un avec qui je pouvais avoir des relations adverses. Vous lirez ici ou là, à propos de ce que j'ai pu faire, ou ne pas faire, que j'étais antisémite. Ce n'est pas tout à fait vrai. Comme le montre la présence dans ma vie de Jeanne-Marie Bergson ou de la femme de Georges Auric et de beaucoup d'autres ! J'ai eu toute ma vie des amis juifs qui ont paru me préférer à leurs semblables. Des amis juifs que j'aimais beaucoup et qui me l'ont rendu de mille manières.

— Certains antisémites ont des amis juifs. Cela fait partie de l'argumentation et de la méthode de l'antisémitisme.

— Cela ne s'appelle pas du racisme. J'ai une certaine idée de la tenue de la nation qui exclut que la nation absorbe n'importe comment des éléments qui ne sont pas d'elle-même. D'ailleurs je constate avec pudeur et humilité que beaucoup des Juifs que j'ai aimés se sont convertis. Ce qui me fait penser que, d'une façon générale, leur religion ne leur parle pas bien, ne leur dit pas ce qui est essentiel. Nous avons entre juifs et chrétiens des valeurs qui sont exprimées dans les textes saints. L'auteur de la Genèse est Moïse, il ne faut jamais l'oublier !

— Revenons à l'antisémitisme. Dans la Cagoule, il y avait une forte composante antisémite. Vous acceptiez, à l'époque, ce discours antisémite.

— Entre tel Juif avec qui j'ai eu des relations d'affection et tel manipulateur d'argent, qui tenait, par une grande banque, des intérêts multiples à droite et à gauche, il y a toujours eu un océan. On ne réfléchit jamais que la condition des Juifs s'est faite par la persécution. Il y a eu une série d'humiliations et de négations de l'être juif qui me peinent et me scandalisent. Depuis la Shoah, on ne peut plus parler de la même façon de la judéité. C'est quelque chose de déplaisant, j'en conviens, que de définir l'étranger, mais c'est nécessaire dans la mesure où l'étranger cherche des revanches qui ne sont pas toujours injustes. Un homme humilié et qui se sent injustement traité veut toujours trouver la manière de se faire entendre.

— Vous êtes tranquillement en train de me dire que les Juifs sont des étrangers !

— Quand même, dans l'évolution des faits politiques, tout dépend pour une grande partie des Juifs qui ne sont pas nés ici, tout dépend du moment où ils arrivent à intervenir dans les affaires nationales. Quand ils sont de la catégorie de Léon Blum, la question ne se pose même pas. Je les considère tout à fait comme des Français. Léon Blum comme Marcel Dassault. A propos de ce terme de « lobby juif » utilisé par Mitterrand dont on a beaucoup entendu parler ces derniers temps, à l'occasion de la publication du livre de Jean d'Ormesson [1], je l'ai souvent entendu utiliser par les Juifs eux-mêmes. Les Juifs étaient souvent les véhicules d'une haine nationaliste mais beaucoup étaient anti-allemands. Je ne me suis jamais considéré comme antisémite. Je ne voulais pas que des étrangers en viennent à se mêler des affaires de mon pays, comme si c'était le leur. Léon Blum n'était pas un étranger. Il sortait des hautes écoles...

— Oui, mais dans la presse de droite et d'extrême droite à l'époque, il était insulté chaque jour parce que,

---

1. *Le Rapport Gabriel*, de Jean d'Ormesson (Gallimard, 1999).

justement, en tant que Juif, il n'était pas considéré comme un Français à part entière, souvenez-vous !

— Mais il était quand même un Français. Enfin, moi, je l'ai toujours considéré comme un Français. Plus français que M. Paul Reynaud qui a fini par inventer le Maréchal ! Et pourtant Dieu sait si M. Paul Reynaud était le représentant de notre bourgeoisie française.

— Pourtant, quand vous voyez arriver Blum au gouvernement, vous ne cherchez qu'une seule chose, c'est à le faire partir ?

— Oui, parce qu'il était le chef du socialisme et que ce socialisme avait été bien proche de se noyer dans le marxisme.

— Quelles sont donc vos méthodes pour essayer de le faire partir ?

— Les méthodes de la politique. A commencer par les majorités.

— Non, parce que la Cagoule, ce n'était pas les méthodes de la majorité.

— Oui, enfin il y avait tout de même partout, en France, des relais de la Cagoule. Régnait alors un sentiment unanime de rejet de la république.

— Vous n'allez pas me dire que la France était majoritairement cagoularde dans ces années-là ?

— Je peux en tout cas vous dire solennellement que lorsque est arrivée l'invasion, qui a été un malheur pour tout le monde, pour moi ce fut un déshonneur. Que venaient faire les Allemands chez nous ?

— Mais revenons à l'antisémitisme. Quel jugement portez-vous sur Papon ?

— Horrible M. Papon. Il est impossible de trouver le moindre alibi à celui qui fit arrêter des enfants et les envoya en déportation. Parce que si partout, quelles que soient l'origine, la race, il y a quelque chose au monde de pur, ce sont les enfants !

— Reprenons cette expression, « lobby juif ». Avez-vous le souvenir que votre ami François Mitterrand l'utilisait et dans quel sens ?

— J'ai entendu François Mitterrand utiliser cette expression vingt fois et moi j'ai dû la dire cent fois, dans ma vie. Cela ne constitue pas un crime de ne pas être pour des éléments qui n'appartiennent pas à la pâte même de la France. Cela ne prouve rien. L'un de mes amis les plus proches, toute ma vie, a été Max Heilbronn, le créateur des Galeries Lafayette. Pendant des années, on a voyagé ensemble. Je suis allé en Russie avec lui. Souvenir inoubliable ! On vivait en se gorgeant de musique. On s'est connus pendant la Résistance. Max a fait pendant la guerre une chose monumentale. Il était en tant qu'ingénieur l'adjoint au service fer de Hardy, et c'est lui qui a imaginé le Plan vert, le plan qui a abouti à une chose que plus personne ne connaît. Le Plan vert, qu'on appelait ainsi parce que toute la partie concernant l'action de l'armée secrète était tapée à la machine sur du papier de couleur verte, a consisté, à partir du moment où les Boches ont commencé à reculer, à cause du début du débarquement, à les bloquer sur place. C'est-à-dire à les détruire. La France compte, je crois, 8 000 kilomètres de voies ferrées. Les Allemands n'ont pu, au moment du débarquement, disposer que de 2 000 kilomètres. Les Français, goupillaient à mort ce que les Boches emportaient ! Plus personne, jamais, ne parle de cela. Eh bien, rappelons les faits : les Allemands nous rançonnaient. Tous les mois, la France leur donnait, en francs, des sommes considérables. Ils rançonnaient toute la production française, métallique. Max, qui était un très bon ingénieur, a sauvé du pillage systématique des millions de choses qui ont contribué à notre résurrection. Je regrette aujourd'hui amèrement d'avoir manqué quelque chose pour lui auquel il aurait été sensible. Quand Max a été très malade, j'ai essayé de lui faire avoir le grand cordon de la Légion d'honneur qu'il méritait. Si François Mitterrand avait été encore de ce monde, j'aurais réussi. Il est mort grand officier. Au cimetière, tous les grands banquiers : Dreyfus, Lazard, étaient présents et quand ils ont vu que l'office commençait par un *nomine Deus*, ils ont été surpris. Max s'était converti au catholicisme et avait gardé cette conversion secrète. Il ne l'avait dit ni à un homme comme moi, qui était son ami le plus proche, ni à sa femme. Je lui avais dit un jour, et je l'avais d'ailleurs regretté, que je pensais qu'un vrai Français est un chrétien.

— Et vous le pensez vraiment ?

— Ah oui, je le pense. Un vrai Français est un chrétien. C'est une histoire tramée comme une tapisserie avec les fils de la foi. C'est l'évidence.

— Vous pensez vraiment que les Juifs ne sont pas des citoyens à part entière ?

— Si, naturellement. Mais pourquoi ne seraient-ils pas chrétiens ?

— Pourquoi abdiqueraient-ils leur religion et leur identité profonde ?

— Mais ils ne la pratiquent pas.

— Mais si enfin ! Certains la pratiquent, sont très religieux.

— Vraiment ?

— Ah oui, et pourtant ils sont français comme les autres.

— Quand j'étais un petit garçon, dans le village de ma mère en Alsace, il y avait une colonie juive et un rabbin. La femme du rabbin était très belle. Belle comme le jour. J'étais tombé amoureux d'elle. Et mon père me disait : « Mais enfin, Pierre, pourquoi veux-tu aller à la synagogue, tous les samedis ? » Je lui disais : « Eh bien je m'y trouve bien, c'est beau la liturgie et je m'y trouve bien. » Papa me disait : « Mais pas tous les samedis ! » Mais j'y revenais tous les samedis. J'ai eu ainsi accès un peu à la religion juive pendant toute mon enfance et une partie de mon adolescence. Cela m'a beaucoup marqué.

— Mais pour vous, il n'y a de Juifs que convertis ?

— Non. Pas du tout. Mais quand Max est mort, je suis allé chez lui, place de l'Alma. Je suis entré dans sa chambre, j'avais un profond chagrin, c'était quelqu'un que j'aimais beaucoup. Quand je me suis agenouillé près de son lit, je ne peux pas dire que je suis un sentimental, mais quand j'ai vu accrochée à la tapisserie de son lit une médaille de la Vierge, j'ai pleuré. Alors, j'ai vécu la dernière nuit qu'il a passée chez lui à veiller près de lui et près de sa femme, qui, elle, l'aimait tant, qu'elle ne pouvait avoir la consolation d'aucune foi. Elle voulait mourir. Elle me disait : « Pierre, je veux m'en aller, il n'est plus là, je n'ai plus rien à faire. » La religion peut être un apaisement. Elle était définitivement seule.

— C'est curieux que vous ayez eu des amis très proches qui étaient des Juifs qui se sont convertis au christianisme : Max dont vous venez d'évoquer le souvenir mais aussi Marcel Dassault et bien d'autres.

— Oui. Beaucoup.

— C'est quand même étrange dans votre vie. Comment l'interprétez-vous ? Y êtes-vous pour quelque chose ?

— Je crois que j'y ai une part. Quelquefois une part lointaine. Marcel Dassault m'a dit un jour, devant Edmond de Rothschild : « Au fond vous savez, Pierre, chacun de nous voudrait avoir une des chances que vous avez eues. Etre né en portant le nom d'un petit village de ce pays que nous aimons comme vous. » Dans la conversion de Marcel Dassault, je pense que j'ai joué le rôle de messager. J'ai parlé avec lui des nuits entières. Quand il est rentré de déportation, il m'a dit : « Il faut que nous parlions parce que l'idée de votre foi me préoccupe. Et figurez-vous que j'ai eu là-bas, souvent, le sentiment que la Vierge m'assistait. » Je lui ai répondu : « Si vous étiez très malheureux, oui, elle vous assistait, bien sûr. — Oui, j'étais très malheureux. » Et il est allé au fond des choses. Il a voulu comprendre. Comme il était le fils d'un merveilleux médecin juif – n'oublions pas que Marcel était cousin des Camondo, ces princes qui faisaient tuer leurs fils au service de la France –, il a lu, médité, réfléchi, fait son chemin. Avec moi, il s'interrogeait à haute voix. Je lui faisais souvent remarquer que la part juive dans notre religion est immense. Immense ! Saint Etienne est tout de même mort à Jérusalem lapidé. Il était premier évêque de Jérusalem. Les Juifs ont une grande part de ce festin secret.

VI – PREMIÈRE RENCONTRE AVEC LE MARÉCHAL PÉTAIN

— Entre 1936 et 1938[1], il y a l'engagement en Espagne. Certains réseaux de la Cagoule vont s'y établir et, rapidement, des liens fructueux vont se nouer entre certains franquistes et certains cagoulards.

— Notre rôle, au début de la guerre d'Espagne, a été, essentiellement, de sauver les chefs-d'œuvre du Prado. Le général Davet, que j'ai nommé plus tard délégué des mouvements de la Résistance en Suisse pour conduire l'organisation que j'avais créée, était un aviateur français qui vraiment s'est employé à sauver le Prado. Les gens que je connaissais alors et que j'aimais n'avaient pas d'autres soucis que Goya, Vélasquez... Le général Davet a d'ailleurs reçu du gouvernement espagnol de très hautes décorations.

— La Cagoule disposera, à l'époque, d'un comité directeur, comme une sorte de mini-gouvernement. Elle se mettra à la recherche d'alliances avec l'Italie mussolinienne et l'Espagne franquiste. Achats d'armes, opérations spécifiques. A cette période, Pétain était

1. Selon Henry Coston, dans le *Dictionnaire de la politique française* (1967), et Saint-Paulien dans *Histoire de la Collaboration*, L'Esprit nouveau, 1964, Encyclopédie périodique (Société Générale de Presse), Pierre de Bénouville aurait travaillé (ce dont il dit ne pas se souvenir) au *Pays libre*, « organe du Parti français national-collectiviste » (cité dans *Monsieur Dassault*, de Pierre Assouline, Balland, 1983, chapitre « Les hommes du clan »).

l'ambassadeur de France en Espagne. Franco, Pétain, Cagoule, même combat ?

— Non, ce n'est pas juste de dire ça. Pétain était là-bas bien avant puisqu'il était ambassadeur de France. Mais on ne peut pas reprocher à quelqu'un qui a été ambassadeur de France à Madrid d'être bien vu des gens auprès de qui il était envoyé. Un jour, j'ai rencontré par hasard le maréchal Pétain dans la maison de mon ami Bailby qui m'engagera plus tard dans son journal *L'Alerte* après mon évasion.

— Quand se passe cette rencontre ?

— Pour moi, Pétain était le maréchal Pétain mais il n'avait pas fait Montoire. Enfin, il n'avait encore rien fait qui fût laid. Pétain m'a reconnu parce qu'il m'avait déjà rencontré auparavant chez des amis. Il m'a posé des questions sur mes engagements politiques. « Qu'allez-vous faire, Bénouville ? » Il insistait. « Moi ? » Je lui ai répondu loyalement. Je lui ai dit : « La guerre, monsieur le Maréchal, jusqu'à ce qu'elle soit gagnée. » Il m'a répondu : « Vous en avez de la chance. » Deux fois, je vous le jure devant Dieu ! C'était en 1940. J'ai ajouté : « D'ailleurs je n'ai pas le choix. Comment voulez-vous que nous puissions envisager de vivre plus longtemps, si nous ne devons pas gagner la guerre ? » Et il m'a répété pour la troisième fois : « Vous en avez de la chance. » J'ai rétorqué : « On a la chance qu'on se donne. » Je vous avouerai qu'il m'a touché. Ce vieux bonhomme se disait sans doute : « Lui au moins va y aller. » J'y partais en effet. Je ne pouvais cependant pas lui dire la vérité. Quand je raconterai cet épisode plus tard, lorsque je serai traduit devant le tribunal militaire, mes juges se montreront stupéfaits.

Les choses sont quand même plus complexes qu'on ne le dit. Je crois que Franco a empêché Hitler de s'emparer de l'Espagne. Le Maréchal m'a dit aussi ce jour-là : « Vous savez, c'est bien difficile de vivre comme je vis. Où serai-je demain ? » Il était venu là parce qu'il allait à un rendez-vous avec Franco. Que voulait-il négocier ? Après il a fait des conneries immenses, à commencer par sa poignée de main avec Hitler, que je ne lui pardonne pas. Mais, à l'époque, de quoi rêvait ce maréchal ? Probablement de la liberté. Il avait toujours été républicain au fond de son cœur le maréchal Pétain !

VII – LA DÉFAITE

— Vous avez été mobilisé. Vous avez fait la drôle de guerre. Le jour vous combattiez, la nuit vous écriviez les pages d'un livre contre l'Allemagne intitulé : *Le Réveil du paganisme*. Pouvez-vous dater votre entrée dans la Résistance ?

— Mon premier jour de résistance, ce fut sans doute ce matin où, dans les Vosges, nous fûmes encerclés par les Boches. Je faisais partie d'un corps franc de la VIIIe armée. J'ai dit à mon copain : « Tu sais Pierrot, moi j'ai un truc. C'est vrai qu'on est encerclés mais on va s'en tirer. J'ai vu tout à l'heure dans une cour de ferme une petite Peugeot ou une petite Citroën avec un cul-de-poule. On va aller la chercher et on va passer. On mettra une mitrailleuse dessus. Ce sera la meilleure auto-mitrailleuse du coin, tu verras. » Pierrot n'a pas bronché. Il m'a suivi. Nous avons volé la voiture, installé la mitrailleuse et, en effet, nous avons, ainsi, traversé le village. C'était dans les quatre jours qui ont suivi l'armistice même si celui-ci n'était pas encore signé. Alors, après avoir inspecté le terrain, on a constaté que, de toutes parts, nous étions piégés par les Allemands. Il fallait donc passer en force. J'ai dit à Pierrot : « On y va, c'est le moment. » Et puis on a foncé, le moteur crachotait. On s'est trouvés au contact immédiat des Boches, en leur tirant dessus. On avait une mitrailleuse pour deux. Et on était deux face à plusieurs Allemands. C'était un acte désespéré : on voulait passer et on est passés.

— Toute la VIIIe armée dont vous faisiez partie était déjà prisonnière. Vous avez été un de ceux qui refusaient l'armistice. Les armes à la main, vous avez continué à lutter en compagnie de Pierrot, Pierre Musetta, ouvrier en chaudronnerie, ancien légionnaire, votre inséparable pendant toute cette période ?

— Oui, quand on nous annoncera que l'armistice était signé, nous n'y croirons pas. Il y avait des canons, il y avait des mitrailleuses, il y avait des hommes pour savoir s'en servir. Nous luttions comme nous pouvions. A commencé alors avec Pierrot et trois autres camarades une traversée aventureuse de la France. J'ai appris à cette occasion une chose qui m'est restée en mémoire toute ma vie : lorsqu'on a vraiment soif, il ne faut jamais manger de cerises. Nous mangions ce que nous trouvions dans les champs. Un jour, Pierrot et moi, on s'est gavés de cerises. Nous étions épuisés, morts de faim. Mais après l'indigestion de cerises, j'ai cru que j'allais me livrer aux Allemands tellement j'étais torturé par la soif.

Je savais déjà que chaque pas que je ferais serait pour aller vers le général de Gaulle. Nous étions cinq. J'étais alors très préoccupé par l'idée qu'il fallait que je me lave les dents et je me suis mis désespérément à la recherche d'une brosse à dents. Pas facile quand on est évadé ! Mes camarades se moquaient de moi. Le lendemain des cerises, nous avons vu au loin une fumée qui sortait d'une petite maison et comme nous étions épuisés et que nous avions faim, nous nous sommes enhardis. Cette maison était vide et abandonnée. Nous nous sommes installés à la fortune du pot. Le lendemain matin – j'ai cru à une blague de l'un d'entre nous, à une très mauvaise blague – j'ai été réveillé par une voix de stentor qui répétait : « Y a-t-il des soldats français ici ? » Des soldats autrichiens encerclaient la maison ! Nous avons été faits prisonniers. Le surlendemain, tout de même, j'ai réussi à obtenir quelque chose d'inoubliable. L'officier autrichien qui commandait le détachement avait l'air d'un humain. Je suis allé vers lui : « Ecoutez, le hasard fait que nous sommes entre vos mains. J'ai une requête à vous formuler : je voudrais passer chez le pharmacien. » Il m'a dit : « Mais pour quoi faire ? — Voilà huit jours que je ne me suis pas lavé les dents. Je veux pour moi, et pour mes compagnons, des brosses à dents et de la pâte dentifrice. » Il a accepté. L'haleine fraîche, nous sommes repartis.

De nouveau en colonne, de nouveau vers la Bochie, nous avons réussi à nous évader à nouveau trois jours après ! Il faut être plus têtu que le destin. Je me préoccupais du sort d'un de nos compagnons, Lazare, et je lui ai dit : « Il faut que tu tentes l'évasion avec nous ! » Il m'a dit : « Non, je suis plus âgé que vous et ils vont nous libérer. » Je lui ai dit : « Tu es fou, ils ne te libéreront jamais. » Or, en entrant un matin dans le cantonnement allemand – je lui donnais le bras –, j'ai vu un des Boches qui parlait, en le montrant, et qui disait à l'intention de ses camarades : *« Jude ! »* Je me suis dit, il ne va pas s'en sortir. Lazare ne parlait pas l'allemand, mais je ne lui ai pas traduit les propos de nos ennemis car je ne voulais pas l'insulter ou lui faire de la peine. Il restait convaincu qu'il allait être libéré et il me répétait : « Comment veux-tu qu'ils sachent que je suis juif ! »

— Vous avez réussi à le convaincre ?

— Non. Il n'a pas voulu partir avec moi. Il m'a répété : « Ils vont être obligés tôt ou tard de libérer les hommes de mon âge. » Je lui ai dit : « Compte donc sur leur générosité. » Il a compris peu après. Je l'ai retrouvé par hasard quelques mois plus tard à la poste de Marseille où je venais récupérer poste restante le courrier pour la Résistance. Tout à coup je lève les yeux et je vois quelqu'un qui écrivait sur un pupitre à côté du mien, avec les plumes des postes. Je suis allé vers lui et je lui ai fait une peur épouvantable que j'aurais pu lui épargner. Il m'a dit : « Tu avais raison. Il valait mieux que je parte. » Lazare avait fini par s'évader et il s'est engagé dans la Résistance.

— Mais avant la rencontre de Lazare à Marseille vous continuez en guenilles votre périple. Vous passez par Lyon où vous dépensez vos dernières économies puis, en vous risquant dans les trains, vous vous retrouvez à Nice ?

— Errant parmi les errants, j'ai retrouvé sur la Côte certains amis d'avant guerre. Je mourais de faim. Ils m'invitaient au mieux à prendre le thé. Quand je leur demandais de l'argent, ils me parlaient de leurs préoccupations. C'est le plus pauvre d'entre eux qui nous a aidés. René Behaine [1] nous a donné quelques vêtements et nous a hébergés.

— Vous viviez alors dans une communauté de gens qui pensaient comme vous, mais la misère matérielle augmentait, sans possibilité de faire passer de l'argent de la zone Nord. Vous êtes donc amené à trouver un travail ?

— Oui. Je n'avais pas un sou. Je ne connaissais qu'un homme dans le Midi, Bailby, qui était l'ancien patron de *L'Intransigeant* et du *Jour*, pour lequel j'avais travaillé avant la guerre. L'histoire de Bailby sonne comme un roman. Il était le fils d'une famille bourgeoise de bonne fortune mais son enfance avait été très malheureuse. Son père était parti et sa mère s'était remariée avec un militaire qui avait fait carrière en Egypte. Il était gouverneur militaire du Caire. Bailby avait beaucoup

1. Auteur de *Une histoire de la société*.

souffert du divorce de ses parents. Par bonheur, sa mère l'avait mis chez les jésuites, et entre autres qualités, il y avait appris la solidarité. Etre élevé chez les jésuites, c'est un peu comme si on était franc-maçon. Les francs-maçons se soutiennent mutuellement et, de la même façon, quand on sort d'une maison de jésuites, on appartient à un ensemble. Parmi les anciens élèves de la maison de Jésus, il y avait un personnage extraordinaire, M. Jaluseau, passionné de politique, journaliste qui avait racheté une petite feuille de droite, qui s'appelait *L'Intransigeant*, dont il a fait un journal qui a réussi puis qu'il a perdu. Mais Bailby qui devint son collaborateur lui demeura fidèle. Après avoir dirigé *L'Intransigeant*, Bailby est devenu le propriétaire du *Jour*, un journal d'information de droite où il m'a proposé de travailler.

— Le journal était de droite, voire d'extrême droite ?

— Vous savez...

— Comment jugeriez-vous l'orientation générale du journal ?

— Oui, il était de droite. Mais il n'y avait rien d'extrême. C'était la droite de M. Taittinger. *Le Jour* n'a jamais professé ni relayé d'opinions pro-allemandes. Jamais. Il était pour le Maréchal, toute la France était pour le Maréchal, vous savez. La France avait envie de se reposer. Il faut dire qu'elle venait de vivre cette marche très douloureuse qui fut sa honte.

— Vous avez donc travaillé pour la presse collaborationniste ?

— D'abord il fallait travailler, il fallait vivre aussi. Deuxièmement, Bailby était devenu, au fil du temps, une autorité dans la presse, une sorte de gourou. Dans l'immeuble du *Jour* sur les Champs-Elysées son cabinet de travail situé au sixième étage nous semblait une lanterne qui dominait l'univers. Il y avait d'immenses pièces avec des baies. C'était le journal le plus moderne de Paris ! Il était allé acheter des machines aux Etats-Unis pour l'imprimer, et quand il a voulu faire rentrer les machines dans l'immeuble qu'il venait de construire, il a fallu renverser les murs ! Puis le journal a disparu. Bailby est parti dans sa propriété du Midi où il a créé un autre journal, *L'Alerte* [1]. Après mon évasion, j'étais épuisé et sans ressources. J'étais prêt à mourir. J'avais en tête le nom de Bailby. J'avais vingt-sept ans. Il fallait absolument me rattacher à quelque chose, à quelqu'un. J'ai été enchanté que Bailby m'accepte et me propose du travail.

— Vous n'étiez pas journaliste dans l'âme ?

— Je suis arrivé pieds nus au lendemain de l'évasion. Je voulais écrire. Mais comment décider qu'on va faire de l'écriture son métier quand on est un inconnu et qu'on vit en pleine guerre ? Alors je suis entré chez lui comme journaliste littéraire. Puis il m'a proposé de devenir le rédacteur en chef de *L'Alerte* [2]. Bailby n'était pas

---

1. *L'Alerte*, hebdomadaire de la Révolution nationale. Le premier numéro est publié à Nice le 24 septembre 1940. Le premier éditorial de Léon Bailby est intitulé : « Avec Pétain ou contre la France ». Comme le souligne Pierre Péan, dans son ouvrage *Vies et morts de Jean Moulin*, Fayard, 1998, le journal est antimaçonnique, antijuif, antigaulliste, antirépublicain. Outre un article de P. de Bénouville consacré aux croix de guerre intitulé : « Il faut réviser toutes les croix de guerre », on peut lire des articles d'Henry de Montherlant et de Maurice Martin du Gard.

2. Pierre de Bénouville entre dès son premier numéro à *L'Alerte* avec le titre de rédacteur en chef. Ce journal, qui a de prestigieux collaborateurs comme Roger Martin du Gard, Léon Daudet, Claude Roy, s'enorgueillit d'être « l'hebdomadaire de la rénovation française » et ne fait pas mystère de son pétainisme. Dans le deuxième

de l'Action française mais de droite. Il était beaucoup moins de droite que moi. A l'époque, j'étais toujours monarchiste. Maurassien de cœur. Maurras avait pour moi rendu l'idée monarchique quotidienne dans la vie des Français. J'ai accepté la proposition de Bailby. Je disposais d'une liberté totale sur le plan éditorial.

— Daniel Cordier vous reproche d'avoir collaboré à des journaux pétainistes et d'avoir crié haut et fort votre maréchalisme. J'ai retrouvé cet article ainsi que d'autres [1]. La teneur des propos que vous tenez lui donne raison [2].

— L'article auquel vous faites allusion est un article que j'ai écrit dans la fureur de quelqu'un qui venait de

---

numéro, Pierre de Bénouville publie un article intitulé « Les deux régimes » : « L'ancien s'est déshonoré par ses crimes, le nôtre s'honore d'être humain. » Le 8 octobre 1940, il affirme : « Les coupables vont être jugés. La vie reprend. Avec vous, le Maréchal veut reconstruire. Donnez-vous avec foi et confiance. » Dans le n° 4 du 15 octobre, s'en prenant à Cot, Reynaud : « La mort pour les traîtres est un châtiment bien faible », avant de conclure : « Il faut être sans pitié comme sans rage. Il faut se souvenir et frapper. » Fin novembre 1941, il arrête ses responsabilités pour devenir simple chroniqueur littéraire. Son dernier article date du 6 mars 1943.

1. Le 8 octobre 1940, Bénouville s'adresse aux combattants : « Si nous étions les enfants de la Victoire, le Maréchal qui, aujourd'hui, nous convie à l'aider, en était un des créateurs. “ Je fais le don de ma personne à la France, a-t-il dit, pour atténuer ses malheurs. ” Voici l'appel qu'il faut entendre. Ici, nous voulons vous montrer, heure par heure, les réalisations de cet homme paternel qui, chaque jour, crée avec l'amour que lui donnent les Français, et qui chaque jour créera davantage, puisque chaque jour vous l'aimerez mieux (...) L'heure de la justice est venue. Enfin vous êtes véritablement représentés par des organismes purs. Aujourd'hui la Légion française des combattants, demain le rassemblement de tous les Français. Les coupables vont être jugés. La vie reprend. Avec vous, le Maréchal veut reconstruire. Donnez-vous avec foi et confiance ! » Cité par Pierre Péan, *Vies et morts de Jean Moulin* (Fayard, 1998), page 264.

2. Daniel Cordier, *La République des catacombes* (Gallimard, 1999).

faire neuf cents bornes à pied, pour s'évader. J'ai écrit cet article en disant ce que je pensais : « Quelle honte pour les responsables de la France ! Comment M. Paul Reynaud a-t-il pu négocier l'armistice ? » Et je mets Paul Reynaud en cause dans cet article. Toute cette droite d'appareil n'était pas la véritable droite à mes yeux mais une droite affairiste, sans idéal, composée de gens qui avaient trouvé leur emploi à cet étage-là. Alors j'ai écrit cet article et plusieurs autres en disant : « Reynaud, il mérite d'être fusillé. »

A l'époque, j'étais désespéré par l'état d'apathie de certains Français et par la confiance qu'ils accordaient aux Allemands. Il faut se souvenir du contexte de l'époque. Quelques mois plus tôt, lors de ce périple à travers la France, cheminant avec mes camarades, nous décidons de demander où nous sommes – en fait nous n'étions pas loin de Bourg-en-Bresse en zone libre – et nous apercevons sur la route une bonne femme avec son parapluie et son chapeau. Nous étions en loques et nous devions ressembler à des bandits de grand chemin, il faut le reconnaître. Elle nous inspirait un peu de crainte mais, au moment où elle est passée devant moi, j'ai pris mon inspiration et je l'ai apostrophée le plus poliment du monde : « Je m'excuse, madame, vous êtes du village ? — Oui. — Y a-t-il des Boches, madame ? — Des Boches, monsieur ? Mais, non, il n'y a que des Allemands ! » Je vous assure que, dans la vie, j'ai la repartie facile, mais là je suis resté interloqué, choqué. J'en aurais pleuré.

— Les Allemands n'étaient pas encore aux yeux de la majorité des Français des sales Boches à ce moment-là.

— Ah oui ? Mais qu'avaient fait les Allemands à leurs pères ? Leurs pères n'avaient pas été combattants de 14-18 ? Moi, j'avais le culte des anciens combattants, de la patrie et de la liberté.

— Le combat vous paraissait encore possible ?

— La campagne de 1940 nous a coûté cent mille morts dont on ne parle jamais. Cent mille jeunes garçons morts ! Mais oui, c'était possible ! On ne parle pas assez de Saumur qui s'est insurgé. Certains – et ils étaient plus nombreux qu'on ne le dit aujourd'hui dans les livres d'histoire – ont montré qu'ils voulaient dire non. Après l'armistice, nous rêvions tous des armes qui avaient été cachées, en particulier en Algérie. Pas un des dépôts cachés en Algérie, au Maroc, en Tunisie, n'a été livré par les indigènes. Pas un ! On a tout de suite senti que des choses se préparaient, qu'il y avait, chez les militaires démobilisés, un désir de vengeance. Urgente était cette vengeance ! Tout de suite ou jamais !

— Quand les pleins pouvoirs ont été accordés au maréchal Pétain, comment avez-vous réagi ?

— J'ai su qu'il fallait partir le plus vite possible. Que la France était répugnante.

— Pourtant, vous avez écrit le contraire !

— Non. Je n'y croyais pas en mon for intérieur.

VIII – VICHY

— Vous avez été de ceux qui ont fait le voyage à Vichy. Pourquoi ?

— Une des raisons pour lesquelles je suis allé à Vichy, c'est que j'avais la conviction que l'on pouvait y recruter et qu'on pouvait engager Darnand [1] pour la Résistance. Je l'ai cru pendant longtemps. Je me disais que c'était un saint. Il était déménageur. C'était un homme du peuple. Il avait une petite boutique à Nice, derrière la place Masséna, dans une petite rue. J'y suis allé avec Bailby. J'y allais souvent et je rencontrais des gens que je ne pouvais pas ne pas aimer. Par exemple, c'est là que j'ai rencontré pour la première fois Morel, à qui nous avons confié plus tard les maquis de Haute-Savoie et qui a été trahi par un colonel de gendarmerie lors d'un rendez-vous clandestin. En sortant de la pièce où ils s'étaient retrouvés, il l'a fait passer devant lui, a sorti son pistolet et l'a tué. Morel était un héros.

— Donc, vous êtes allé à Vichy pour rencontrer certains de vos amis qui se trouvaient alors dans l'entourage du Maréchal ? Vous meniez une politique du double jeu ?

1. Joseph Darnand (1897-1945), ancien combattant de 1914, médaillé militaire, a été membre de l'Action française, des Croix de feu, du PPF et de la Cagoule entre les deux guerres. Fait prisonnier en 1940, il prend la direction du Service d'ordre légionnaire, transformé en Milice en 1943. Secrétaire général au Maintien de l'ordre en décembre 1943, secrétaire d'Etat à l'Intérieur en juin 1944, il est arrêté en Italie, condamné à mort et exécuté en France le 10 octobre 1945.

— Oui, naturellement. Tout pour la résistance. Il y avait à Vichy un type merveilleux, Roger de La Grandière, dont le père était sénateur du Maine-et-Loire et faisait partie du Conseil national du Maréchal. La première fois que je suis entré à l'hôtel du Parc, je me suis heurté à lui : « Roger ! — Pierre ! » On s'embrasse. Il me dit : « Que fais-tu ? » Je lui dis : « Je fais la guerre. » Alors il dit : « Tu as tout à fait raison. » Et puis je constate qu'il est entouré de respect par les gardes républicains – nous étions tout de même dans la résidence du chef de l'Etat, et on claquait les talons de tous les côtés –, je lui dis : « Ecoute, Roger, j'ai une requête à te faire, je voudrais téléphoner à maman qui ne sait pas depuis des semaines si je suis vivant ou mort. Tu as l'air d'être bien vu ici, peux-tu m'aider ? » Il me dit : « Bien sûr, il n'y a rien de plus facile. » Dans un couloir, il ouvre une porte : « Tiens, c'est là. » Dans cette chambre d'hôtel, je vois sur la commode des choses qui m'indiquent, en une seconde, que je ne suis pas chez Roger. Il y avait entre autres un faux col en plastique et des boutons de col. « Donne-moi le numéro de ta mère. » Il prend le téléphone et dit : « Allô, ici c'est M. de La Grandière, je voudrais ce numéro. » Et j'ai eu maman au téléphone qui pleurait et m'a annoncé que mon frère était vivant. Après avoir parlé abondamment avec elle, je dis à Roger : « Explique-moi qui habite dans cette chambre. » Il m'avoue : « Je ne sais pas. Tu me demandes de téléphoner, je suis entré dans une pièce d'où je peux téléphoner. Je n'en sais pas plus ! Tu me dis que tu fais la guerre, moi aussi ! » Ça en dit long sur l'ambiance à Vichy !

— Mais donc, à cette époque-là, que pensiez-vous du Maréchal ?

— Je pensais qu'il ne pouvait pas être une fripouille. Je le pense toujours. Il ne pouvait pas être insensible à la

France. Je trouvais qu'il fallait essayer d'en profiter. C'est ainsi que Groussard [1] a pu constituer ses groupes de protection, les GP, dans lesquels était mon ami Michel de Camaret. Ses troupes ont arrêté Laval, quand même ! Tout le monde semble l'oublier aujourd'hui. Je suis venu à Vichy pour faire de la propagande pour la résistance auprès de mes petits camarades de Vichy. Je recrutais des cadres à la fermeture de Saint-Cyr. Je suis venu aussi à Vichy parce que je voulais voir M. Lémery, qui avait été, avant guerre, mon patron quand il était vice-président du Conseil de Doumergue. Lémery avait été nommé ministre des Colonies du Maréchal. Il était avant guerre propriétaire d'un journal où j'exerçais la fonction de critique littéraire, et d'une revue qui s'appelait *La Revue des Ambassades*, aussi belle que *L'Illustration*, et où je signais aussi la rubrique politique. J'avais décidé alors de le retrouver à Vichy, tout simplement pour lui dire : « Alors, qu'est-ce qu'on fait ? » Je ne pouvais pas croire une seule seconde qu'il était devenu pro-allemand et qu'il avait oublié son patriotisme !

— Vous ne pouviez pas imaginer que les Français n'étaient pas tous patriotes ?

— Non ! Tous les Français pour moi rêvaient de foutre dehors les Allemands. J'ai obtenu un rendez-vous avec lui à Vichy tout de suite. Je lui ai dit : « Je veux partir pour l'Afrique du Nord. » Il m'a répondu : « Vous allez avoir des difficultés. » Cela aurait dû me laisser tout

---

1. Groussard était sous-directeur de Saint-Cyr au moment de la défaite. A la tête des services de protection de Vichy, les GP, qu'il avait fait avaliser par le Maréchal, il a mené des opérations anti-allemandes et anti-communistes. Les GP ont arrêté des résistants mais aussi des espions allemands et italiens en zone libre. Groussard arrête Laval lors du coup d'Etat du 13 décembre 1940. Fin 1941 il s'exile en Suisse, puis il rejoint la Résistance. Germanophobe convaincu, il raconte dans *Services secrets* ses actes de résistance.

de suite rêveur. Car pour aller en Afrique du Nord, un Français avait déjà besoin d'un passeport ! Dès 1940. Et l'homme qui me disait ces paroles indignes était ministre du Maréchal.

— Vous pensiez, vous, sincèrement que ceux qui travaillaient alors avec le Maréchal n'étaient pas forcément des ennemis à combattre ?

— Pour ceux que je connaissais, et dont je n'ignorais pas les sentiments, je me disais : « S'ils ont accepté, c'est qu'ils y font quelque chose. » Le double jeu auquel les Français ont cru est vraiment une sorte de réalité historique. J'ai tout de même insisté auprès de Lémery. Je lui ai fait valoir mes arguments de jeune résistant. Mon sort et celui de certains de mes camarades qui voulaient tenter la même aventure étaient entre ses mains. J'ai dû être convaincant car il a fini par céder et il a accepté d'aller plus loin. « On va tout de même interroger mon chef d'état-major... » Le général Buhrer, son chef d'état-major, avait la réputation dans l'armée d'être un général franc-maçon et républicain. Mais enfin, moi, je faisais feu de tout bois. Alors, il a fait dire au général Buhrer de venir dans son cabinet. J'ai vu un homme très sympathique arriver, à qui Lémery a dit : « Voilà, Bénouville veut partir pour la France libre. — Il a raison », a répondu le chef d'état-major. J'étais un peu interloqué. Lémery a repris : « Donc, il va partir pour l'Algérie. — Oui, mais attention, lui a rétorqué Buhrer. Pour l'Algérie, il faut avoir un passeport, et il faut, dans le cas de Bénouville, avoir été démobilisé. » Mais moi, je ne voulais en aucun cas me faire démobiliser en temps de guerre. C'eût été indigne. Alors, j'ai expliqué que nous avions, avec des amis, projeté d'acheter un bateau pour traverser la mer jusqu'à Gibraltar.

— Cela ne vous gênait pas de demander un tel service aux autorités de Vichy ?

— Non. Je voulais obtenir quelque chose de lui. J'ai insisté : « Comment vais-je m'en tirer ? Je veux partir. » Il me répète droit dans les yeux : « Vous avez raison. » Je dis : « Oui. Comment ? — Eh bien, me dit-il, il faut que vous partiez clandestinement, de Marseille. »

— C'est le chef d'état-major d'un ministre du Maréchal qui vous a dit cela ?

— Oui ! Et il a ajouté : « Pour que vous trouviez la manière clandestine de sortir de Marseille, je vais vous donner une lettre pour l'un de mes officiers dont je suis sûr comme de moi-même et qui se trouve à Marseille. Allez le voir de ma part. Je ne le ferais pas pour un autre, mais puisque vous avez été un collaborateur du ministre, allez-y de ma part. » Il s'est mis à la table du ministre, a écrit la lettre, rédigé l'enveloppe, et l'officier, c'était ?

— Je ne sais pas.

— C'est très important parce que cela explique beaucoup de choses. Il s'appelait le commandant Salan ! Si bien qu'au moment du procès des généraux, après la guerre d'Algérie, comment vouliez-vous que je ne sois pas à côté de Salan ? Je l'ai défendu, naturellement.

— C'est pour cette raison que vous avez témoigné au procès de Salan ?

— Evidemment ! J'ai dit la vérité : « Il a fourni des officiers à la France libre, il a aidé des compagnons de la Libération, Roger de La Grandière, Michel de Camaret. C'est grâce à lui que nous sommes partis et que nous sommes entrés en résistance. »

— Quelle fut donc votre moisson, à Vichy ? Avez-vous réussi à convaincre certains de vos amis, qui étaient proches du Maréchal, de vos idées et de votre combat pour la guerre ?

— Mais bien sûr. Je me suis lié avec un médecin très réputé, le professeur Portman, qui a accepté de faire pour moi un réseau.

— Au sein même de l'entourage du Maréchal ?

— Oui. Je lui avais donné une adresse à Paris, chez une amie, où on m'adressait le courrier. Et cette amie s'appelait Nicole Durand. Le jour où Alain de Camaret a été arrêté, il allait relever la boîte aux lettres en question. Au moment où je partais de chez moi, avenue Marceau, le matin, je me suis surpris à vérifier que la voie était libre. Et j'ai appelé cette Nicole, et je lui ai dit : « Tout va bien, Nicole ? » Elle m'a dit : « Oui, tout va bien, mais pas pour toi. » Je lui ai dit : « Bien. Très bien, merci. » Et j'ai compris qu'il y avait quelque chose qui se passait. La Gestapo était là et a arrêté l'un de mes seconds, le frère de Michel, Alain de Camaret, qui n'est jamais revenu.

— Avez-vous rencontré François Mitterrand à cette époque où il était à Vichy ?

— Non. Pas quand il était à Vichy. Mais je n'avais pas de raisons de le voir. Je savais que François y était, nous avons eu des contacts parce qu'il s'est trouvé que, dans les fonctions que j'exerçais, j'ai eu à m'occuper de son mouvement. Je n'avais pas le temps de prendre des rendez-vous qui n'étaient pas des rendez-vous organisés pour des choses utiles. Et je ne faisais que cela, toute la journée.

— François Mitterrand a travaillé à Vichy. Cela devait vous révolter ?

— Non, le choix était fait pour François. C'était la Résistance. Mais le temps n'était pas mûr. Il ne pouvait pas s'engager comme nous. Pour moi, faire autrement eût été impossible. Physiquement impossible. François avait plus de sang-froid, mais pour moi c'était impensable.

— Il pensait déjà à sa carrière ?

— Il pensait à la politique et à une attitude qui lui permettrait de sortir bénéficiaire plus tard de la position qu'il allait prendre. Oui, sûrement. Il avait déjà fomenté dans son for intérieur un destin qu'il s'imaginait. D'ailleurs il avait quelque chose de très étrange. Il s'entourait de silence sur les choses à faire, à l'inverse de nous. Comme nous étions ses amis, cela ne posait aucune difficulté, mais nous trouvions son attitude curieuse. François s'enfonçait déjà dans sa politique du secret. Nous, nous étions déjà dans le temps de l'action.

IX – LES CAGOULARDS PENDANT LA GUERRE

— Le maréchal Pétain était-il au courant des agissements de certains anciens cagoulards au début de Vichy ?

— Je n'avais rien à voir avec Pétain.

— Rien ? Mais vous venez de m'expliquer que vous étiez allé le voir à Vichy...

— Oui, mais je n'avais rien à voir avec lui. J'ai essayé de l'utiliser à un moment, mais c'est tout.

— N'avez-vous pas pensé qu'il était possible de le circonvenir, justement ?

— Si ! Mais il eût fallu que les gens, d'un côté et de l'autre, ne soient pas sectaires. Après tout, il y avait sûrement des deux côtés des gens très sincères.

— N'aurait-il pas été possible de le faire changer d'avis et de le rendre plus lucide vis-à-vis des Allemands ?

— Oui, mais comment faire une fois qu'il avait rencontré Hitler ? Un maréchal de France serrant la main de Hitler ! Après, c'était fini.

— La nécessité de la clandestinité pour les cagoulards leur a-t-elle permis d'apprendre des choses qui seront utiles dans les débuts de la Résistance ?

— Oui, sûrement ! Malgré tout, quand on vit ce genre de vie, on se prend d'amitié et d'affection pour ses compagnons. Encore plus quand on mène une double vie !

— Dans cette période de la naissance de la Résistance, certains disaient-ils qu'ils étaient cagoulards ?

— Personne ne le disait. J'étais le cas unique, sûrement. Moi, je ne l'ai jamais caché à personne ! Cela m'avait été aussi naturel que d'avoir dit, auparavant, que j'étais royaliste. Mais beaucoup de royalistes n'étaient pas cagoulards.

— L'expérience des cagoulards a-t-elle été importante dans la naissance de la Résistance ?

— C'était une des parties. Elle fut déterminante au niveau des renseignements et de l'expérience militaire et puis aussi au point de vue des relations militaires...

— Parce que vous étiez au cœur du cœur !

— Oui. Le maréchal Pétain avait toujours autour de lui des gens qui étaient proches de nous, qui étaient eux-mêmes entourés d'hommes comme du Moulin de La Barthète, qu'on ne pouvait pas classer ailleurs que dans les rangs des ennemis de l'Allemagne.

— Parce que les cagoulards étaient alors, selon vous, des patriotes ?

— Oui ! Ils voulaient tout d'abord foutre à la porte les politicards, assainir le pays. Au début, ça s'était constitué comme cela. C'était une racine qui n'avait jamais varié ! Boutang [1], par exemple, était un philosophe, un intellectuel, un cagoulard qui voulait que le pays aille mieux. Et c'était un patriote.

1. Pierre Boutang (1916-1998), philosophe, proche de l'Action française, est parti, après la défaite, enseigner au Maroc et s'est rallié au général Giraud. En 1943, il a été chassé de l'Université et envoyé dans

— Au même moment, certains cagoulards ont versé dans la collaboration la plus effrénée.

— Ce sont ceux qui ont cru qu'ils allaient pouvoir débarrasser la France de ce cancer qui avait fait que les hommes politiques s'étaient révélés si mauvais. Nous avions un camarade qui a été utilisé au tout début de la guerre par l'armée, au service des écoutes. Il nous racontait ce qui se passait à Paris. C'était en soi la vie habituelle des collaborateurs contents d'eux, mais enfin, quand même, c'était trop ! Il a évoqué notamment un dîner très arrosé avec Chautemps [1], en compagnie de jolies femmes. Chautemps l'a, à un moment, pris à part pour lui affirmer : « Que voulez-vous ? On ne peut tout de même pas prendre au tragique ce qui nous arrive. Les Allemands sont venus et ils sont là, ils nous occupent. » Alors quand nous entendions de tels propos, on se disait : « Toi, si on te trouve, on va se farcir le sale bonhomme que tu es. » Ce personnel politique était pour nous constitué de gens anesthésiés par la combine. Nous qui étions la révolte même, quand on entendait cela, on n'en revenait pas. On se disait, mais enfin ils ne sont pas français, ce n'est pas possible !

— Mais comment avez-vous jugé les cagoulards qui ont choisi d'être collaborateurs, voire collaborationnistes pour certains ?

— J'ai coupé court à toute relation.

---

le Sud tunisien. Rentré en France, après la Libération, il a créé l'hebdomadaire *La Nation française* (1955-1967) qui a combattu la politique algérienne de De Gaulle avant de lui apporter son soutien en 1961.

1. Camille Chautemps (1885-1963), radical-socialiste, plusieurs fois ministre entre 1924 et 1940, fut président du Conseil en février 1930 et de novembre 1933 jusqu'à la chute de son cabinet le 29 janvier 1934, à la suite de l'affaire Stavisky. Ministre d'Etat du gouvernement de Front populaire, il redevint président du Conseil de juin 1937 à mars 1938.

— Vous n'avez pas été tenté de les influencer ?

— Bien sûr que si ! Et quand j'ai eu l'occasion de parler avec certains d'entre eux, je l'ai fait. Mais il y en avait dont je savais qu'ils ne pouvaient pas être influencés. Ce n'étaient pas forcément des brutes ! Il y avait quand même des gens qui se souciaient suffisamment du bien public pour être sortis de leur coquille.

— Alors comment expliquer que certains ont été les plus ardents à collaborer avec les Allemands ?

— Il y avait aussi ceux avec qui on pouvait s'expliquer et avec qui on avait une attache, comme moi avec Jean de Castellane. Le fait que je puisse lui dire, un soir : « Tu sais, tu ferais bien de réfléchir cette nuit, parce que si demain tu ne me dis pas que tu as compris ce que je te dis, et que tu ne me rejoins pas dans la Résistance, je ne reviendrai jamais ici », l'a déterminé à changer de camp.

— C'était à la vie, à la mort ?

— C'est ça. A la vie, à la mort. D'ailleurs, j'ai même réussi à faire adhérer son père ! On a eu un type merveilleux dans la Cagoule, qui était un type du mouvement de libération et qui a commandé un régiment. Il s'appelait Saint-Jacques et il est mort il y a quelques années. Saint-Jacques a été arrêté une nuit, après être rentré en France comme gaulliste. Il s'était inscrit sous son vrai nom et lorsque la police de Vichy est venue, il l'a foutue dehors ! Ce qui a été fascinant, c'est la conversation qu'il a eue avec ceux qui l'arrêtaient. Il leur a dit : « Parmi les gens qui travaillent avec vous cette nuit, vous avez sûrement des amis à moi d'avant guerre. » Ils sont repartis.

— Si vous faites le compte, combien de personnes avez-vous réussi à retourner ?

— Dans cette période de 1941, qui était celle de l'hésitation, il y en a eu beaucoup.

— Vous deviez quand même être très convaincant ! Comment faisiez-vous ?

— J'aimais ce que je faisais.

— Oui, mais ce n'est pas suffisant.

— Et j'y croyais.

— N'y avait-il pas dans votre démarche un phénomène un peu analogue au désir de conversion ?

— Oui, j'ai toujours aimé partager ce de quoi j'étais fait, ce pour quoi j'étais fait.

— De la même manière vous avez converti des personnes au catholicisme, y compris des juifs. N'y avait-il pas, pendant cette période, une sorte de plaisir de la conversion à la Résistance, analogue à celui que vous éprouviez en ce qui concerne la foi catholique ?

— Si, si, c'était la même chose. La patrie et la religion, c'est la même chose.

— Avez-vous converti à la Résistance plus d'hommes que de femmes ?

— Les deux. Mais c'est vrai que j'ai eu beaucoup de femmes autour de moi qui ont été d'un grand courage.

— Avez-vous dit au général de Gaulle, quand vous l'avez rencontré, vos liens avec la Cagoule ?

— Le Général n'avait aucun rapport avec la Cagoule mais il était très connu des principaux stratèges de la Cagoule, puisqu'il a écrit des articles militaires qui étaient connus de ce milieu-là. Il avait repris une théorie qui est devenue commune et qui était la théorie de Guderian. Il fallait multiplier les chars, tenir partout et ne pas céder. C'était la théorie du général Guderian. Enfin, c'était surtout la théorie du général de Gaulle.

— Des cagoulards sont-ils entrés en contact avec lui ?

— Non, je ne crois pas. Peut-être, enfin... Pourtant il n'a jamais été juste avec certains cagoulards qui l'avaient mérité. Par exemple, le colonel Groussard. Tous les gens de mon âge le connaissaient car, au moment de la déclaration de guerre, il était le commandant en second de Saint-Cyr. Groussard a immédiatement eu des contacts avec les Anglais. Comme tous ceux qui voulaient se révolter, je suis allé le voir et il m'a dit : « Si vous arrivez à Londres, voyez Passy. » J'ai retenu ce nom. C'était une adresse précieuse. Déjà n'importaient plus les opinions politiques. Passy était de droite, c'était un bourgeois polytechnicien mais il ne s'agissait déjà plus de cela. Nous étions en révolte. Ce qui importait, c'était l'action. Camaret, que je considère comme mon frère, est rentré chez Groussard à ce moment-là. Groussard a formé ce que l'on a appelé les GP – les groupes de protection – et Michel de Camaret est rentré dans cette unité. Groussard a fait arrêter Laval ! Alors on peut dire ce qu'on veut de Groussard mais tout de même... Le Général n'a pas aimé Groussard et le lui a manifesté à la Libération. Il avait constitué un réseau de renseignement de plus de mille cinq cents officiers. Pendant la guerre, chaque fois que j'allais en Suisse, je le voyais. Le Général lui reprochait son côté « service parallèle » ainsi que sa promptitude à pactiser avec n'importe qui, y compris avec les Anglais.

X – LES PREMIERS RÉSEAUX DE RÉSISTANCE

— Dans le sud de la France vous rencontrez alors d'autres jeunes Français qui n'acceptent pas la défaite ?

— Oui et nous avons l'idée et le ferme espoir de gagner l'Afrique du Nord, puis, par bateau, Gibraltar. Je souhaitais constituer un corps franc avec le plus grand nombre de camarades et nous voulions nous mettre en corps constitué au service du général de Gaulle. Avec mon ami, Michel de Camaret, nous avions déjà suscité plusieurs adhésions.

— Tout en collaborant au journal pétainiste *L'Alerte*, vous nouez des contacts avec des opposants ?

— Oui, par mon ami l'écrivain Georges Batault, j'avais rencontré un architecte, Henri Frager, ancien capitaine. Batault m'avait dit qu'il me préparerait une expédition sur Gibraltar. Je m'ouvre à lui de notre projet. Il nous demande de réunir des fonds. Un matin, au journal, Léon Bailby me convoque dans son bureau et me dit : « Pierre, je viens d'avoir la visite du préfet régional de Nice. La police est sur votre dos. » Il s'appelait Ribère. Dès qu'il avait su qu'on avait prononcé le nom de Bénouville, il était allé voir Bailby en lui disant : « Prévenez-le. » Bailby a ajouté : « Il faut que vous partiez, il ne faut évidemment pas que vous leur donniez la possibilité de vous arrêter. Je vais vous donner de l'argent. » Et il m'a dit – je n'oublierai jamais cela : « Quand je voyage, j'emporte toujours sur moi plus d'argent qu'il ne faut. Et j'ai une ceinture que je mets sur ma peau et où je garde l'argent. » Je ne me suis jamais séparé de sa ceinture pendant toute la guerre.

— Dans cette attente pour ce départ vers l'Algérie, vous êtes amené à retourner à Paris. Vous retraversez la France en passant par Vichy et Châteauroux et vous franchissez la ligne de démarcation dans une camionnette d'épicerie.

— J'étais inquiet pour mon ami Camaret dont on était sans nouvelles. L'annonce de l'arrestation de Laval nous fit craindre l'invasion totale du territoire français par les Allemands. A Paris, mes inquiétudes furent justifiées : Camaret était recherché à la suite d'une dénonciation. Nous nous cacherons tous deux des Allemands pendant quinze jours dans ce Paris de Noël 1940, silencieux, immobile, triste. Je me souviens d'être allé à la messe de Noël à la Madeleine avec Michel et d'être tombé à la sortie sur un bataillon d'Allemands dans la rue Royale. Quel horreur ! Quelle infamie ! Le troupeau barbare s'éloigna. Le traître nous poursuivait. Nous échappâmes avec Michel à l'arrestation grâce à mon intuition. Après bien des péripéties, nous réussissons à repartir pour Nice où les hommes de notre future expédition maritime nous rejoindront. Notre mandataire se heurtait à des difficultés financières. Le chalutier était hypothéqué. Les compagnons qui voulaient s'embarquer avec nous pour l'Algérie étaient soit des prisonniers de guerre évadés, soit des étrangers sans papiers. Impossible donc de demander à la préfecture de Marseille les laissez-passer nécessaires pour gagner l'Afrique du Nord. Dans ce petit groupe qui avait décidé de quitter la France, dès le début de l'Occupation, il y avait le capitaine Frager et quelques autres. J'ai retrouvé aussi à Nice un ami qui avait écrit jadis un beau livre sur Machiavel et qui s'appelait Louis Gauthier Vignal. C'est lui qui nous a donné l'argent pour que nous puissions acheter en Algérie une balancelle. Avec une balancelle, d'Alger ou d'Oran, on pouvait envisager de gagner Gibraltar. Nous étions très déterminés, sans aucune confusion, nous voulions faire la guerre et nous n'acceptions pas qu'elle soit perdue.

Nous étions des jeunes gens purs, un peu loin des réalités. Parmi nous, il y avait un garçon exquis, Laurencin. Il n'avait pas le pied marin et craignait la traversée. A l'aube, il s'entraînait dans le port désert d'Antibes à passer d'un bateau à un autre. C'était si poignant, si gentil, si émouvant.

Un beau matin, le signal tant attendu par télégramme arriva. A Marseille, nous embarquâmes sur le *Gouverneur-Général-Grevy*. Atmosphère irrespirable. Traversée interminable dans un réduit. Deux jours et deux nuits dans ce trou avant de pénétrer dans la rade éblouissante d'Alger. Nous devions débarquer discrètement pendant la nuit. Mais ce sera la sécurité militaire qui nous accueillera ! Encadrés par les policiers français d'Alger, nous ne connaîtrons d'Alger que la prison. A notre arrivée, notre bateau fut confisqué. Nous sommes tous passés en conseil de guerre, après avoir été dénoncés par un des nôtres.

— Vous aviez eu des soupçons auparavant ?

— Non. Je n'aurais pas pu le croire.

— Vous connaissez l'identité de cet homme qui vous a trahi ?

— Oui.

— Et pourquoi l'a-t-il fait ?

— Je n'ai jamais pu comprendre. Mais vous savez, nous étions très imprudents ! Nous disions nos sentiments à haute voix. On aurait mieux fait de se taire.

— Comment avez-vous été traités dans la prison d'Alger ?

— Très mal. On nous garrotta comme des animaux pour nous transporter au fort militaire commandé par un sous-officier brutal et borné. Nous étions privés de tous les effets nécessaires et de tous les ustensiles de toilette. Je raconte dans *Le Sacrifice du matin* que nous avions, comme des bêtes, la permission d'aller jusqu'à un abreuvoir dans la cour chaque matin. Grâce à une grave infection dentaire qui faillit me faire mourir, j'ai été extrait de ce cachot pour être transporté à l'hôpital militaire où j'ai été sauvé grâce à un médecin. « Vous êtes bien ce Bénouville de l'Action française ? — Oui, pourquoi ? — Et maintenant, vous êtes devenu gaulliste ? — Oui, pourquoi ? — Je vais vous soigner et vous allez m'expliquer ! » Je fus opéré séance tenante et je passai ma convalescence en prison à lui expliquer pendant de longues heures mon parcours. Il est devenu mon ami.

Ma liberté fut de courte durée et je passai ces quelques jours à son domicile. Je fus arrêté de nouveau et embarqué menottes aux mains sur le *Djebel-Nadar*. Le général Davet m'attendait à Marseille. Nous tombâmes dans les bras l'un de l'autre avant qu'on ne me transfère à la prison militaire dite des « Incurables ». De là, je fus emmené dans la prison maritime de Toulon.

— Comment se déroulait votre vie quotidienne ?

— Dans la prison militaire, que ce soit celle de Marseille ou de Toulon, j'étais rapidement devenu un loqueteux. Seule une promenade par jour, les menottes aux mains, pour respirer cette lumière si belle et apercevoir au-dessus de soi une immense quantité de ciel, me distrayait des heures monotones entre angoisse et espérance. Je contestais, comme je le raconte dans *Le*

Sacrifice du matin, la parodie d'interrogatoire à laquelle j'étais soumis en questionnant le magistrat qui hurlait de fureur en répétant : « Mais, je suis officier français ! » et à qui je disais : « Je ne répondrai pas, monsieur, tant que vous ne m'aurez pas dit où l'officier que vous prétendez être s'est battu et quel fut son comportement dans la bataille. » Malade, je fus alors dirigé sur le quartier disciplinaire de l'hôpital maritime de Sainte-Anne.

— Les neuf mois d'emprisonnement ont été douloureux pour vous ?

— Oui. Très. J'avais des crayons, je les bouffais.

— Et pourtant, dans cet état, affaibli moralement et physiquement, vous écrivez votre livre *Saint Louis ou le Printemps de la France*. Je l'ai relu. Il abonde de dates, de faits. Comment l'avez-vous rédigé ?

— De mémoire ! Cela fut un soulagement. Outre l'amitié avec certains compagnons de cellule comme Chauvy et notre espoir d'être libres pour continuer le combat et la prière, ce fut ma manière de résister. Je fus jugé le 7 août 1941. Le fidèle général Davet m'accompagnait et, pendant les deux heures qui précédèrent le jugement, il me récita des poèmes de Verlaine.

Quand je suis arrivé à l'audience, je suis tombé sur un tribunal d'officiers. C'est alors que j'ai distingué un jeune lieutenant de vaisseau. Il était dans le grade le moins élevé et dès qu'il m'a vu, il m'a lancé une œillade. Je me suis dit qu'il avait peut-être un tic. Ce n'était pas un tic. Il a recommencé jusqu'à ce que je comprenne qu'il était avec moi.

J'avais décidé de prendre moi-même ma défense pour dire la vérité : « En me condamnant, en décidant que j'ai eu tort de vouloir reprendre les armes, vous condamnerez en même temps tout tentative de libération nationale. » Un quart d'heure plus tard, la sentence tombait : j'étais libre !

XI – LES AGENTS ANGLAIS

— Quand vous êtes libéré, en août 1941, vous avez connaissance de certains mouvements clandestins mais vous éprouvez néanmoins de la réticence envers ces mouvements de résistance. Pourquoi ?

— Parce qu'ils s'occupaient plus à mes yeux de propagande que d'action. Vis-à-vis de De Gaulle, j'étais plein d'admiration, mais pas pour les politiciens qui se regroupaient à Londres. Je n'étais pas le seul à éprouver ce genre de sentiments, et les agents anglais envoyés en France en missions secrètes l'exploitaient admirablement. Ils nous proposaient de rentrer tout de suite dans l'action, de faire du sabotage, de l'espionnage, de monter des réseaux. J'avoue que je fus convaincu. Pour moi, la Résistance, armée souterraine, devait naître dans un long effort absolument secret.

— Vous pensiez qu'à Londres, à l'exception du Général et de son proche entourage, on ne croyait pas à la résistance intérieure ?

— Non, on n'y croyait pas. On pensait que la nation des anciens partis perdurait.

— Et d'un autre côté, les Alliés faisaient alors sur le territoire français de la propagande à laquelle vous vous êtes montré sensible ?

— Oui, les Alliés ne croyaient pas à la Résistance parce qu'ils pensaient que tel était leur intérêt momentané. Et ils avançaient sans cesse des arguments de sécurité. Je ne me suis pas fait prier pour me faire approcher. Au début, dans la Résistance, nous n'étions pas nombreux. Vraiment une poignée. Lorsque j'ai été ramené à la prison militaire de Toulon avant d'être envoyé au conseil de guerre, un jour, un garde de la prison me demande : « Cela vous ferait-il plaisir de rencontrer un autre Normand ? » Je me foutais dans ces circonstances du régionalisme, pour dire la vérité. Mais le garde était si prévenant à mon égard que j'ai dit : « Ah oui, cela serait un grand plaisir. » Et je me suis retrouvé avec un lieutenant qui avait été arrêté en Corse, pour avoir – il était encore militaire –, à la popote, tenu des propos extrêmement gaullistes. C'était un petit Normand qui s'appelait René Hardy et qui était prisonnier comme moi à la prison militaire de Toulon. Je l'ai vu avec plaisir et puis je l'ai revu au cours des jours suivants. On est devenu amis.

— Vous vous mettez en contact avec les Anglais à quelle période ?

— Les Français dans la Résistance étaient une minorité, très peu organisée, fractionnée. Mais les Anglais étaient nombreux. N'oubliez jamais qu'Honoré d'Estienne d'Orves, qui s'est fait fusiller dès sa première mission, avait déjà noué des contacts avec les Anglais. Un certain Buckmaster dirigeait ces réseaux de résistance. Il y avait aussi les Américains. Tout de suite, ils sont venus nous soutenir avec une organisation qui s'appelait l'OSS, qui a créé des réseaux, partout.

— C'est à ce moment-là que vous faites la connaissance de Carte, qui avait fondé un réseau [1]. Comment est-ce arrivé ?

---

1. Cf. Pierre Péan, *Vies et morts de Jean Moulin*, op. cit. Parti-

— Je l'ai connu par Frager.

— Quelle impression avez-vous eue de Carte [1] ?

— Très bonne. Il m'a donc expliqué qu'il allait constituer un véritable mouvement et qu'il avait le contact avec les Anglais. C'est tout ce qui m'intéressait. J'ai commencé le travail de résistance et l'animation des réseaux de renseignement.

— Vous êtes engagé par Carte à Radio-Patrie ?

— Radio-Patrie c'était Carte. C'est par lui que j'y suis engagé. Cette radio résistante à laquelle j'ai alors travaillé était fondée et entretenue par les Anglais, parce que ainsi ils participaient à notre guerre contre l'ennemi allemand. L'argent était forcément anglais. Mais où croyez-vous que la France libre trouvait de l'argent à Londres ? Chez les Anglais. Comment faire autrement ? Le pauvre Général est arrivé à Londres avec un million en poche, que lui avait donné Paul Reynaud. C'était l'argent de l'Etat mais personne n'en a rien su. Le gouvernement britannique a tout de suite financé les réseaux. Nous n'avions pas un fusil à nous. Toutes les forces françaises ont été équipées avec des armes anglaises. On faisait soi-disant des comptes mais nous étions entièrement redevables. Les canons, les mitrailleuses, tout ce dont nous nous sommes servis pour faire la guerre, et sans quoi

culièrement le chapitre 24, « Bénouville dans la Résistance », où il montre l'implication de Bénouville dans le réseau Carte antigaulliste et lié aux Anglais. Péan y montre aussi le poids et l'influence des réseaux cagoulards de Bénouville et y analyse l'importance de ce dernier dans l'action de Giraud pour prendre la tête de la Résistance, contrairement à ses affirmations ici même et dans *Le Sacrifice du matin*.

1. Sur le réseau Carte et la personnalité de celui qui le dirige, voir Pierre Péan, *Vies et morts de Jean Moulin*, op. cit., chapitre « Bénouville dans la Résistance ». Carte contestera l'importance de l'action de Bénouville dans son réseau, dans son livre *Peut-on dire la vérité sur la Résistance ?* (Chêne, 1947).

on ne fait pas la guerre, était forcément payé par les Anglais et aussi un peu plus tard par les Américains.

Mais le mouvement naissait ! Je vous parle d'avant l'aube de la Résistance en fait : un ami amené par un ami qui lui-même amène un ami. Ce fut ainsi partout. Nous ne pensions qu'à nous battre. Radio-Patrie était de facto un réseau anglais. Au fond, et l'histoire officielle ne le souligne pas assez, toutes les résistances ont commencé avec les Anglais.

Tous les gens qui ont fait de la Résistance, quand ils ont commencé réellement à agir, ont eu des contacts avec les Anglais ou ils n'ont pas agi. Car comment se procurer des radios ? Il n'y avait qu'avec eux. Tous ceux qui se sont engagés tout de suite dans la Résistance avaient été en contact avec les Anglais. Le Général s'en défiait et puis je dois dire que les services de Londres racontaient des bêtises sur ce sujet. On vous disait : « Surtout ne touchez pas aux Anglais, attention, c'est dangereux. » Heureusement, on ne les écoutait pas. D'Estienne d'Orves, lorsqu'il est parti en mission pour le BCRA [1], a très vite été en contact avec des réseaux anglais.

On m'a donné tout de suite de nouvelles missions. Je travaillais avec Carte. Il habitait alors à Arles. Il était peintre, élève de Rouault. Pendant deux années, il a tenu dans ses bras le réseau qu'il avait créé et dont je faisais partie. Ce n'était pas seulement une radio, c'était tout ce que fait la Résistance : le renseignement, la lutte... Il était le père d'une actrice que tout le monde connaît, Danièle Delorme. Danièle était là toute la journée, je la voyais trois fois par jour.

— A cette époque, qu'advient-il de René Hardy ? René Hardy n'est pas libéré en même temps que vous.

1. Bureau central de Renseignement et d'Action.

— Il est passé devant le tribunal après moi. J'étais alors continuellement dans les trains à faire du renseignement, à porter des messages. Je l'ai rencontré une fois puis, avec une fréquence notable, dans les mêmes trains. J'ai donc compris qu'il travaillait lui aussi pour une organisation parce qu'il n'y avait, à l'époque, aucune autre raison de prendre le train. C'était pas spécialement gai, les trains ! Je connaissais déjà son état d'esprit. Nous avions eu l'occasion de nous parler dans la cour de la prison militaire. Nous étions tous les deux gaullistes et nous étions pour la résurrection de la France. Donc, un jour, dans un train, nous nous isolons car Hardy voulait me parler et il me dit : « Tu sais, tu perds ton temps. Les gaullistes sont des gens très dangereux. Il y a tout le temps des fuites. Ils sont tout le temps arrêtés. » C'est un bruit que répandait le BCRA, pour qu'on ne rallie pas Londres. J'avais déjà entendu cette rumeur colportée par des camarades.

— Quelles missions vous a alors confiées Carte ?

— C'est Carte qui me dit : allez trouver les Suisses. Mettons-nous en accord, on a besoin de tout : d'armes, d'argent. Alors j'y suis allé.

— Vous partez donc pour la Suisse. Vous racontez dans *Le Sacrifice du matin* que vous vous constituez prisonnier puis que vous êtes sauvé.

— Oui. Par Bernard Barbet qui avait été à Paris le secrétaire général d'une revue, celle des amis de Péguy, *La Revue hebdomadaire*, où j'avais écrit mes premiers articles et où Bernanos a commencé à écrire des choses qui n'étaient pas encore publiées. Bernard était écrivain mais il était aussi devenu, entre-temps, un officier de réserve très important en Suisse. Il a été ce qu'on appelle en Suisse, de manière assez comique, l'adjudant du général. C'est-à-dire en fait son chef d'état-major. Quand les Suisses, après m'avoir arrêté, m'ont interrogé à la frontière, et que je leur ai demandé de me relâcher, ils m'ont dit : « Mais qui avez-vous ici qui vous connaisse et qui puisse répondre de vous ? » J'ai dit : « Beaucoup de gens. Par exemple le colonel Barbet. — Comment ! Vous connaissez le colonel Barbet ? » J'ai dit : « Oui, le colonel Barbet est un de mes amis de Paris. » Je les ai poussés à lui téléphoner. Ils tenaient l'appareil et quand ils ont entendu : « Bernard, c'est Pierre. — Où êtes-vous ? — Je suis en train de me faire torturer par vos compatriotes qui ne croient pas que je vous connais. — Vous allez me les passer et ils vont vous conduire demain au quartier général », ils m'ont enfin cru.

Barbet a en effet permis que j'explique aux Suisses, et en particulier aux services secrets suisses, que je pouvais leur communiquer tous les mois l'ordre de bataille des Allemands autour de leur frontière. Cela leur évitait des missions terribles.

— Vous êtes revenu en France et vous avez apporté la bonne nouvelle à Carte ?

— Non, finalement la bonne nouvelle de Suisse n'a pas été exploitée par Carte. J'avais déjà des contacts avec Combat, Frenay me plaisait beaucoup.

— Donc, c'est Renouvin qui vous fait basculer en disant : c'est en France qu'il faut se battre et non à Londres ?

— Oui. A Radio-Patrie, l'atmosphère devenait de plus en plus tendue. Un jour, un des agents de Frager m'a demandé un rendez-vous. Frager a pris soin de me préciser : « Tu peux avoir en lui une confiance illimitée. » Je suis allé au rendez-vous. Nous avons fait plusieurs fois le tour de la place, en marchant, et il m'a dit : « Voilà, j'ai besoin de vous, nous n'avons plus de liaison, avez-vous des communications avec Londres ? » Je lui ai dit : « Je peux en avoir. » Il a ajouté : « Et puis nous n'avons plus d'argent du tout. » Je me suis dit : « Toi, je te tiens. » Alors je lui ai dit : « Avez-vous besoin d'une somme importante ? » Il m'a dit : « Oui, une somme importante. » Je comprends très vite qu'il est en train d'essayer de m'arnaquer et je l'encourage à me donner un chiffre. Puis, je lui propose un montant plus élevé en ajoutant : « Vous savez, on ne va pas se rencontrer tous les huit jours, cette somme ferait-elle l'affaire ? » Il me répond avec volupté : « Ah oui ! Quel changement ce serait ! » Comme moi aussi je sais ruser, je lui ai donné rendez-vous le lendemain, à la tour Saint-Jacques. J'ai fait surveiller l'endroit. Et, dès que j'y suis arrivé, dans un bistrot proche, j'ai su que la Gestapo était là. Mes types l'avaient repérée. Je ne l'ai pas vu, il n'est pas venu, il n'a eu ni son argent, ni ma peau. Mais il avait décidé de me livrer. Frager n'y était pour rien. Frager était de ceux qui voulaient rejoindre l'Afrique du Nord. Il était marié à une Russe juive, très gentille. C'était un grand blessé de guerre... Il avait été blessé curieusement, il avait été pris sous le feu et il avait perdu une chose qu'on ne doit pas perdre quand on est un homme. Et nous le savions, parce qu'il nous l'avait raconté. Mais comme cela faisait partie de sa misère, je ne lui en parlais jamais. Mais il était tout à fait patriote. Il lui est arrivé une chose épouvantable. Il a été arrêté par l'Abwehr. Elle a eu avec lui le langage qu'elle tenait à l'époque : « Mon capitaine, vous êtes un officier. » Il s'est fait avoir parce qu'il a cru ce langage. Moi je ne risquais pas de tomber dans ce genre de piège, je ne croyais rien de ce qu'un Allemand pouvait me dire. Il n'a pas changé de camp selon moi, il s'est fait arrêter parce qu'ils ont été plus malins que lui, et que lui a cru qu'il trouverait ainsi un appui pour toute la Résistance. Et ils l'ont fusillé. Mais j'ai compris l'attitude de Frager.

— En avez-vous tiré un enseignement et une méthode pour la suite des événements ?

— Il peut arriver que même l'ennemi soit touché par des choses importantes. Il n'est pas dit que ce soient tous des ennemis. J'ai eu dans ce domaine une admirable leçon. Mon ami le général Dejussieu, qui commandait la région de Clermont-Ferrand, me dit un jour : « Tu sais, nous ferons désormais nos liaisons avec un garçon que je vais te présenter et qui est très sûr. » Ayant toute confiance en lui, je lui réponds : « Bien sûr, fais-le-moi connaître ! » J'arrive au rendez-vous. C'était un Allemand. Quelle ne fut pas ma stupéfaction ! Je dois dire que j'ai reculé d'horreur et je lui ai dit : « Ecoute, si tu as confiance en lui, j'aurai confiance en lui. Mais... » Dejussieu ne m'a pas laissé terminer ma phrase. J'avais compris. Eh bien ce type ne m'a jamais trahi. Il était un Allemand profondément anti-hitlérien appartenant à l'armée d'occupation. Je dois dire que même si j'avais décidé de lui faire confiance, cela m'a toujours été cruel et pénible de le rencontrer, je devais me faire violence. En même temps il a sauvé beaucoup de vies et il a travaillé activement contre Hitler. Après la guerre, il a été considéré comme un héros non dans son pays mais dans le nôtre.

XII – LA RENCONTRE AVEC HENRI FRENAY

— Après avoir donc échappé au piège de l'arrestation par la Gestapo, que décidez-vous de faire ?

— Après la disparition de Carte, je me résous à une infinie prudence. Et c'est peu après que j'ai donné rendez-vous à Frenay [1] qui me bousculait tout le temps pour que je le rencontre.

— Vous ne l'aviez encore jamais rencontré ?

— Jamais. Mais nous avions de nombreux amis communs, par exemple, Renouvin. Renouvin me répétait sans cesse : « Pierre, dès ta première nuit à Londres, tu rêveras de rentrer en France pour faire comme moi, parce qu'on ne peut pas faire la guerre pour la France ailleurs qu'en France, n'est-ce pas ? » Ce langage si clair, si cohérent, si patriote avait fini par me convaincre. J'ai donc décidé de me mettre au service du patron de mon ami, Henri Frenay. Au cours du premier rendez-vous, je me suis ouvert à lui de la situation de Radio-Patrie. « Voilà, je suis dépositaire de Radio-Patrie. Ce serait bête de liquider cette possibilité. Il y a là beaucoup de gens de bonne volonté. » Il m'a dit : « Bien, on les embarque. Vous allez absorber tous ces éléments. Vous avez devant

1. Bénouville rencontre Frenay par l'intermédiaire de Jacques Renouvin, responsable des groupes francs de Combat. La première rencontre aura lieu le 4 décembre 1942 devant la gare de Montélimar. Frenay dira être subjugué par « l'homme d'action à la décision prompte, au dynamisme exceptionnel ».

vous les crédits qu'il vous faut, on les incorporera au combat. » C'est ce qui s'est fait ! J'ai fondu Radio-Patrie dans Combat. Je suis devenu ami tout de suite avec lui.

— Pensiez-vous, avant votre rencontre décisive avec Frenay, que vous auriez pu vous débrouiller tout seul ?

— Je n'en avais pas besoin, j'étais avec les Anglais. On recevait tout ce qu'on voulait, l'argent, les armes. Il n'y avait pas besoin de se fédérer. Nous pouvions très bien continuer à avancer seuls, d'autant qu'autour de Radio-Patrie, il y avait beaucoup de gens. Il n'y avait pas que des Français mais c'étaient eux qui importaient. Ils avaient la responsabilité de ce qui adviendrait. Mais beaucoup de gens sont partis alors pour cette nouvelle forme de résistance. Ce fut une très bonne leçon. Quand une vague perdure, ce qui était le cas de Radio-Patrie, il faut absolument rencontrer la mer, il n'y a plus que la mer.

— Mais en même temps vous avez cédé de votre indépendance et de votre autonomie ?

— Aucunement. Comment ? Je suis devenu tout de suite le second de Frenay. J'ai habité tout de suite avec lui.

— Et comment les Anglais ont-ils réagi ?

— Ils n'ont pas réagi. Il y avait plus de risques pour eux à réagir qu'à ne pas réagir. Ils n'ont pas réagi parce que nous n'étions pas leur propriété. Contrairement à ce qu'on dit, les Anglais étaient très généreux. Il y a eu beaucoup de calomnies sur le rôle des Anglais pendant la Résistance, colportées par des Français malintentionnés.

— Vous entrez avec Frenay dans la Résistance intérieure. Cela a-t-il changé vos méthodes ?

— Ce que j'ai eu à faire dès que j'ai connu le combat militaire avec lui n'était pas différent de ce que je faisais déjà. Entre Radio-Patrie et ma rencontre avec Frenay, il n'y avait pas de différence fondamentale. C'était toujours secret et c'était intense, mais j'ai beaucoup aimé Henri. Vous aussi, j'allais dire, vous l'auriez beaucoup aimé. C'était un homme fait de lumière. Il était transparent. Officier d'active, breveté d'état-major, c'est-à-dire vraiment un professionnel. Et au fond, au moment où la campagne de 1940 s'est arrêtée et où il a décidé de résister, nous avons choisi le même moment, le même mouvement, nous étions dans l'ébauche tous les deux de la révolte et, tous les deux, nous avons commencé séparément.

— En le rejoignant, vous vous éloignez des Anglais ?

— Les services secrets sont très jaloux les uns des autres et ce n'est pas décrier les Anglais, qui sont à l'origine de toute la Résistance, que de dire qu'ils avaient – et c'est très britannique – un peu de mépris vis-à-vis de ces gens pas professionnels. Comment serait-on d'ailleurs devenu professionnels ? Au tout début, j'ai eu la chance d'avoir connaissance de combats contre les Allemands, parce que mon vieil ami Renouvin était devenu le chef de l'action immédiate et je croyais que c'était plus périlleux d'agir avec les Anglais qu'avec les Français car les Anglais nous disaient : « Ne touchez pas aux mouvements français et ne les rejoignez pas. C'est très dangereux. Beaucoup d'hommes tombent. » Et puis, comme je vous l'ai dit, je me suis trouvé avec Radio-Patrie sur le dos, parce que Frager était parti pour Londres en me laissant des attaches avec des hommes peu fiables. Certains contacts auraient pu être dramatiques. L'un des garçons dont il m'avait donné le contact a été, je vous l'ai dit, fusillé à la Libération car il avait été circonvenu par l'Abwehr. Les Anglais avançaient toujours de mauvais prétextes qui me faisaient voir rouge pour que je ne puisse pas rejoindre les réseaux français. « Vous savez, il y a dans les mouvements de résistance beaucoup de communistes. » Il se trouve que j'en connaissais beaucoup et que je les aimais beaucoup. Si bien que cet argument ne prenait pas mais j'éprouvais néanmoins une prévention marquée envers les réseaux français car beaucoup d'hommes, à l'époque, se faisaient arrêter. Et puis un beau jour, je n'ai plus su que faire de ce réseau de Frager. Il y avait toutes sortes de raisons matérielles, dont les soldes à payer. J'ai pris rendez-vous avec Frenay, l'ami de mon ami Renouvin. Frenay, le premier jour où je l'ai rencontré, embauchait à l'époque tout ce qui se trouvait, mais cette masse s'amenuisait parce que les gens se faisaient arrêter. Finalement, ce qui a été intéressant dans mon expérience, c'est que j'ai vu que les buts et les moyens étaient les mêmes ! On faisait du renseignement, on faisait tout.

— Vous êtes devenu le numéro deux de l'armée secrète ?

— J'étais le numéro deux, mais ça c'est humain. Frenay est tout de suite devenu mon ami.

— Quel type de responsabilités vous a-t-il donné ?

— C'était d'ordre militaire : les renseignements, les maquis, le sabotage fer, enfin tout. J'ai travaillé avec tous. J'étais vraiment au centre nerveux. Il y avait deux seconds, en vérité. L'un qu'il avait depuis le début et qui était un ami que j'aimais beaucoup, Claude Bourdet. Et puis l'autre, c'était moi. Et quand il est parti pour Londres et qu'il y est devenu membre du gouvernement, j'avais la responsabilité de tout ce qui était militaire et paramilitaire, et Claude Bourdet avait la responsabilité de tout ce qui était civil. Il était issu d'une famille fortunée, ce qui était rare dans la Résistance. Il y avait peu de gens qui avaient de l'argent. Je me souviens d'un jour où j'avais un rendez-vous avec Claude et où il m'a dit : « Je te quitte parce que j'ai un rendez-vous chez le notaire. Je vends un immeuble que j'ai hérité de ma mère » – qui n'était pas loin de là où il est mort. Je l'ai rencontré tout à fait au début. C'est lui qui a eu l'idée géniale de créer le NAP, noyautage des administrations publiques. La tâche consistait à avoir des complices dans l'administration française. Il a eu cette idée au tout début de la Résistance, ce qui nous a permis de pénétrer des administrations, de maintenir des hommes en poste pour qu'ils fassent ce que nous voulions. Alors Claude a monté le NAP partout, avec obstination et entêtement. Et comme il connaissait beaucoup de gens, il n'a eu aucune difficulté à infiltrer la quasi-totalité de l'administration française. Souvent nous partagions les mêmes chambres quand on avait des rendez-vous au même endroit. Claude était très différent de ce qu'il est devenu. Quand il est rentré de déportation, tout à coup, je me suis aperçu qu'il n'allait plus à la messe, qu'il ne pratiquait plus, alors qu'il était très religieux, tout en aimant beaucoup la vie. Claude n'a pas eu à prendre contact avec la Résistance, il était la Résistance. Nous étions les tout premiers... Claude était la Résistance, Marcel Degliame c'était la Résistance, Frenay c'était la Résistance. Je m'entendais très bien avec Claude. Et nous n'avons jamais eu une ombre. On s'aimait beaucoup.

— Comment Frenay organisait-il ses réseaux et que demandait-il à ses hommes ?

— La tactique militaire de Frenay consistait à créer des unités à partir de la bonne volonté de ceux qui s'y engageaient. Quand Frenay a créé l'armée secrète à Marseille, c'était génial. Il avait demandé à ceux qui tout de suite ont collaboré avec lui de trouver une dizaine d'hommes résolus, plus une dizaine, plus une dizaine. Tout ça s'appuie sur une architecture qui est la Résistance même ! Alors, de dizaines en dizaines, se sont constituées peu à peu des régions militaires où, finalement, c'était la résolution des types qui créait leur qualité. Ils étaient prêts à tout. Ils faisaient tout, parce que chemin faisant, ils faisaient du renseignement, et le renseignement, qui était une tâche au contact même de l'adversaire, les entraînait dans l'action la plus difficile qui structurait leur raison d'être. Parce que, sur tel ou tel territoire, ils avaient des responsabilités qui leur avaient été données par la nature des choses, si bien que l'armée secrète s'était constituée peu à peu. Les maquis, c'était un volontariat pour fuir le recrutement ou la main-d'œuvre forcée, mais il y avait une force centrale. Il y avait aussi René Hardy qui, très vite, est devenu chef du service fer. Il avait deux adjoints dont l'un était un garçon qui est devenu député du Maine-et-Loire, et qui s'appelait René Lacombe, fils d'un diplomate.

— Lors de votre première rencontre avec Henri Frenay, avez-vous eu l'impression que vous franchissiez une étape, comme un basculement du destin, et que c'était un nouveau cycle de votre vie qui commençait ?

— Oui, dans la Résistance, c'était quelque chose de tout à fait nouveau. Mais c'était simplement ce dont je ne connaissais qu'un petit fragment qui s'agrandissait à un grand mouvement national.

— Aujourd'hui, quel souvenir gardez-vous de Frenay ?

— Je dirai d'abord qu'il était beau. Regard clair. Les êtres beaux, on n'en rencontre pas tellement, dans sa vie.

On en perçoit tout de suite l'essentiel qui est quelque chose de donné. La vraie beauté... il y a un texte magnifique de Maurras dans *La Musique intérieure* : « La beauté véritable est au terme des choses. » Lorsque j'ai rencontré Frenay, j'ai tout de suite su que nos deux destins étaient liés et qu'il pouvait m'arriver n'importe quoi. Il est mort il n'y a pas si longtemps que cela...

— Et très vite entre vous, ça a été à la vie à la mort ?

— Ah, tout de suite ! Dès le premier rendez-vous qui avait été combiné par Renouvin à Montélimar. Quand je l'ai quitté, c'était fini. Nous étions l'un à l'autre comme deux hommes peuvent être l'un à l'autre.

— Et pourtant des gens ont dû essayer de vous diviser, de vous opposer ?

— Oui. Mais je n'écoute pas les vents qui s'égarent. Toutes ces rumeurs. On a tenté de critiquer Henri... Mais il avait une incroyable capacité d'organisation, et avec quel acharnement, quelle méthode et quel succès ! Il y avait des types héroïques là-dedans. Mais ils constituaient quand même des exceptions par rapport à la majorité des Français puisque leur premier mouvement fut de se sacrifier pour la France. On me reproche souvent de ne pas être républicain, mais j'avais, comme eux, une conception héroïque de la France, et un principe qui m'inspirait dans toute cette action, et que j'avais trouvé dans Michelet : « La France est une épée vivante, elle se porte d'elle-même à la gorge de l'ennemi. » Je trouvais que c'était la définition même de ce qu'il fallait faire pour que la France vive ! Qu'il fallait leur faire sentir que c'était là au fond l'unique problème et qu'il fallait être la France quand elle devient une épée et qu'elle se porte d'elle-même à la gorge de l'ennemi. Tout le reste n'était que fariboles. Cette conviction, je l'ai retrouvée chez tous ceux qui avaient eu ou qui avaient à mes yeux une valeur de résistance. Et pour moi c'était la préoccupation unique, forger cette force. Il y avait des chefs de région qui, peu à peu, se sont recrutés dans tous les milieux. Il y avait les chefs départementaux. La configuration était calquée sur la géographie de la France. L'indépendance, c'était pour aller plus vite au combat. L'armée secrète aimait Frenay. Le maquis, aussi. Il était persuadé, d'une part, que la Résistance devait s'unir et, d'autre part, que cette unité était pressentie dans le cœur des meilleurs, c'est-à-dire ceux qui étaient honnêtes avec eux-mêmes, souhaitaient au fond d'eux-mêmes qu'on ne fût plus qu'un.

— Dans cette poursuite de l'unité, il y avait bien sûr la stratégie militaire mais aussi le ralliement des cœurs ?

— Nous avons traversé des moments cruels. Les hommes sont toujours pareils et quand on n'a qu'un but, l'unité, on est forcé, un beau jour, de leur dire qu'il faut aussi se sacrifier. Parmi les moments cruels, je me souviens de ma visite à Dunoyer de Segonzac qui dirigeait Uriage pour Vichy ! Mais il s'agissait justement de faire la guerre. J'ai recruté chez lui celui qui est devenu chef national du maquis, et qu'on appelait Cheval – c'est moi qui l'avait baptisé ainsi, parce qu'il avait une tête de cheval et que j'aime beaucoup les chevaux. Lorsqu'il est mort, Michel Debré, le chef du gouvernement, a prononcé son éloge funèbre dans la cour des Invalides, et il a dit : « Cheval, ainsi vous appelaient vos camarades, parce que vous étiez un chevalier. » Alors, nous ses camarades, nous nous sommes regardés et nous avons été pris d'un fou rire.

— Combien de personnes avez-vous convaincues d'entrer dans la Résistance et comment les choisissiez-vous ?

— A Uriage, je venais chercher des patrons. Je venais chercher des gens que je pouvais emmener avec moi. J'avais besoin de quelques-uns qui soient responsables de l'encadrement. A Uriage sévissait alors une manie d'intellectuels, la conversation sans fin. J'essayais de les convaincre : « Allons donc au fond du sujet », mais il fallait toujours et encore argumenter. A la fin, je leur ai dit : « Ecoutez, vous m'emmerdez ! Toi, tu vas aller visiter telle et telle région. J'ai besoin de manière urgente de deux patrons. Je veux leurs noms ainsi qu'un adjoint. » Et Segonzac, comme une litanie incantatoire, m'a encore une fois supplié : « Mais Pierre, il faut tout de même que nous parlions. Le fond... — Le fond, tu y es. » En fait, nous étions d'accord sur tout. Il voulait faire la guerre... Il s'offrait. Mais, en moi-même, j'ai été surpris que des gens de cette qualité se soient laissé entraîner auparavant dans de fausses espérances. Ils étaient persuadés qu'ils arriveraient, le moment venu, à persuader Pétain de rompre avec Hitler ! Je crois être responsable du basculement politique de Dunoyer de Segonzac. Je lui ai amené trop de gens qui sont devenus indispensables et qui ont choisi d'être avec moi, plutôt que de continuer avec lui. Je l'ai toujours considéré comme un vrai résistant, comme un des nôtres. Il a tout de même formé une partie des troupes qui sont venues à l'armée secrète et qui ne nous ont jamais quittés. Là est l'essentiel.

XIII – MA FEMME

— Pendant cette période si tourmentée, si tumultueuse, si aventureuse, vous trouvez le temps de tomber amoureux et même de vous marier.

— Oui. J'ai rencontré ma femme à Marseille pendant la clandestinité chez la comtesse Pastré, qui était un personnage étonnant. Quand je suis arrivé dans son salon, j'ai vu une jeune femme qui m'a ébloui. J'ai retenu son nom pendant les présentations et j'ai été droit dans la salle à manger et j'ai changé les places à table pour être à côté d'elle. J'ai vécu avec elle tout de suite. C'était en 1941. Elle était naturellement gaulliste et résistante. Elle ne pensait qu'au combat. Nous nous sommes mariés au bout d'un an et demi dans la clandestinité [1]. Alors que je devais partir pour Londres en mission chez le Général, je me suis dit que je risquais peut-être de me faire tuer. Pour ma famille, la femme avec qui je partageais ma vie et dont j'étais amoureux serait, au mieux, après ma mort, une charmante fille qui avait été la maîtresse de Pierre ! Je trouvais cela trop injuste. Je lui ai dit : « On va se marier. » Nous sommes partis pour Toulouse où le chef des corps francs, qui fut tué plus tard, organisa la cérémonie avec la complicité politique du maire d'une petite commune de l'Armagnac qui s'appelait Pessan.

Nous avions deux témoins de chaque côté. Tous les quatre sont morts en combattant. Le maire avait fait un

1. Bénouville s'est marié le 23 juin 1943, soit le surlendemain de l'arrestation de Jean Moulin à Caluire.

déjeuner, pantagruélique, foie gras, armagnac. Les garçons du corps franc protégeaient cette cérémonie et nous entouraient. Et puis la nuit est venue. Nous avons passé notre nuit de noces dans une chambre de la maison du maire, terrorisés à l'idée de faire du bruit... Et le lendemain, je repartais pour Paris. Une semaine après, nous nous sommes rendus à l'église Sainte-Clotilde, où il y avait un curé merveilleux qui nous a mariés à six heures du matin dans la sacristie de l'église. Nous étions donc mariés civilement et religieusement. Je suis parti l'âme tranquille pour Londres. J'étais sûr que s'il m'arrivait quelque chose, elle était ma femme.

Ma femme a pris tous les risques pendant la Résistance. Elle a servi de courrier. Quand j'ai été blessé à la Libération, je l'ai vue arriver avec Pascal Copeau qui était l'adjoint d'Emmanuel d'Astier, ils avaient traversé tous deux la France à vélo. J'étais caché dans un monastère, un couvent du côté de Mende, tenu par les Petites Sœurs des Pauvres. J'avais fait beaucoup de peine à la supérieure le premier jour. Dans la chambre qu'elle m'avait donnée, j'ai vu, accrochée au-dessus du lit, une grande photographie du Maréchal. J'ai dit à la mère supérieure : « Il faut l'enlever, ma mère. Ce n'est déjà pas commode d'endurer en silence les souffrances de mes blessures mais si, en plus, vous m'empêchez d'ouvrir les yeux, la vie va vraiment devenir insupportable ! » En silence mais contre sa volonté, elle l'a décroché.

— Pensez-vous que votre amour ne pouvait vivre qu'en temps de guerre ?

— Les épreuves nous ont rapprochés à tout jamais. Je n'ai jamais voulu divorcer. Je me suis dit : « Puisque tu l'as juré, tu l'as juré ! » Elle était très belle, c'est vrai, mais aussi très courageuse. J'ai reçu la médaille de la Résistance à côté d'elle. Nous l'avons reçue tous les deux ensemble. Et je n'étais absolument pour rien dans sa nomination. Elle était amplement méritée. J'avais beaucoup de tendresse et d'admiration pour elle. Force est de constater qu'après la guerre, les choses se sont gâtées. Je n'ai jamais supporté dans ma vie qu'on puisse en arriver à des scènes. Je devais mériter ces scènes, mais je vivais dans une atmosphère de plus en plus difficile parce qu'elle était d'une jalousie terrible et il y avait un drame entre nous qui était insoluble. Elle m'avait dit, très peu de temps avant que je ne l'épouse dans la clandestinité, qu'elle ne voulait pas avoir d'enfant. Alors je la trompais. Je la trompais parce que je me considérais comme libre de faire ce que je voulais.

— Alors elle était jalouse... Et elle avait raison...

— Oui. Et puis un jour, c'était après déjeuner, alors que je lisais, étendu sur un divan, je me suis endormi. Et j'ai été réveillé par une claque. Ma femme a dit une phrase qu'elle avait dû entendre maintes fois dans le théâtre de boulevard : « Si je ne sais pas pourquoi, toi tu le sais. »

— Elle avait du caractère en tout cas...

— Je pense bien ! Et elle était belle comme le jour. C'était un phénomène d'origine slave, ce qui explique peut-être le feu de son tempérament. La claque m'a réveillé de la torpeur de ma sieste. Alors, je me suis levé calmement, j'ai sifflé mon chien, je suis allé promener mon teckel qui s'appelait Nicolas. Puis j'ai appelé un taxi, et j'ai dit à mon chien : « Nous avons réussi à sortir de cette maison, maintenant il ne faut plus rentrer. » Comme je ne voulais pas qu'elle se tourmentât et qu'elle pût croire que j'étais passé sous une voiture, je lui ai écrit un petit mot et j'ai demandé à un chauffeur de taxi d'aller porter cette lettre. Je ne suis jamais revenu. Et un soir, deux ans plus tard, alors que j'habitais une garçonnière avenue Montaigne, et que je me préparais à sortir pour un dîner, on a sonné à ma porte. Je suis allé ouvrir et je me suis trouvé nez à nez avec ma femme. J'ai senti tout de suite que la situation allait être difficile, je lui ai dit : « Je te préviens, rien ne me fera changer d'avis. Si tu as l'intention de faire une scène, il faut la faire tout de suite. Tu disposes d'un quart d'heure. Parce que dans un quart d'heure, je finis de m'habiller et je pars. » Elle m'a répondu : « Est-ce que tu te rends compte que légalement je peux arriver demain chez toi avec mes bagages ? » Je lui ai répondu : « Oui, je sais, mais je peux en repartir aussi. » J'ai ajouté que je ne l'abandonnerais jamais. Jusqu'à son dernier souffle je me suis occupé d'elle. Elle n'a jamais refait sa vie. J'ai connu deux grands généraux illustres de la France libre, qui sont venus la demander en mariage. Ils sont venus même me demander sa main ! J'ai répondu aux deux : « C'est à elle de décider. Civilement, ce n'est pas possible sans qu'elle divorce. Je n'ai pas de commentaires à faire. Ce serait trop désobligeant. » Le matin du jour où elle est morte, je suis allé chez elle la voir. Elle a fait sortir les infirmières et elle m'a dit : « Je vais partir. » Dans mes bras, elle s'est éteinte.

XIV – L'AMITIÉ

— Vous avez toujours eu une conception de l'amitié qui transgresse les partis pris idéologiques et les classes sociales ?

— Oui, comme le prouve mon histoire avec Jean Gehmäling. Je l'avais connu pendant la Résistance. Il avait organisé à Marseille un bureau qui accueillait les intellectuels poursuivis par les nazis. A cette époque, les Boches étaient partout. Jean avait un appartement où il recevait tout ce petit monde, et où il faisait des merveilles pour les faire évacuer, par les canaux qu'il creusait lui-même. J'aimais beaucoup Jean car c'était un cœur généreux. Il m'est arrivé avec lui, juste après la guerre, une affaire étrange. J'étais très lié avec Pierre Guillaumat qui était un type tout à fait remarquable. Il avait été sous mes ordres pendant la Résistance, il sera nommé après guerre ministre de la Défense du Général [1]. Un jour, Jean, en qui j'avais grande confiance, m'a expliqué qu'il allait probablement être embauché par Guillaumat dans les services atomiques. A la même période, j'ai connu, au cours d'un voyage en Pologne, la femme du ministre polonais de la Justice. Enfin, vous l'avez compris, j'ai eu vraiment un béguin pour elle. Elle était ingénieur dans le domaine

1. Dans ce gouvernement, les ministres d'Etat étaient : Pierre Pflimlin, Guy Mollet, Houphouët-Boigny, Jacquinot. La part faite aux hauts fonctionnaires – dont Guillaumat mais aussi Pelletier à l'Intérieur, Cornut-Gentille à la France d'Outre-mer –, comme le souligne Jean Lacouture dans le tome II de son livre, *De Gaulle le politique* (Seuil, 1985), est importante.

de l'atome et elle avait obtenu de venir en stage en France. J'étais très heureux quand elle venait en France car on ne pouvait pas avoir d'aventures en Pologne. Tous les hôtels étaient comme les hôtels soviétiques, c'est-à-dire surveillés par des matrones à chaque étage. Je vivais cette histoire d'amour charmante avec elle quand, un jour, elle me dit : « Vous êtes des fous, vous les Français. Si tu savais ce que sont les gens à qui vous donnez l'hospitalité dans vos stages de problèmes ultrasecrets, tu serais viré. Vous engagez n'importe qui. » Elle faisait allusion très précisément à Jean Gehmäling. Comment faire pour savoir la vérité ? A l'époque, j'aimais Jean comme un frère, et je l'aime toujours comme un frère. Je me dis merde, Jean avait quand même des liens forts avec les communistes. J'ai un devoir vis-à-vis de Jean que j'aime, mais mon devoir de patriote et de responsable national consiste tout de même à mettre en garde le gouvernement. Si je demande à voir Pierre, très pris dans ses charges du gouvernement, je vais mettre trois ou quatre jours à obtenir ce rendez-vous et la catastrophe pourra arriver. Alors, je décide de lui écrire : « Pierre, j'apprends qu'avec ta manie de ne jamais parler à ceux qui sont mieux informés que toi, puisqu'ils ont été les chefs de ceux que tu engages, je te dis ce que tu ne sais pas, que Jean que j'aime beaucoup, et je le souligne, a des attaches communistes. Je t'écris la mort dans l'âme, parce que je serai désolé d'empêcher Jean d'avoir le refuge qu'il croit avoir trouvé. » Le lendemain, Jean vient me voir à mon bureau et me dit : « J'ai à te parler. » Et il sort de sa poche ma lettre à Guillaumat, tout de même ministre de la Défense ! Je lui ai répondu : « Dis donc, j'ai bien fait de t'affecter aux renseignements pendant la guerre, tu es vraiment doué. » Jamais je n'ai eu l'impression que cette lettre avait refroidi notre affection. J'ai appelé Pierre Guillaumat et je lui ai dit : « Ecoute, tu as quelqu'un dans ton cabinet qui lit le courrier avant toi, et qui a donné ma lettre à l'intéressé. C'est dément. » Guillaumat en a pris acte sans intervenir. Si je l'ai dit à Guillaumat, je ne l'ai jamais raconté au Général. Je ne voulais pas causer une double catastrophe. Moi, j'avais le sentiment que j'avais fait mon devoir, et que dès lors qu'il le savait, c'est lui qui en avait la responsabilité. C'est d'ailleurs ce que j'avais voulu faire, en lui écrivant. Je voulais qu'il sache. Il l'a engagé. Et il a eu raison.

— C'est une constante dans votre vie, cette fidélité et cette force de l'amitié ?

— J'aime mieux la vérité des hommes que celle qu'on leur impose. D'un côté ou de l'autre. Pour les aimer ou les haïr. Un jour, à un dîner, j'ai rencontré, chez des amis, Malaparte [1]. « J'ai une question à vous poser, lui dis-je. Vous racontez dans votre livre, que, étant à Varsovie comme correspondant de guerre, vous avez été emmené par votre ami allemand au ghetto et que vous avez vu – oui vu, donc accepté – des Allemands tirer sur des enfants juifs qu'ils reconnaissaient à leur étoile. Est-ce vrai ? — C'est vrai », a-t-il répondu. Je l'ai pris par la veste violemment et je lui ai dit : « Eh bien, foutez-moi le camp d'ici, pour rien au monde je ne veux parler avec quelqu'un comme vous. » Il est parti sans un mot.

— Pendant la guerre, cette séduction de l'amitié que vous exercez a été utile au cœur même du camp ennemi ?

— Oui, j'ai pu retourner des individus qui sont devenus des agents très actifs, comme Raymond Abellio et

1. Kurt Suckert, dit Curzio Malaparte (1898-1957), écrivain italien d'abord attiré par le fascisme, en devint le critique avec *Technique du coup d'Etat* (1931), qui fut interdit en Italie et en Allemagne. Ses romans *Kaputt* (1944) et *La Peau* (1949) décrivent son expérience de correspondant de guerre et la détresse de l'Italie après la défaite.

d'autres. Grâce à eux, nous savions tout ! Il y avait la LVF [1], les sources étaient prodigieuses, pour nous ! Et elles nous ont permis d'épargner les vies de toutes sortes de gens, sur qui tout à coup nous avions des renseignements qui nous permettaient d'organiser nos affaires autrement.

— Certains réseaux de l'Action française n'ont-ils pas permis, au cœur même de la collaboration, de servir la Résistance ?

— Non seulement au cœur de la collaboration mais aussi parmi les gens de l'extrême droite, même s'il ne faut pas oublier qu'Abellio se considérait comme un homme de gauche puisqu'il était le collaborateur du socialiste Marcel Déat. Il y avait, à l'intérieur du mouvement collaborationniste, un certain nombre de services de renseignement, dont le but en France était de faire la police. Ils se protégeaient. C'était de l'autoprotection, si bien que les gens qu'ils observaient, c'étaient nous. La moisson que j'obtenais, toutes les semaines, par Abellio [2], me permettait de protéger toutes sortes de gens qui étaient surveillés et qui allaient être arrêtés. Untel était allé à tel endroit. Je me mettais en contact avec lui. Il se cachait. Il était sauvé. Dès que j'ai eu noué ces contacts, j'ai fait se rencontrer Abellio et Gehmäling. J'étais obsédé, aussi, par le fait que j'avais des amis, que j'aimais, comme Jean de Castellane, qui n'avaient pas les mêmes opinions politiques que moi. Il fallait que je les sorte de l'erreur dans laquelle leur milieu familial les avait plongés. Jean était mon ami. Il avait milité avec moi à l'Action française. J'ai essayé de faire changer d'avis son père, le comte de Castellane, qui était auprès du maréchal Pétain le chef du

1. Légion des Volontaires français.
2. Raymond Abellio, *Ma dernière mémoire*, tome III : *Sol invictus (1939-1947)*, Ramsay, 1980.

service de renseignement. Et, dans mes missions, quand j'arrivais à Paris, je ne pouvais pas avoir de refuge plus sûr que d'habiter chez lui. Il m'hébergeait en toute connaissance de cause. Il n'ignorait rien de mes activités de résistant. J'étais trop ami avec lui pour ne pas lui dire la vérité. Il me prenait pour un homme sincère, ce que j'étais. Et je lui disais : « Tu ne te rends pas compte de ce que tu fais. Ceux pour lesquels vous recueillez des renseignements luttent contre la liberté de la patrie. » J'avais un allié merveilleux, sa femme, Viva, la fille d'un poète bordelais, Despax. Je n'ai eu aucun mal à la convaincre. Elle était tout à fait résistante dans l'âme. Quand j'étais en cellule, à Toulon, un jour elle m'a fait passer par mon avocat, un message pour me dire : « Je viendrai la semaine prochaine, à Toulon, et j'essaierai de te voir. » Et tout ce qu'elle essayait, elle le réussissait. Dans le milieu de Vichy, quand on prononçait le nom de la comtesse de Castellane, les portes s'ouvraient, c'était extraordinaire, c'était la formule magique. Elle est arrivée un beau matin dans ma cellule. On est tombés dans les bras l'un de l'autre. Puis est arrivée l'heure de la soupe, je lui ai dit – car dans les moments difficiles, il ne faut pas se départir de son humour : « Ecoute, je ne peux pas t'emmener déjeuner au restaurant, mais si tu veux partager la soupe avec moi... » Et en riant, elle m'a répondu : « Cela tombe bien car j'avais prévu que tu m'inviterais à déjeuner et j'ai même apporté du vin. » Elle avait caché dans son sac une bouteille de vin, une bouteille d'un vin merveilleux, un grand cru. On a mangé notre soupe infâme avec ce vin sublime. Inoubliable déjeuner. On a passé la journée à déjeuner et le matelot qui s'occupait de ma cellule, impressionné par l'élégance de la comtesse, s'est mis à la servir comme si nous étions dans un palais ! Il a même trouvé une deuxième chaise. Nous étions tout d'un coup servis comme des princes ! Dès la fin des hostilités, Viva était devenue gaulliste. Elle a eu beaucoup de mal à convaincre son mari. Ce jour-là, elle m'a avoué : « Tu sais, il faut que tu guérisses mon mari, car à force de dire “ Pas de maçons, pas de Juifs ”, il va finir par nous fusiller toi et moi. » Et j'ai réussi.

— Donc, pendant toute la guerre, des gens étiquetés à l'extrême droite ont pu aider certains de vos amis résistants ?

— Le comte de Castellane a hébergé des résistants comme Jacques Baumel[1]. Un jour Baumel me dit : « Dis donc, je pars pour Paris mais je ne sais pas où aller. — Eh bien, moi je te trouve une planque formidable. Rue des Marronniers, à tel numéro : tu vas aller chez le comte de Castellane, je lui fais un mot, il va te loger. » Les Castellane avaient un jeune domestique, comme on a souvent dans ce genre de famille, qui est le fils mal foutu d'une bonne famille de fermiers. Or j'avais ce jour-là rendez-vous avec Villon, un communiste, fonctionnaire du Parti qui s'appelait de son vrai nom Ginsburger. Je lui avais fixé comme lieu l'hôtel particulier des Castellane où je résidais et qui était une cache idéale. Villon sonne. Le domestique lui répond : « M. de Bénouville n'est pas là. Vous avez dû vous tromper de jour. » Villon insiste. Le jeune homme tente de joindre son patron par téléphone pour de plus amples explications sur mon emploi du temps et, devant un Villon médusé, il appelle le standard de la RMN, les renseignements généraux pétainistes. « Allô, je voudrais parler au comte de Castellane. » Villon n'a pas écouté la suite. Il a pris ses jambes à son cou, persuadé qu'il était piégé et il a joint pour lui raconter l'incident son chef dans la Résistance, Maxime Blocq-Mascart, deux heures après : « Mais c'est épouvantable, savez-vous vraiment qui est

1. Jacques Baumel, *Résister. Histoire secrète des années de l'Occupation*, Albin Michel, 1999.

Bénouville ? » Maxime lui a expliqué qu'il ne fallait pas s'inquiéter et que j'avais le don et la réputation de rallier des gens de tous les bords.

— Pour vous, peu importait la couleur politique, les idées, vous vous en moquiez ? Les raisons d'adhérer aussi ?

— Moi, ce que je voulais, c'est qu'on foute les Allemands à la porte. Et j'avais rallié, entre autres, un type merveilleux, le commandant des troupes à Annecy, le colonel Valette d'Osia qui est devenu plus tard général. Il y a chez certains êtres un côté comique involontaire. Le jour où il s'était rallié à nous, il m'avait prévenu : « J'ai sous mon autorité 843 hommes, je vis avec eux en Haute-Savoie. Je les connais tous très bien mais je ne veux en aucun cas en avoir un de plus. Moi, je suis responsable vis-à-vis de la République. Je les conduirai à la bataille et je les ferai vivre d'ici là, dans notre maquis. » Cet acharnement à ne pas commander à un homme supplémentaire sonnait étrangement. J'en ai eu l'explication quelques jours plus tard, quand Villon voulut me voir d'urgence parce que le maquis commandé par le colonel posait des problèmes. J'appris que Valette d'Osia, qui était très pieux, quand il rentrait d'opération avec ses gars, les réunissait en carré et disait aux hommes : « Garde à vous ! Repos ! Sortez vos chapelets ! Je vous salue Marie, pleine de grâce. » Et tout le monde s'exécutait... de bonne grâce ou pas. Certains allaient même jusqu'à communier. Villon, communiste, ne pouvait accepter de tels agissements. « Tu comprends, me dit-il. C'est tout de même pas possible. Moi, j'ai accepté ton général avec plaisir, mais franchement, est-ce qu'on ne peut pas le changer ? » Je lui dis : « Il n'y a rien à faire, on perdrait des hommes. » Il a insisté : « Oui, peut-être, mais tous catholiques ! » Difficile certainement aujourd'hui de comprendre ce genre de réaction mais c'était tout de même cela la vérité, cette diversité dans la manière d'engager sa vie et de faire de la Résistance.

— Avez-vous réussi à faire basculer politiquement beaucoup de membres de l'extrême droite dans la résistance ?

— J'ai rallié beaucoup de membres de l'Action française. Mon but, c'était la guerre. Si on ne disait pas tout le temps que c'était la guerre contre les Boches, on ne savait plus ce qu'on faisait dans cette aventure. C'était la guerre à tout prix, de toutes les manières, à toute force, et nul ne me paraissait indigne d'y participer dès lors qu'il le voulait bien. Cela ne m'a pas empêché de publier mon livre sur Saint Louis pendant la guerre. Je l'ai rédigé en prison. A sa sortie, il a été distribué par le service de presse à *L'Action française*. Maurras en a fait une critique fort élogieuse et Calzant vint le trouver au marbre du journal et lui dit : « Mais maître, votre éditorial comporte, demain, un passage positif pour Bénouville à propos de ce livre qu'il vient de publier. C'est un dissident ! — Ah oui, répondit Maurras, sans sourciller. C'est un dissident ? Comme c'est intéressant. » Calzant a insisté : « Mais c'est un vrai dissident ! Il est dangereux, il est même en prison, il vient d'être condamné par le tribunal militaire ! — Cela n'a aucune importance », répondit Maurras, qui, au fond de lui-même, était un intellectuel anti-allemand ! La théorie même de mon antigermanisme venait de lui ! Calzant a encore insisté, et Maurras lui a rétorqué : « Foutez-moi la paix. »

— Comment avez-vous retourné Raymond Abellio ? Comment avez-vous réussi à retourner un agent d'extrême droite [1] ?

---

1. Raymond Abellio appartenait alors, après avoir été un militant du MSR de Deloncle, au Mouvement révolutionnaire français, mouvement né de la Cagoule vichyste collaborationniste, et qui aidait l'action policière vichyste et la Gestapo. Cf. Raymond Abellio, *Ma dernière mémoire*, op. cit.

— Jean de Castellane m'a prévenu qu'il voulait me voir. Il a insisté : « Tu devrais tout de même parler avec lui, c'est un homme remarquable, il est d'extrême droite mais responsable. — Tu n'as qu'à me donner un rendez-vous et je viendrai. » Et j'ai vu Abellio. D'abord, j'ai vérifié que c'était un homme honnête, parce que, avoir un rendez-vous avec un membre aussi actif de la Collaboration quand on est soi-même membre du comité directeur des Mouvements unis de résistance peut sembler étonnant. N'oublions pas que Raymond Abellio avait à l'époque un rôle de dirigeant dans le néo-MSR et était donc en rapport avec les services centraux de la Gestapo ! S'il avait trahi, je l'aurai su immédiatement. Il n'a jamais trahi, il était trop intelligent, c'était clair. Il est venu au rendez-vous. On a passé deux heures ensemble à parler politique. Je lui ai dit : « Ecoutez, le but, pour moi, est simple. Si vous voulez vraiment travailler avec nous, je veux tous les renseignements que vous recueillerez à notre sujet, sur la Résistance. »

Et, finalement j'ai tout eu, grâce à lui. Très vite il m'a tout donné. La semaine d'après, je l'ai convoqué : « J'ai quelque chose à vous demander : pour continuer à nous apporter ces documents exceptionnels qui permettent de sauver des vies humaines et de mener une offensive militaire efficace, il faut absolument que vous conserviez votre rôle d'agent. »

— Il voulait en partir ?

— Oui, il avait des velléités de rejoindre mon groupe de Résistance. Mais il était bien utile là où il se trouvait. « Restez là où vous êtes. » J'ai insisté. Il a accepté ! Il est resté pour pouvoir continuer à faire le travail du renseignement. J'ai ajouté : « Vous avez raison de vous insurger contre ces gens-là, et la seule manière de le faire efficacement, c'est que nous bénéficiions de vos renseignements. »

— Quels sentiments avez-vous éprouvé envers lui ?

— J'ai retrouvé avec Abellio ce sentiment de fraternité combattante que j'avais déjà connu, y compris dans des circonstances difficiles, comme ma comparution devant le tribunal militaire de Toulon.

— Raymond Abellio fut traduit devant les tribunaux après la guerre [1] et vous avez décidé d'aller témoigner ?

— Naturellement, non seulement j'ai témoigné, mais je l'ai remporté. Je ne l'ai pas laissé. Et nous avons décidé, avec mon ami Jean Gehmäling, de l'aider en disant tout simplement la vérité lors de son procès. Jean a comparu pour expliquer son rôle d'agent double, capital pour nous pendant la guerre.

— Ont-ils été nombreux, ces agents secrets au pays de l'extrême droite, à aider la Résistance ?

— Oui, naturellement. Jean de Castellane a été un de ceux-là.

— Leur rôle est-il assez connu et reconnu aujourd'hui ?

— Pas du tout. Il n'y a que des gens comme moi qui le disent ! Avec les gens de gauche dont mon entourage était issu. Gehmäling, à mes yeux, était quelqu'un dont les attaches communistes étaient plus que des attaches sentimentales. Cela dit, je l'aimais beaucoup, je l'aime toujours beaucoup. C'est aussi cela, la Résistance. Ça a été sans arrêt le passage de toutes les frontières. Il y a eu des gens merveilleux. Il y a eu en particulier des pasteurs protestants étonnants. La conclusion, c'est, de

1. Raymond Abellio, ibid.

toute évidence, l'amour de la patrie, mais vraiment l'amour, l'amour intellectuel, l'amour physique de la patrie. Celui pour lequel naît une ferveur dont je reconnais qu'elle ne laisse pas longtemps douter des hommes clairs.

XV – LES SERVICES SECRETS AMÉRICAINS

— Certains, y compris parmi vos amis, vous font le reproche d'avoir entretenu des relations privilégiées avec les services secrets américains pendant toute la période de la guerre et ce, quelquefois, dans une opposition à Jean Moulin ?

— Le drame Moulin a eu des répercussions terribles, intérieures à la Résistance. Moulin était au fond un fonctionnaire, un préfet, qui avait voulu rencontrer Frenay, et Frenay lui avait littéralement sauté dessus et l'avait envoyé à Londres. C'est Frenay qui a recruté Jean Moulin et qui lui a présenté Emmanuel d'Astier, Lévy, enfin tous nos camarades. Parce qu'il avait décelé en Moulin des qualités exceptionnelles, et que Moulin se proposait, il lui a demandé d'aller à Londres pour plaider la Résistance.

— Fallait-il plaider la Résistance à ce moment-là ?

— Oui.

— Pourquoi ?

— Parce que nous avions des moyens dérisoires, et qu'il fallait tout créer y compris les chiffres secrets de correspondance, les codes. Moulin a fait énormément de bien à la Résistance.

— Parce qu'il l'a structurée, il l'a fédérée, il l'a organisée, il l'a hiérarchisée ?

— Elle était structurée et hiérarchisée. Non. Parce que le Général a trouvé habile qu'il crée ce que l'on a appelé le CNR [1].

— Mais c'est le Général qui en a eu l'idée, ou c'est Moulin lui-même ?

— C'est probablement Moulin. Le Général ne voulait pas des anciens partis, ce en quoi il avait raison. Comment renoncer aux anciens partis et leur dire « on va quand même travailler ensemble » ? Moulin eut alors l'idée géniale de les grouper dans le CNR. Mais le CNR avait, en réalité, pour l'action de tous les jours, moins d'influence que n'en avaient les réunions des responsables nationaux qui étaient les responsables de l'action.

— Pourquoi donc le Général a-t-il, selon vous, souscrit alors à l'idée de Moulin ?

— Parce que cela lui a paru habile, et que cela lui était utile. Le CNR pouvait jouer le rôle de déversoir où envoyer les gens de la politique qui assaillaient le Général de demandes pour être autour de lui. J'ai toujours plaidé pour l'unité et la prééminence française. Un jour, Allen Dulles [2] m'a dit : « Vous savez, Pierre, que les maquis des environs de la frontière tentent tout le temps de prendre contact avec nous. Ce que veulent ces garçons, c'est davantage d'armes, davantage de munitions. » Alors je lui ai dit : « Oui, je le sais, c'est d'ailleurs la raison pour laquelle je vous demande de les retourner sur moi, parce que notre unité ne peut pas venir de vous. Nous sommes des Français et ils viennent vers vous mais c'est une erreur, c'est tentant, on leur a dit que le gâteau était là. Ils n'ont pas tort de le penser, c'est pour cette raison qu'ils viennent vers vous, mais le gâteau, pour les Français,

1. Conseil national de la Résistance.
2. Chef des services secrets américains en Suisse.

n'est pas suffisant. Il faut aussi l'union de leur discipline et de leur propre résolution ».

— Mais quelles étaient alors vos sources de financement quand vous êtes entré en contact avec les services secrets américains ?

— C'était Londres, qui nous donnait de maigres budgets. Trop maigres. Il a fallu les compléter. J'ai passé, pour ces raisons, la frontière suisse pour financer la lutte. J'allais voir les Américains. De Gaulle avait cette prévention contre eux, que tout le monde a vu et connaissait, et moi je prétendais qu'il n'y avait aucune raison que ce ne fût pas eux, aussi bien que les Anglais, et qu'à partir du moment où on savait qu'il fallait trouver son appui ailleurs, il ne fallait pas dédaigner ce qu'ils nous proposaient : argent, munitions, renseignements.

— C'est vous qui avez pris contact avec les Américains ou les Américains qui ont pris contact avec vous ?

— Non, j'ai pris contact avec eux au tout début de la création de la délégation générale de la Résistance, qui est devenue alors vraiment la délégation de tous les mouvements. Grâce à Philippe Monod, qui avait été avant la guerre avocat international, et l'ami de Dulles. Si bien que dès le début, nous étions tout à fait en terrain d'amitié.

— Vous avez pris contact avec Dulles directement ?

— Oui.

— Qui a répondu tout de suite ?

— Tout de suite.

— Mais vous n'en avez pas averti Londres, j'imagine ?

— Si. Et on m'a répondu : « N'y touchez pas, vous allez vous faire arrêter. » Bon, le discours habituel, et j'ai dit : « On s'en fout. »

— Les Américains vous ont répondu tout de suite en vous donnant de l'argent ?

— Oui. Ils ont financé peu à peu tout ce qu'on leur demandait. Ce que je vais raconter maintenant est d'une réelle importance. L'administration française, celle de l'Etat, était en loques. Les financiers étaient tous débarrassés d'obligations administratives. Alors j'ai dit à Allen Dulles : « Moi je ne peux accepter que vous nous aidiez qu'à la condition d'y mêler complètement Londres et les Forces libres. Par conséquent, j'attends de vous, d'abord, que vous vous chargiez de notre courrier. » La goniométrie du côté des Allemands se développait. Cela signifiait que quand on émettait, clandestinement, on se faisait repérer. L'émission en soi est quelque chose qui se détecte très bien et les Allemands avaient développé un système d'observation des émissions. A la condition d'avoir une forme de triangle, on finissait par savoir où était l'émetteur. C'est pour cette raison que tant de radios se sont fait prendre en pleine action. Et cela je ne le voulais plus. Alors j'ai commencé par faire un tri gigantesque du service des émissions de notre groupe de résistance, les émissions pour les renseignements, les émissions pour les liaisons, tout cela séparé par importance. Tout ce qui devait être transmis tout de suite avait naturellement une priorité sur tout ce qui pouvait attendre et être émis plus tranquillement. D'autre part, j'ai été préoccupé par la vie de mes camarades qui, arrêtés pendant les émissions, se faisaient torturer. Beaucoup d'entre eux ont été pris. Les radios demeuraient un élément indispensable de toutes nos missions. Je trouvais donc plus commode et plus prudent d'envoyer nos renseignements de Berne par exemple, où les Américains pouvaient émettre vingt-quatre heures sur vingt-quatre, les Suisses ne pouvant que les laisser faire puisqu'ils constituaient le service diplomatique d'une puissance étrangère, plutôt que de France, où nous prenions tous les risques.

— Donc, vous apportiez les renseignements à Berne ?

— A Berne, j'avais des courriers.

— Vous collectiez les renseignements, vous passiez la frontière et les renseignements partaient vers Londres ?

— Et tous les renseignements pour nous, les Français, avaient, à ma demande, un code spécial d'entrée qui disait : « FFC : Forces françaises combattantes », c'était d'abord pour que cela soit à porter au crédit à la France. Quand on est pauvre et sourcilleux, ce crédit était une marque d'honneur.

— J'imagine que le Général n'a pas dû voir cela forcément d'un bon œil ?

— Tous les documents, je peux les montrer, prouvent que j'ai été en contact très étroit avec lui, toujours, et qu'il ne me l'a jamais reproché.

— Donc, il a accepté ce que certains ont dû appeler une mainmise américaine ?...

— Oui, oui, naturellement.

— ... sur la Résistance intérieure.

— Oui.

— Et les Américains, selon vous, se sont toujours comportés loyalement et avec vous et avec le Général, durant cette période-là ?

— Oui, ils avaient le désir que nous occupions bien le terrain et que nous conduisions notre bataille sur notre propre territoire. Il n'y avait aucun problème. Mais j'ai été habile. J'ai dit à Dulles : « Cher Allen, vous comprenez bien qu'il n'est pas question que j'accepte de l'argent de vous. » Il m'a dit : « Oui, je le comprends, comment voulez-vous que nous procédions ? » Eh bien je lui ai dit : « Nous avons obtenu des Suisses un droit de résidence pour ceux que nous amenons, et pour notre délégation conduite par le général Davet », et dans laquelle était Soutout, ancien directeur de cabinet. Enfin, nous avions là toutes sortes de gens et tous les mouvements étaient représentés. C'est cela qui a rendu Moulin furieux. C'est que nous nous affranchissions du lien administratif ! Moulin m'a dit un jour : « Nous couperons les crédits de votre service. » Je lui ai dit : « Mais vous avez une idée absurde de ce que nous sommes. Les crédits dont vous me parlez, c'est le langage que vous tenez avec vos comptables à Londres. Ils nous arrivent intégralement. Coupez ceux que vous imaginez être ceux de mon service, et j'aurai la même somme à la fin du mois, car c'est moi qui les répartis, et pas vous. Nous sommes les patrons, en France. » J'ai même été plus loin. J'ai dit à Dulles : « Moi, je veux qu'il soit clair que l'argent dont nous avons besoin et que vous allez nous fournir » – et cela représentait des sommes très importantes – « soit géré par l'un de nous. Il faut donc un Français pour gérer qui sache manier les affaires financières et je veux que cela soit quelqu'un d'honorable. » Dulles m'a dit : « Vous allez sauver la vie d'un vieux monsieur qui meurt de chagrin parce qu'il a manqué le passage par l'Espagne, qui est à Genève, Bloch-Lainé, qui était le patron de la banque Lazard. » J'ai répondu : « Vive Bloch-Lainé ! Eh bien c'est entendu, c'est lui qui va s'occuper de nos affaires financières. » Mais moi, Pierre de Bénouville, qui étais l'instigateur de tout ce mouvement, je n'ai jamais touché d'argent d'eux, en aucune circonstance.

— Comment était alors redistribué cet argent ?

— Eh bien, par nous !

— Ça vous revenait et vous le répartissiez selon les différents besoins ?

— Oui, cela revenait à la Résistance et les régions avaient des budgets. Tant à l'action, tant à l'affichage, tant à l'impression...

— Mais c'était vous qui gériez la répartition générale ?

— Ah pas moi ! Non, moi je ne me suis jamais mêlé de questions d'argent, j'ai tout fait faire par Bloch-Lainé. De toute façon, nous avions des tas d'hommes d'affaires avec nous, dont c'était le métier de gérer cet argent. La Résistance faisait passer l'argent en France, sans aucune difficulté.

— Pourquoi n'y a-t-il jamais eu de problème pour ce transfert d'argent ? Est-ce grâce à vous et à des relations particulières avec les Suisses ?

— Mes relations avec eux étaient anciennes. Je vous ai raconté que j'avais été arrêté à la frontière franco-suisse. J'avais été alors interrogé par deux officiers de renseignement, le capitaine Clément et le capitaine Farquet. Clément était un homme de ma corpulence et Farquet, c'était deux fois moi. Dans le civil, il travaillait chez Nestlé, tandis que Clément était un officier de métier. Alors ils m'ont dit : « Donnez-nous vos papiers. » J'ai répondu : « Ceux que je peux vous donner sont faux, ils sont faits sur mes ordres. » Grâce à l'intervention de Barbet, je suis parti le lendemain avec mes deux officiers de renseignement, pour aller à Interlaken où était situé le quartier général de l'armée suisse. Peu à peu, la confiance est née et j'ai travaillé avec mes deux types qui ont été parfaits. Si je vivais encore cent ans, je n'oublierais jamais le numéro de téléphone de Farquet, par exemple. Chaque fois que je franchissais la frontière clandestine, j'allais à une cabine téléphonique et j'appelais ce numéro. C'était le 49530. Il était toujours là. Il disait : « Pierre, c'est toi ? », et il arrivait. Bloch-Lainé a donc pris les commandes de notre organisation. Et jamais je n'ai eu à me plaindre de lui. Notre délégation était très importante. J'avais loué un appartement à Genève qui s'est transformé en bureau central. Sont venus y travailler toutes sortes de gens. Tout ce qui comptait, qui touchait à la Suisse, passait par là. Y compris l'envoyé particulier de François Mitterrand, Bettencourt, qui ne savait pas que cela aboutissait à moi. Il ne savait pas. Non, François Mitterrand non plus ne savait pas que j'étais l'instigateur de tout cela.

— Difficile de comprendre aujourd'hui votre version des choses... Au même moment, les Américains tendaient à neutraliser de Gaulle. Cela ne vous gênait pas ?

— Que voulez-vous que pense un jeune garçon – je n'avais pas trente ans – quand des Américains vous disent : « Ecoutez Bénouville, on a quelque chose d'important à vous dire, mais ne vous fâchez pas. » Ils savaient déjà que ce qu'ils avaient à dire allait me fâcher. Allen Dulles, le fondateur de la CIA, m'a dit un jour à Berne : « Je veux que vous réfléchissiez à ceci. Quelle serait la réaction de la Résistance, puisque vous la connaissez de l'intérieur, profondément, sur le terrain, dans ses entrailles, si peu à peu nous décidions, pour faciliter les choses, de prendre pour symbole de la Résistance un homme politique, par exemple Edouard Herriot ? »

Difficile à croire aujourd'hui. Mais je jure sur l'honneur que ce sont les termes mêmes qu'a employés alors Allen Dulles.

— Les bras vous en tombent effectivement...

— J'étais fou d'indignation et de révolte. Je me suis mis à hurler : « Enfin vous êtes fous ! Mêlez-vous de vos affaires ! Ça ce sont des affaires françaises, ça ne vous regarde pas et vous ne nous imposerez pas M. Herriot ! »

— Votre amitié envers François Mitterrand avait-elle diminué pendant cette période ?

— Non, je continuais de le voir comme on voit un ami mais je ne lui racontais pas des choses qui étaient au sein de mon action. Il n'a jamais su à l'époque. Je faisais voir Bettencourt par mes collaborateurs. C'est moi qui le lui ai dit après la guerre. Je lui ai fait cadeau, pour tout dire, des papiers que nous avions dans nos archives et qui attestaient qu'il avait reçu notre aide. Je ne voulais pas que cela traîne étant donné la politique, le côté facilement anti-américain qu'ont les Français. Il les a déchirés. Je ne me suis jamais servi de tout cela pour faire pression sur qui que ce soit, où que ce soit. Jamais. Je savais, c'est moi qui avais tout organisé. Je ne me suis jamais mêlé de la gestion, qui était une affaire de comptable. Je me suis, par contre, mêlé de l'attribution des budgets, mais sans en rendre compte à quiconque. Pendant ce temps-là, la délégation à Paris du BCRA de Londres travaillait avec de jeunes inspecteurs des finances, Chaban [1], Bourgès-Maunoury.

1. Jacques Chaban-Delmas (1915-1999), mobilisé en 1938, sorti major du peloton d'élèves-officiers de réserve à Saint-Cyr, inspecteur des finances en 1943, il termina la guerre comme général de brigade à vingt-neuf ans. Plusieurs fois ministre sous la IVe République, président de l'Assemblée nationale de 1958 à 1969 et de 1986 à 1988, il fut Premier ministre du 20 juin 1969 au 5 juillet 1972.

— Qui finançait le plus à ce moment-là la Résistance intérieure ? Les Anglais ? Les Américains ?

— C'étaient les Anglais mais aussi les Américains. Les Anglais ont quand même équipé des divisions françaises. C'est vrai que nous étions très reconnaissants. Les divisions se battaient avec des armes qu'il avait fallu acheter. Mais nous manquions alors cruellement de moyens courants.

— Et les circuits de financement passaient par des valises d'argent américain par le biais des Suisses ?

— Ça passait par les Suisses, par le circuit de certaines banques.

— Dulles vous a parlé de cette proposition d'Herriot avant la création du CNR ?

— Oui.

— Et de Gaulle l'a su ?

— Naturellement, puisque je le lui ai dit. Dulles m'a demandé de faire un rapport pour l'OSS. Je l'ai fait. Je m'attends à ce qu'un de ces jours, on le publie.

— Il est où, ce rapport ?

— A Londres. Et à Washington. Il est sûrement dans des papiers secrets que les Américains n'ont peut-être pas encore diffusés mais il va certainement sortir. J'y expliquais que la proposition américaine d'Edouard Herriot était folle. J'argumentais en précisant que les professionnels de la politique nous avaient appris à les mépriser, à les détester, car c'étaient eux qui nous avaient livrés, désarmés, à la guerre dont ils savaient qu'elle allait éclater par leur faute. Herriot avait certes beaucoup de talents oratoires. Il était sûrement l'homme qui avait publié le plus de livres dans tous les pays de l'époque.

Herriot, c'était un André Maurois qui aurait eu de l'honneur.

— Alors, vous concluiez que la seule personnalité digne d'incarner la Résistance, c'était le Général ?

— Ils en doutaient. Ils rêvaient de faire passer cet attachement que nous avions dans la Résistance sur un homme comme Herriot. Le Général ne s'était jamais laissé faire. Il avait déjà montré qu'il s'opposait à eux. Il faut savoir que le combat qu'a mené le Général était vraiment un combat difficile, quotidien : c'était celui de la France indépendante.

— N'avez-vous pas eu le sentiment de trahir Londres en étant si proche des Américains ?

— A l'époque, j'étais en relations constantes avec les Américains qui finançaient notre groupe de résistance. J'étais très lié à eux, et notamment à leur chef, à tel point que quand j'allais à Berne, j'habitais dans la maison d'Allen Dulles, située dans la rue des Messieurs. J'ai rédigé chez lui ce rapport et j'en ai informé très vite le Général, dès que je suis rentré en France. Quand j'allais en Suisse, c'était pour mettre des choses au point, puis je repartais en France. Ça me brûlait de retrouver le France. J'ai tout de suite prévenu de cette orientation – la volonté des Américains de s'éloigner voire de faire sans de Gaulle – tous ceux avec qui je travaillais. Frenay, bien sûr, mais aussi ceux qui dirigeaient Combat et puis tous les autres. On se voyait beaucoup à l'époque. Les mouvements de Résistance étaient unis parce qu'ils le devaient. Et ce n'était pas possible autrement. Il y avait Franc-Tireur, qui était dirigé par un ami qui est mort l'année dernière, Jean-Pierre Lévy, Combat et un troisième mouvement, Libération, avec, à mon avis, à sa tête, le plus intelligent des chefs de la Résistance, Emmanuel d'Astier de La Vigerie. Ce n'était pas un mouvement très important, contrairement à ce que dit Lucie Aubrac, mais c'était un mouvement très structuré, composé de personnalités passionnées, courageuses. Sans oublier ce mouvement d'inspiration communiste, mais composé en majeure partie de gens de droite, qui s'appelait le Front national, que dirigeait un copain que je connaissais en tant que militant de droite avant guerre, Jacques Bonin. Il n'avait pas viré de bord, il avait plus d'œcuménisme que nous n'en avions nous-mêmes. Nous n'aurions pas donné de postes de responsabilités à des gens dont la vie avait montré qu'ils étaient capables de virer à chaque virage, soudain. C'eût été trop dangereux.

— Vous saviez que le général de Gaulle luttait pied à pied avec les Américains pour se faire reconnaître. Cela ne vous gênait pas ?

— Dans les discussions que j'ai eues plus tard à Alger avec de Gaulle, si je comprenais son sentiment vis-à-vis des Américains, je trouvais qu'il allait trop loin dans la détestation. J'aurais été aussi rusé qu'il l'a été, mais plus roublard, je ne me serais pas laissé aller à une colère qui ne pouvait pas exclure la gratitude obligée. Qu'aurions-nous fait sans eux ? D'ailleurs, je trouve toujours irritant que même maintenant, dans l'histoire officielle de la Résistance, cette place soit minorée. Aucun gouvernement français n'a le droit d'oublier ce qu'ils ont fait pour nous, à plusieurs reprises de notre histoire. Je me suis rendu compte que là, j'avais toujours divergé de De Gaulle sans le savoir. Quand je suis parti combattre pour la France libre, moi j'étais tout prêt à rentrer dans n'importe quel corps de bataille anglais ou américain. Mais depuis je me suis rendu compte de quelque chose... que personne ne mesure vraiment. Les premiers résistants n'ont pu agir que parce qu'ils ont eu l'aide des

Anglais. Moi-même, comme je vous l'ai dit, j'ai commencé la résistance à Radio-Patrie, dans un mouvement dirigé par Buckmaster. Honoré d'Estienne d'Orves, premier fusillé de la France libre, raconte lui-même que, au tout début, avant même la naissance de la Résistance, il a accompli des missions que lui ont données les Anglais. L'insurrection est toujours là où est l'armée et nous n'en avions plus, puisqu'elle s'était ruée dans la servitude. Tous les premiers mouvements de résistance, je dis bien tous, ont eu une première liaison avec l'Angleterre. Ils l'ont rompue. Mais les Français libres faisaient tout pour que nous nous défiions des Anglais. Et il y avait des raisons de s'en défier. Toute insurrection, et c'en était une, correspond à des ruptures obligées, il faut quasiment quitter les siens. J'ai été toute ma vie très ami de gens qui ont admirablement servi dans la France libre. Mais si je regarde leur destin, le début de leur action s'explique par l'Angleterre. Il n'y aurait pas eu de problème à l'intérieur de la Résistance si nous avions été clairement et ouvertement informés. J'ai personnellement subi des campagnes, qui reviendront quand je ne serai plus là, au sujet des liens que j'avais liés pour la Résistance avec des Américains. Je n'ai pas à me cacher. J'ai eu raison. La preuve, d'ailleurs, c'est que de Gaulle m'a donné raison plus tard.

— Vous affirmez donc aujourd'hui que vous êtes à l'initiative des liens avec les Américains ?

— Oui.

— Quelles raisons ont présidé à cette décision ? Des raisons financières ou des raisons structurelles de fonctionnement du renseignement ?

— Mais quand on fait la guerre, le fusil qui tire à côté de vous est un fusil ami. Et le fusil que vous avez, s'il vient d'eux, vous ne pouvez pas l'oublier. Alors, c'était l'évidence.

— Vous n'avez jamais réussi à faire passer aux Américains l'idée que, sans le général de Gaulle, il n'y aurait pas eu constitution des réseaux de la Résistance ?

— Je vous rappelle qu'à mon ami Dulles quand il m'a posé la question venant de Washington : « Que feriez-vous si nous mettions au centre de l'action M. Edouard Herriot ? », j'ai simplement répondu : « J'irais ouvrir la fenêtre pour vomir. » Edouard Herriot a bien été contacté et m'a fait savoir qu'il était au courant de ma réaction. Cela ne l'a pas empêché bien plus tard, lorsqu'il était président de l'Assemblée nationale et moi député, de faire un étrange geste. Sur proposition du gouvernement, par une délibération de l'Assemblée nationale, en commission de la Défense nationale dont j'étais membre, j'ai été chargé du rapport par lequel Leclerc est devenu maréchal de France. J'ai rédigé ce rapport. Le matin du jour où je devais le lire à l'Assemblée, j'ai été assailli de coups de téléphone par Herriot qui me cherchait partout. Finalement j'arrive à l'Assemblée, et tout le monde me dit : « Le président vous cherche... » J'ai dit : « Bon, eh bien et je suis là » et Herriot, qui ne pouvait plus marcher, m'a fait signe de monter au perchoir. Il me murmura à l'oreille : « Je voudrais vous demander quelque chose de très important pour moi. L'éloge de Leclerc que vous avez écrit est très bon. Vous allez, en le lisant, emporter l'adhésion de l'Assemblée. Puis-je vous demander une faveur qui, je crois, n'est pas sans ajouter un certain éclat à Leclerc lui-même ? » A ma question : « Laquelle, monsieur le Président ? », il a répondu : « Eh bien je voudrais le lire moi-même, ce matin. En tant que président de l'Assemblée nationale... » Et je lui ai fait remarquer : « Mais, monsieur le Président, il est déjà publié. J'en ai le texte dans ma serviette et donc tout le monde saura que... — Ça ne me gêne pas. Je vous répéterai avec plaisir. » Et il l'a fait ! Si bien que si on consulte le *Journal officiel*, on trouve deux fois le même éloge de Leclerc ! C'était un peu bêta, mais touchant.

Revenons à la Résistance. J'ai trouvé que cette proposition américaine d'écarter de Gaulle, c'était de l'anecdote qui ne pouvait pas résister à l'épreuve du temps tant il était difficile de croire un seul instant qu'elle aurait pu correspondre à une réalité. Les Américains ont voulu nous conduire à la part de victoire qui nous revenait sur le plan militaire, sur le plan du renseignement.

— Mais ils avaient une perspective géopolitique...

— Il n'y a pas eu d'intention détournée en quoi que ce soit du destin que nous avons rêvé. Jamais.

— Mais ils pensaient bien à l'avenir de l'Europe, à sa reconstruction, à ses centres idéologiques ?

— L'Amérique aurait souhaité un homme moins intransigeant que le Général. Il fallait qu'il s'imposât à eux ; ce qu'il a fait. Il n'en a que plus de mérite.

— Jusqu'à la Libération...

— Oui, mais n'oublions pas pour autant qu'à la Libération, nous étions dans leurs chars, avec leurs fusils, leurs mitrailleuses, leurs grenades, leurs canons. Quand même. Je leur ai toujours dit – la suite a prouvé que je ne m'étais pas trompé : attention, vous savez que nous pouvons nous faire tuer demain pour ce que nous désirons avec vous. Mais attention, nous n'irons pas plus loin. J'étais au courant qu'ils avaient rêvé de créer de ce qu'on a appelé l'AMGOT : Allied Military Government for Occupied Territories. Je leur ai dit, attention. Si on remplace le policier qui fait la circulation, place de la

Concorde, par un Américain, nous le tuerons. Nous ne voulons personne d'étranger pour faire la police chez nous.

— A qui disiez-vous cela ?

— Aux Américains que je voyais tout le temps. A Dulles qui était le secrétaire d'Etat, personnage éminemment important. Et à Eisenhower, qui m'a reçu dans son cabinet. J'ai répété que nous ne supporterions pas de coup de force contre notre liberté.

— Et ils l'ont compris ?

— Oui. J'ai trouvé que c'était quand même honorable. Dès que je me suis mis en contact avec les Américains, je n'ai jamais voulu les tromper sur mes sentiments. Quand je repartais pour la frontière française après les avoir vus en Suisse, ils savaient très bien que je pouvais, une heure plus tard, être passé par les armes et je voyais, à la façon dont ils me disaient au revoir, qu'ils éprouvaient beaucoup d'émotion. Chaque fois que je leur disais : « Maintenant il faut partir, je vais passer de l'autre côté », à chaque fois, ils étaient inquiets de ne plus jamais me revoir et ils me le manifestaient. J'aurais été dans l'armée régulière, chacun de mes passages clandestins eût été l'objet d'une citation à l'ordre de l'armée. Eux seuls le savaient... Or, j'ai dû passer je ne sais pas... trente-cinq ou quarante fois clandestinement la frontière et aucune de mes citations ne le dit. Pourtant, j'ai eu cinq citations à l'ordre de l'armée, c'est beaucoup. Finalement, je pense aujourd'hui que la part de loyauté inébranlable que nous leur montrions, nous Français, a fini par bousculer leurs plans.

— Donc, au fond, très rapidement, ce que le Général craignait s'est réalisé, c'est-à-dire une politisation en différents mouvements et fractionnements de cette Résistance qui devait être unie ?

— Exactement. Et puis, en définitive, le Général attachait peu d'importance aux étiquettes des gens.

— Et comment a-t-il réagi quand il a appris que les Américains étaient prêts à l'écarter ?

— Il n'a pas été étonné.

— Comment avez-vous vécu le conflit entre la Résistance intérieure et les gens de Londres ?

— C'est vrai que les résistants de Londres avaient tendance, mais pas avec moi, à traiter par-dessus la jambe la Résistance intérieure. Les Français libres, qui composaient les régiments des divisions françaises libres, trouvaient que les résistants qui arrivaient de Londres arrivaient bien tard et ils le leur disaient ! Et sans ménagement ! Je me souviens de ce type héroïque venant d'arriver à Londres, officier de marine qui commandait les fusiliers marins de la France libre, que j'ai fait sortir de table parce qu'à un premier dîner organisé par le Général, il a dit à un militaire : « N'empêche que vous, vous êtes arrivés bien tard ! » C'était bête, peut-être naïf. Mais l'officier avait raison. Nous, nous étions la France.

— Vous aviez l'impression qu'à Londres, il y avait des politiciens distingués et qu'en France, on luttait quotidiennement pour sa vie ?

— Mais enfin, comment voulez-vous qu'on passe des examens aussi difficiles que l'inspection des Finances, si on est vraiment totalement clandestin ? Ce n'est pas possible. Je ne veux pas les offenser, enfin ils sont venus quand ils sont venus, mais c'était pas tout à fait prévu. J'ai toujours feint de croire qu'ils étaient là au début, mais je sais très bien que ce n'est pas vrai. Je les connaissais dans la vie, ces jeunes gens brillants qui étaient les premiers chevaux du lendemain. C'étaient des gens de mon milieu, des patriotes, mais tout ce que nous avons fait était très antérieur et très extérieur à ce qu'ils étaient. Eux, c'était vraiment la couvée d'après. Je ne leur en veux pas. On n'est pas destiné à l'action au berceau. Et, force est de constater qu'ils ont rendu les plus grands services. Ceux qui étaient à Londres s'exposaient naturellement à moins de risques. Et puis faire la guerre en uniforme, c'est quand même plus facile, car sans uniforme, quand on se fait prendre, on se fait fusiller. Autour du Général, il y a eu quelques personnes qui ont souhaité rejoindre la France pour pouvoir essayer d'être utiles à la Résistance intérieure, comme Passy, qui a créé le BCRA. Le Général a compris tout de suite la nécessité de ce service de renseignement et d'action. Les gens ne sont pas spontanément intelligents. Pour approcher ce milieu de la Résistance, il fallait avoir déjà certains contacts. Et quand on avait ces contacts, on était entraîné dans l'action car nous n'étions pas dans un musée. Or cette action interdisait tout autre engagement puisque, si on était pris, on n'avait plus de responsabilités. C'était très compliqué, je le reconnais.

Pendant tout le temps que j'ai travaillé avec les Anglais, on avait le sentiment et la confirmation qu'on agissait. Mais il subsistait tout de même une sorte de prévention contre eux, car la France libre ne cessait de nous dire : « Vous savez, méfiez-vous des Anglais. Ils ont des fuites... » Ce que l'on finissait par croire. C'était vrai, il y avait forcément des fuites. Mais il y avait des fuites à partir du moment où n'importe lequel d'entre nous se faisait prendre et acceptait, je ne dis pas de collaborer avec les Allemands, mais tout simplement de discuter avec eux lors des premiers interrogatoires. Dire seulement le lieu où l'on habitait était une fuite. Il fallait leur dire non tout de suite, mais ce n'était pas possible pour tout le monde. Ma sœur avait épousé un officier général, qui était alors capitaine et prisonnier en forteresse en Allemagne. Elle a été arrêtée un jour à Paris par la Gestapo et s'est retrouvée dans les bureaux de Knochen. Dans la vie civile, il était le directeur d'Elizabeth Arden à Berlin. Il a dit à ma sœur : « Nous voulons parler avec votre frère. Il est monarchiste, il doit nous comprendre. Et nous voulons lui parler d'officier à officier. » Et ma sœur, qui a un culot infernal, a répondu à Knochen : « Et est-ce que vous croyez vraiment qu'il vous prendrait pour un officier ? »

Elle, elle a su résister. En jouant sur les sentiments d'ordre social, de hiérarchie, beaucoup de gens sont tombés dans le panneau et se sont fait fusiller. Moi j'avais choisi, depuis 1941. J'étais toujours armé et ceux qui ne s'armaient pas pouvaient prouver qu'ils avaient raison, en ce sens qu'ils auraient aussi survécu. Mais moi je savais que si on était armé et qu'on était pris, on passait au peloton d'exécution. Je savais donc que si on était pris, on se libérerait soi-même de toutes les façons. On avait aussi des cachets. Le BCRA nous les fournissait. C'est comme ça, en nous donnant l'exemple, qu'un de nos camarades rentré de Londres a été arrêté. Une rue porte son nom. C'est comme cela que sont morts Brossolette et beaucoup d'autres.

XVI – GIRAUD ET LES AMÉRICAINS

— Avez-vous été giraudiste ?

— Non, jamais.

— Jamais vous n'avez cru à l'hypothèse Giraud [1] ?

— J'étais gaulliste, à fond, cent pour cent.

— Et pourquoi, à votre avis, le Général a-t-il accepté, pendant un temps assez restreint certes, de nouer une alliance avec lui ?

— Parce que les Alliés le lui ont imposé.

— Etait-il vraiment contraint d'accepter ce double commandement ?

— Contraint... il fallait qu'il ait des armes et ces armes ne pouvaient venir que des Alliés, et hélas, les Alliés n'étaient pas pour de Gaulle, ce qui est grotesque.

— Au regard de l'histoire, cela paraît étrange aujourd'hui d'imaginer que les Alliés aient préféré, aient choisi Giraud, pour exclure le Général. Et où étiez-vous à cette période-là ?

---

1. Cf. *Vichy 1940-1944*, de Jean-Pierre Azéma et Olivier Wieviorka (Perrin, 2000), chapitre « Giraud, de Gaulle, deux options différentes ». Giraud, selon ces auteurs, ouvrira « une troisième voie entre vichysme et gaullisme. Répudiant toute collaboration, il conserve cependant l'idéologie et la législation pétainistes et refuse de former un gouvernement provisoire... Cette approche séduira une droite réactionnaire fanatique de l'ordre mais hostile à une entente avec le Reich ».

— J'étais en France, il fallait faire la Résistance. La question ne se posait pas pour moi.

— C'était une anecdote, pour vous, l'histoire Giraud ? Vous saviez que de Gaulle saurait s'en débarrasser ?

— Oui, je le savais, je savais que de Gaulle avait une autre dimension et des espérances plus hautes pour la France à réunir au pied des monuments aux morts.

— Donc Giraud était pour vous un personnage falot ?

— Oui, et épisodique. A aucun moment je n'ai cru qu'il fallait, de quelque manière que ce soit, prêter à confusion, et faire semblant de négocier avec eux. Je disais au Général : « Cela n'existe pas. » Je n'avais pas de peine, il était convaincu.

— Convaincu mais obligé ?

— Convaincu et obligé. Il avait des mots terribles, le Général.

— Vis-à-vis de Giraud ?

— Vis-à-vis des généraux français. Par exemple, le général Georges a été envoyé par Giraud au Conseil des ministres. « Cela constitue pour moi une surprise, lui a dit de Gaulle. Moi je suis ici parce que je n'ai pas accepté la défaite et voilà que tout à coup, après que vous vous soyez assis dessus, on veut que je m'asseye à côté de vous. Il n'en est pas question. »

— Comment expliquez-vous la défiance de Churchill, puis de Roosevelt, puis ensuite de Churchill et de Roosevelt en même temps, vis-à-vis du Général ?

— La faiblesse de l'appareil intellectuel de ces hommes en face des réalités. Ils auraient dû tout faire, y compris dérouler un double tapis rouge, pour aider de Gaulle. Si de Gaulle avait été aidé par les Alliés comme il le fallait, et ils ont été très loin de ça, la campagne aurait pu être moins longue.

— Donc les morts beaucoup moins nombreux ?

— Oui.

— De combien, à votre avis ?

— Je ne sais pas, ils auraient pu être considérablement moins nombreux.

— Est-ce que c'est parce qu'ils avaient des visées politiques, clairement exprimées d'ailleurs par Roosevelt, d'une sorte d'Etat de transition ?

— Je vais vous en parler parce que avez l'air d'y tenir. Un beau jour nous avons appris, nous la Résistance, que les Américains, qui pourtant jouaient complètement notre carte comme le prouve toute l'histoire des Américains de Suisse qui nous ont tant aidés, avaient décidé – ce qui était un très grand péril pas seulement militaire, mais politique – de créer secrètement un gouvernement pour la France qu'ils allaient libérer et qui, étant libérée, serait passée sous leur contrôle. Cela s'appelait The Allied Military Government for Occupied Territories, l'AMGOT. Nous, cela nous fâchait au maximum.

— Est-ce que les Américains n'ont pas tenté de faire de vous un agent secret, pour pouvoir, justement, vous faire basculer de l'autre côté ?

— On ne me fait pas basculer.

— Est-ce qu'ils n'ont pas tenté ?

— Non, enfin oui, l'AMGOT.

— C'est-à-dire vous étiez au cœur d'un dispositif ?

— Oui, mais j'ai dit non tout de suite.

— Mais on peut se demander si cela n'éclaire pas aussi leur comportement vis-à-vis de vous, vous, Pierre de Bénouville, au moment où, en Suisse, vous avez réussi à entrer en contact avec eux et obtenir de l'argent qui permettait d'avoir des armes pour alimenter la Résistance, à ce moment-là très isolée, alors même que se constituaient les maquis ?

— S'ils y ont songé, ils ne l'ont pas articulé.

— Mais vous n'avez pas songé que, peut-être, ils essayaient de vous faire...

— Mais je leur ai tout de suite dit non.

— Il demeure troublant que les Américains vous aient donné autant de moyens. Pourquoi à votre avis, si ce n'est dans un but de déstabilisation politique ?

— D'abord, j'étais assez convaincant. Chaque fois que je venais et que je les rencontrais, j'apportais avec moi un résultat d'un grand nombre de faits matériels et de faits de combats. Vous avez, dans *Le Sacrifice du matin*, une page qui synthétise le pillage mensuel dont la France était la victime. Mais nos actions dans l'armée secrète étaient énormes ! Alors, moi, j'ai empêché de toutes mes forces les critiques contre le Général. Je crois que je leur ai inspiré la décision même qui m'animait et qu'ils se sont faits finalement les défenseurs de De Gaulle.

— Justement, c'est là que les points de vue divergent puisque Jean Moulin a demandé que les activités de financement par les Américains s'arrêtent et qu'il a fait accepter cette décision par le Général.

— Et pourtant, elles ne se sont pas arrêtées !

— Vous le confirmez donc : vous avez désobéi au Général, pour la Résistance ?

— Oui. Naturellement. J'ai dit au Général : « Envoyer un message secret à Londres, c'est long, il faut le dicter, l'écrire, le transmettre par radio. La Gestapo arrive toujours. Pour rien au monde, vous ne me ferez perdre ce fil de contact que j'ai. »

— Et il a accepté ?

— Oui.

— Ne peut-on pas imaginer aussi que, de la part des Américains qui ont financé le groupe qu'Henri Frenay et vous-même animiez, il y avait une tentative de déstabiliser Moulin ?

— Non, naturellement pas. Je ne parle jamais mal de Moulin dans mon livre. Il faisait comme il voulait pour le service qu'il dirigeait.

— Oui, mais là il ne pouvait plus. Il n'avait pas d'argent, pas de moyens. En même temps, il vous demandait de cesser les activités.

— Il n'en était pas question ! J'ai refusé.

— Mais pourquoi vous a-t-il demandé cela alors même qu'en termes de vies humaines, le sacrifice pouvait être considérable ?

— Je ne sais pas. Je m'en moquais d'ailleurs. Je considérais que je n'avais pas le choix. Puisque cette aide m'était proposée, je ferais tout pour la Résistance.

— Pouvait-on imaginer que les Américains essayaient de diviser alors les groupes de la Résistance ?

— Je n'ai jamais senti cela. Je les ai toujours considérés de notre côté. C'est pour cette raison que le Général m'a envoyé à Eisenhower, et je vous donnerai la lettre qu'il m'avait chargé de lui faire connaître [1]. Il a usé là d'une ruse de petit garçon. Il ne voulait pas écrire à Eisenhower. Il m'a dit : « Vous allez aller à Washington, et comme je veux que nous soyons au clair avec lui, vous lui ferez connaître mes intentions par une lettre que je vais vous adresser à vous comme si vous en étiez le destinataire. Elle est là, mon cher Bénouville. » Bien sûr, j'ai conservé l'original.

— Que dit-elle, cette lettre ?

— Elle dit : « Voilà les points sur lesquels moi, de Gaulle, je ne transigerai jamais. » J'étais entièrement d'accord. J'étais vraiment gaulliste.

— Justement j'en arrive à me demander si, par rapport aux tentatives objectives de déstabilisation anglo-américaines vis-à-vis du général de Gaulle, vous n'avez pas joué un rôle de renforcement de la prépondérance du Général pendant cette période charnière en 1943-1944 ?

— Je pense que cela a dû l'aider, mais je ne me le suis jamais dit à moi-même puisque je lui appartenais.

— Peut-être avaient-ils tenté auparavant de manière indirecte de vous circonvenir et de faire basculer une partie de la Résistance vers moins de gaullisme fervent, parce que de Gaulle ne les arrangeait manifestement pas ?

1. Le général de Bénouville m'a effectivement montré cette lettre sans souhaiter me la confier pour publication.

— Non. Ce n'était pas possible. Je le répète : ce n'était pas possible ! D'abord parce que c'était nous qui commandions la Résistance.

— Et la piste de Moulin communiste développée par certains historiens [1], vous la trouvez immonde, abjecte ? Pensez-vous que l'on puisse se poser la question ?

— Je pense qu'elle s'est posée pour les communistes mais pas pour Moulin. Moulin, c'était un vrai Français [2].

— C'est une tentative pour déshonorer sa mémoire ?

— Oui, moi je ne crois pas à cette version.

---

1. Thierry Wolton, *Le Grand Recrutement*, Grasset, 1993.

Jacques Baynac, *Les Secrets de l'affaire Jean Moulin*, Seuil, 1998.

Philippe Robrieux, *Histoire intérieure du PC*, tome IV, Fayard, 1984.

Lire aussi, et surtout, l'analyse pénétrante de Pierre Vidal-Naquet, *Le Trait empoisonné. Réflexion sur l'affaire Jean Moulin*, La Découverte, 1993.

2. Pierre de Bénouville ne pense pas comme son ami Henri Frenay qui, dès 1950, intentera le procès Jean Moulin jusqu'à sa mort, et qui en 1973, sans aucune preuve déclarait Jean Moulin « crypto-communiste ». « C'est une réponse satisfaisante à toutes mes questions et alors tout brusquement s'éclaire. » Cf. Jean-Pierre Azéma et François Bédarida, *La France des années noires*, Seuil, 1993.

XVII – LE DRAME MOULIN

— Vos rapports avec Jean Moulin ont été complexes, contradictoires, tendus. Comment l'avez-vous rencontré ?

— C'est un cas curieux, Moulin. Je l'ai souvent vu, je lui ai beaucoup parlé. Je l'ai rencontré grâce à Frenay. En effet, il ne faut jamais oublier que c'est Frenay qui l'a envoyé à Londres. C'est Frenay qui lui a dit d'aller porter des messages au général de Gaulle. Moulin était patriote, certes, mais ce n'est pas très compréhensible pour moi ce geste de se trancher la gorge quand il était préfet, à Chartres. Moi j'aurais pensé sauter à la gorge des Allemands ! Pas à la mienne. Mais enfin, Moulin, par ce geste de désespoir, était tout à fait sincère. Frenay l'a rencontré et il a été emballé par lui. Moulin lui a dit : « Je suis prêt à aller à Londres, tout de suite. — Oui, lui a dit Frenay qui cherchait le plus d'attaches possibles avec Londres, voyons-nous demain, voyons-nous après-demain. » Ils se sont vus plusieurs jours de suite. Frenay lui a fait connaître la Résistance, et tout le monde dans la Résistance.

— Et il lui a fait rencontrer le Général.

— Oui, naturellement. Mais Frenay lui a d'abord fait rencontrer les chefs nationaux de la Résistance. Ce fut son coup de génie, parce que Moulin, lui, est rentré très tard dans la Résistance. Il ne connaissait personne à l'intérieur, la Résistance était secrète. Et Frenay s'est emparé de lui. C'est bien Frenay qui l'a fait partir pour Londres, mais il est parti avec au fond quelque chose à dire de l'autre côté de la Manche et ce quelque chose, il l'avait obtenu de ce que lui avait donné Frenay. On a dit au Général que son activité dans la vie civile était d'être préfet, et le Général éprouvait un respect immédiat des corps constitués. Quand il parlait à un écrivain, il l'appelait – ce qui me faisait toujours sourire – et quel que soit l'écrivain, et même René Bazin, il l'appelait : Maître. C'était une coutume polie, de province, mais à laquelle il souscrivait profondément. Alors, un préfet qui, devant la défaite, a voulu se suicider, naturellement, cela n'inspire que de la chaleur et du respect. Et le raisonnement intérieur du Général était : « Puisqu'il vient de la part de Frenay et que, de plus, il est préfet, alors faisons-lui confiance. Faisons de lui notre délégué. »

— Frenay, au fond, n'a-t-il pas été, pour vous, débordé par Moulin ? Quand Moulin est revenu de Londres vers la France avec sa tentative d'organisation et de fédération, n'était-il pas à vos yeux en train d'essayer de supplanter Frenay sur le terrain ?

— Oui. Le Général était un homme très secret et la liaison avec la Résistance lui plaisait beaucoup. S'il pouvait en faire un appareil de commandement tant mieux, sa nature le poussait dans ce sens. La providence faisait au Général ce cadeau formidable de la Résistance.

— N'avez-vous pas vécu Moulin comme un usurpateur qui voulait fédérer des forces qui existaient déjà ?

— Non, j'ai senti qu'il y avait chez lui une sorte de complot qui naissait et qu'il souhaitait rivaliser avec ce que nous avions créé, mais après tout, si nous étions considérés comme des égaux...

— Oui, mais il était adoubé par le Général !

— C'était quand même nous qui le commandions.

— Au fond, vous n'aviez pas besoin de lui ?

— Si, on avait besoin de lui. Il a quand même fait un travail très utile, à Londres. Je ne veux pas faire une critique de ceux qui sont allés à Londres, mais Moulin a exposé nos problèmes d'une façon différente, convaincante, au Général. Moulin est revenu en France avec cette auréole-là. Je trouvais qu'il rendait service à la Résistance, mais enfin il essayait de s'en emparer et il voulait la dévier vers une hiérarchie différente. Alors, étant donné ses choix politiques, j'ai été méfiant parce qu'ils étaient différents des miens et que j'ai été beaucoup plus intimement associé avec tout le monde, y compris avec les communistes, que lui ne l'a jamais été !

— Quand vous avez vu apparaître Moulin, était-il pour vous l'émissaire du Général sur le plan politique pour construire l'avenir de la France, ou le fédérateur militaire de tous les mouvements de résistance existants ?

— Moulin était un homme d'imagination et, quand il est apparu, il ne savait de la Résistance que ce que lui en avait longuement expliqué Henri. Alors à l'intérieur des réseaux de l'un et de l'autre, tout cela a joué mais, en tout cas, n'a rien empêché.

— Que voulez-vous dire ?

— C'est de Gaulle qui a gagné sur tous les tableaux.

— Avait-il besoin d'un Jean Moulin, selon vous ?

— On a toujours besoin, quelle que soit la cause que l'on sert, de sacrifice suprême. Si bien que je me garderai... Je n'ai jamais voulu, ni dans mon livre, ni préalablement, ni postérieurement, m'opposer à ce que disait Cordier. Mais Cordier, pour moi, ce sont des potins de secrétaire.

— Que reprochez-vous à Cordier ?

— Ce qu'il écrit sur Frenay et sur moi-même, c'est du venin de secrétaire [1]. Je ne réponds pas à cela, et j'ai toujours eu de la peine pour lui qu'il en soit arrivé à ce genre d'arguments. Je me suis dit : comme c'est laid et bête vis-à-vis de gens qui avaient accepté qu'il fasse son chemin. Si vous aviez connu Henri Frenay, moi je vous dis que vous l'auriez aimé. Sûrement.

— Pensez-vous que la proposition de constitution d'un réseau, d'une organisation de la Résistance par Jean Moulin au Général obéissait à une nécessité politique pour l'avenir ?

— Dans l'esprit de Jean Moulin, sûrement. Jean Moulin avait été trop marqué par la réalité de l'organisation politique pour ne pas vouloir y retourner. C'était, pour lui, reprendre les choses là où il les avait laissées.

— Pensez-vous que le général de Gaulle a eu raison de lui confier cette mission d'organisation de la Résistance ?

— Non. Parce que – et cela absout d'ailleurs ce que j'appelle les fautes de Moulin – dès lors que Moulin avait cette responsabilité, il ne pouvait y être que lui-même, c'est-à-dire un homme qui avait des préférences politiques et à qui la gymnastique déplaisante de ces partis politiques pouvait convenir comme moyen d'action.

1. Daniel Cordier, *La République des catacombes*, op. cit. Cet ouvrage monumental – 1 000 pages – est magistral tant par la qualité de son enquête que par le choix des sources. Il traite Pierre de Bénouville de recrue tardive de 1943 (p. 165), le montre défenseur des idées de « fascisme » d'Henri Frenay pour maintenir l'apport des gens de droite dans la Résistance (p. 244), rappelle son passé de journaliste à *L'Alerte* en 1940, hebdomadaire pétainiste, antigaulliste et antisémite.

— Le problème du Général, en nommant Moulin et en lui demandant de constituer ce Conseil, à une période capitale pour l'avenir de la France, n'était-ce pas alors la volonté d'intégrer les différentes tendances politiques de la Résistance dans un gouvernement d'union ? Or Frenay était un électron libre, Frenay voulait tout ?

— Il n'y avait pas de différence entre Moulin et nous sur quoi que ce soit de politique, voyons.

— Oui, mais Moulin voulait intégrer tous les mouvements de la Résistance avec toutes les fractions idéologiques, pas Frenay.

— Oui, il fallait les unir, c'était une des nécessités du combat.

— Mais le problème du Général était déjà peut-être politique ?

— Peut-être. Je ne peux pas répondre pour les morts.

— Il n'était pas uniquement militaire ?

— Frenay aussi était un militaire de haute volée, il était breveté d'état-major.

— Oui, mais Moulin avait une capacité de prévoir l'avenir, un désir de faire évoluer la France. Pour lui, c'était l'esprit de la Résistance qui devait façonner une autre France.

— Oui, mais nous étions tous d'accord là-dessus. La France avait besoin de changer.

— Le Général avait-il peur de cette rupture de continuité ?

— Oui.

— Et Moulin, comme émissaire, était peut-être là pour unir, polir et policer toutes les fractions dans une perspective de gestion politique [1] ?

— Je réponds que votre question est pertinente, elle est provoquée par les faits, mais si le Général se posait de tels problèmes, quel malheur qu'il se soit trompé [2] !

— Ce qui me pousse aussi à ce type de questionnement, c'est la manière dont de Gaulle va recevoir Henri Frenay, le dialogue qui va avoir lieu entre ces deux hommes à Londres car, après avoir fait accepter par le Général d'installer à Londres une sorte de délégation permanente, Frenay ira le voir pour lui demander la tête de Moulin. L'entretien fut orageux [3] !

— « La France choisira entre vous et moi », lui dira-t-il. Ridicule. Quand Henri m'a raconté cette conversation, je lui ai dit : « Mais tu n'as pas pouffé de rire ? »

---

1. Rappelons que le 21 février 1943, de Gaulle fait de Moulin son seul représentant permanent et le président du Conseil national de la Résistance pour l'ensemble du territoire métropolitain. Déjà le 26 janvier, les comités directeurs de Combat, Franc-Tireur, Libération s'étaient unis au sein des MUR (Mouvements unis de Résistance). Sa composition : Moulin, président avec voix prépondérante, Frenay, d'Astier et J.-P. Lévy. Mais chacun aura des responsabilités nouvelles. D'Astier devient commissaire aux affaires politiques, Lévy au renseignement, à la sécurité et aux moyens matériels, et Frenay commissaire aux affaires militaires. Le Conseil national de la Résistance tiendra sa séance inaugurale le 27 mai.

2. La nomination d'Henri Frenay provoqua la colère du général Delestraint, Frenay n'hésitant pas à critiquer le chef de l'armée secrète à qui il reprochait son ignorance des hommes et des réalités de la Résistance. Delestraint désirait ne relever que du Général, Frenay ne souhaitant pas lui donner cet instrument qu'il avait créé. Dès lors, la crise qui couvait devint conflit ouvert.

3. Cf. Daniel Cordier, op. cit. Racontée par Bénouville, l'anecdote prend un autre sens. Frenay considérait qu'ils n'étaient pas des soldats mais des citoyens avec leur libre arbitre.

— A Alger, le Général fera de Frenay le ministre des Prisonniers et des Déportés, et de D'Astier, le ministre de l'Intérieur. Etait-ce une manière de les circonvenir ?

— Peut-être, oui. Mais à l'époque, nous ne vivions pas les choses ainsi. Nous ne nous quittions pas. Avec nos amis Maurice Chevance et Fernand Grenier, alors ministre de l'Air, nous passions des nuits entières à envisager les lendemains. Pour nous tous, cette France si proche et si lointaine était une unité en fusion. Elle nous appelait. Nous étions dans un état de fièvre, d'exaltation, de ferveur !

— Quand Moulin est revenu en France pour son dernier voyage, dans tous les sens du terme, finalement le perceviez-vous comme quelqu'un dont vous n'aviez pas besoin et qui voulait hiérarchiser des choses qui fonctionnaient déjà depuis longtemps ?

— Elles étaient déjà hiérarchisées. Chacun de nous pouvait se faire prendre et le mouvement continuait.

— Donc, a priori, c'était quelqu'un qui venait coordonner ce que vous viviez et de plus, pour votre groupe de résistants, n'arrivait-il pas trop tard ?

— Trop tard, non. Pas trop tôt non plus, parce qu'il n'avait pas fait une carrière éblouissante. Dieu nous garde d'être partisan ! Il a apporté je ne sais quoi à notre sillon, qui a fait que beaucoup des réticences de Londres sont tombées, donc il a été très utile.

— Aurait-il réussi, après tout ce qu'il avait déjà accompli, à devenir le représentant personnel de De Gaulle et le représentant de l'Etat capable de fédérer tous les mouvements de la Résistance ?

— Je ne crois pas qu'il aurait pu fédérer la Résistance. La seule preuve, c'est qu'il ne l'a pas fait. Mais je crois qu'il n'a pas mal fait en tentant de la prendre en main. Il a fait quelque chose qui n'était pas utile : il a tenté d'en ouvrir la porte et de la refermer derrière lui. Il y avait beaucoup d'illusions dans ce qu'il faisait, mais le total est quand même positif. Dans les éléments qui ont déterminé de Gaulle à donner sa confiance à Moulin il y avait une sorte d'autorité que possédait Moulin du fait de son expérience politique, expérience que de Gaulle n'avait pas.

— Vous voulez parler de son expérience de préfet ?

— Oui.

— Il faut dire qu'ils étaient très peu nombreux à Londres, à venir avec des curriculum vitae comme celui de Moulin ?

— C'est vrai.

— Pourquoi Henri Frenay n'a-t-il pas eu l'idée dès le début d'aller voir le Général ? Parce qu'il était trop occupé à faire sa résistance ?

— Il fabriquait la Résistance. J'avais été frappé par quelque chose qui chez Frenay était une manie. Quand les gens venaient le voir, ils lui disaient : « Comment dois-je faire ? Où dois-je aller ? » Il répondait : « Réunissez dix hommes déterminés et venez me retrouver. » C'était une obsession chez Henri, les dizaines, et il avait raison, nom de Dieu, c'était pas la peine de se retrouver pour se lancer dans des divagations politiques. « Apportez-moi dix hommes qui auront la même résolution que vous et nous ferons l'étape ensemble. »

— A partir de quel moment, selon vous, le général de Gaulle a-t-il compris que, si la Résistance avait besoin de lui, il avait aussi besoin de la Résistance ?

— Je crois que les différents acteurs, d'Astier, Henri, Jean-Pierre Lévy, le lui avaient fait sentir mais il n'en a été persuadé qu'au moment où l'expérience s'est faite, c'est-à-dire où, tout à coup, le débarquement ayant eu lieu, on a vu, les yeux dans les yeux, cette force latente qui l'appelait. C'est un grand malheur pour la France qu'Henri Frenay, qui était si séduisant, n'ait pas séduit le Général. Et puis Henri avait un grand tort, à mon avis, vis-à-vis du Général. On pouvait toujours toucher le cœur du Général mais lui n'a pas su.

— Mais n'y avait-il pas à ce moment-là une nécessité d'unir les grands chefs de la Résistance qui tiraient à hue et à dia et qui risquaient de faire dériver le mouvement vers des partis politiques, ce qui se serait fait au détriment du général de Gaulle, futur chef du gouvernement ?

— Je ne crois pas. La France y aurait gagné, mais ce qui a été terrible c'est qu'à partir de là, le Général a connu au fond un supplice parce que lui imaginait que la France qui lui avait donné de telles preuves d'amour ne posait pas de problème pour la continuation de ce qu'il avait commencé. Il eût fallu que ce fût comme cela mais il n'en fut pas ainsi parce que tout de suite le calcul politique a commencé.

— Pouvait-il l'imaginer ?

— Non. C'est la reconstitution aujourd'hui qui nous permet de le considérer. Le Conseil national de la Résistance n'existait pas à côté d'une réunion des chefs de service de la Résistance. Il n'existait pas. Il y avait de très braves types là-dedans, mais...

— Qu'appelez-vous les fautes de Moulin ?

— D'avoir fait la courte échelle à des éléments dont la détermination politique lui importait. Tout devient périlleux chez les êtres humains, quand l'amour ne prime pas sur leurs préférences. Les préférences individuelles n'ont rien à voir avec le salut de la nation.

— Voulez-vous dire que Moulin aurait favorisé tel ou tel individu à l'intérieur des réseaux, notamment les communistes ?

— Oui. Finalement le CNR, c'était une parodie [1].

— Pourquoi ?

— Parce que tenter de créer un pouvoir central, au préalable, quand on n'a pas les moyens d'un recours direct à la nation, constitue une parodie. Il fallait que tout fût subordonné et restât jusqu'à la Libération aux groupes qui détenaient les armes.

— Mais il fallait bien envisager le temps de l'action avant la paix. Donc une coordination ?

— Oui bien sûr, il fallait une coordination. Mais comment pouvait-on décider de ce qu'il fallait alors qu'on n'était absolument pas sûr de survivre ? Nous pensions beaucoup à l'avenir de la Résistance. J'étais sûr que l'amour commun et la passion l'emporteraient sur toutes les différences.

— Vous avez vu Jean Moulin comme une sorte de responsable technique et administratif qui venait vous supplanter...

---

1. Rappelons que l'idée du CNR fut, au départ, une idée des socialistes. En novembre 42, *Le Populaire* fit une campagne de presse pour sa création. C'est Pineau, Boyer et Fourcaud qui en firent accepter le principe par le Général le 15 janvier 1943. Au début, Moulin y fut hostile pour, nous dit Cordier, op. cit., « ne pas lier politiquement les mains du Général après la guerre ». Il s'y rallia le 14 décembre 1942, pour que la vie politique ne se reconstitue pas hors de la France combattante.

— Qui venait travailler. Je n'ai jamais vu en lui le chef qu'il n'était pas.

— Et en même temps, il s'est posé comme chef ?

— Oui et il en a assumé toutes les responsabilités. J'aimais beaucoup Christian Pineau, et il a raconté – je ne sais pas si c'est la vérité parce que tout le monde n'a pas été convaincu de ses dires – qu'à la forteresse de Lyon, les Allemands lui ont collé, en loques et torturé, un Moulin sanglant et lui ont donné l'ordre de le raser[1]. C'est une scène déchirante car Moulin lui parle très peu mais librement. Quand on va mourir et qu'on parle, on accentue la pente sur laquelle on glisse. C'est comme ça, c'est bien naturel.

— Aujourd'hui, la piste soviétique évoquée par certains pour Jean Moulin vous paraît-elle sérieuse ?

— Elle ne paraît pas sérieuse, mais ce qui ne me paraît pas sérieux est toujours possible. C'est que, dans les amitiés très diversement échantillonnées de Moulin, il y ait eu une action de ce genre...

— En liaison avec les services secrets soviétiques ?

— Pas de son fait et lui n'étant pas au courant de telles liaisons. Les services secrets de n'importe quel pays visent à tout à fait autre chose que ce à quoi nous visons, ils visent aux surlendemains et aux contacts noués dans cette période-ci, pour ces surlendemains. Alors cela échappe complètement à ceux qui commandent l'action

1. Christian Pineau, dans *Candide* du 27 mai-3 juin 1964, expliquera que Moulin avait perdu connaisance et qu'il portait à la tempe une vilaine plaie bleuâtre. « Aucun doute, il a été torturé par la Gestapo », estime-t-il. Puis, le jour de l'entrée de Moulin au Panthéon, il déclara : « L'homme Jean Moulin, homme de gauche, démocrate convaincu, patriote authentique, voilà que l'on exploite maintenant un martyr au service d'un régime fasciste. » Cf. Daniel Cordier, op. cit.

parce que, d'abord, ils ne sont pas sûrs d'arriver au lendemain. Dans les documents qu'on va peu à peu découvrir, arriveront des choses. Seulement je n'ai pas très confiance dans ce que l'on appelle aujourd'hui les historiens.

— Pourquoi ?

— Parce que quand un historien n'a pas été jeté lui-même dans la bataille par le sentiment et qu'il la commente dix ans après, je me méfie.

— Partagez-vous l'idée qu'émet à plusieurs reprises Henri Frenay [1], que Jean Moulin aurait été beaucoup trop proche de certains mouvements de résistance et qu'il aurait favorisé les communistes à l'intérieur de ces mouvements de manière plus qu'écrasante ?

— C'est très difficile de se prononcer là-dessus. Ce que je sais, c'est qu'Henri était incorruptible. Je me souviens toujours, mais ça va vous faire sourire, qu'à chaque fois où nous nous rencontrions, je lui disais : « Rien ne sera clair tant que tu n'auras pas consenti à dire que tu es un homme de droite. » Et c'était vrai. Qui était Henri ? C'était un officier d'active qui avait rencontré et aimé notre Bertie Albrecht. Il y avait de quoi. Mais il était dans une position fausse, Henri [2].

— Pourquoi ?

— Parce que c'était un homme d'une grande honnêteté, d'une totale limpidité, mais qui en même temps se contraignait ; par dévouement. Quand Bertie l'a conduit à

1. Henri Frenay, *La nuit finira*, R. Laffont, 1973.

2. En 1936, Bertie Albrecht travaille à l'école des surintendants d'usine et vit une histoire d'amour avec Henri Frenay qui, à l'époque, était à l'Ecole de guerre. Comme l'écrit sa fille Mireille Albrecht, *Bertie* (Robert Laffont, 1986), l'entente entre eux est parfaite. Henri dira à Mireille : « Nos liens étaient d'une exceptionnelle qualité. Avoir en

adhérer au Front populaire, Henri a procédé à plusieurs de ses actions en tenue militaire. Par amour. C'est gentil.

— En même temps on sent bien aussi dans ses Mémoires qu'il ambitionnait un poste politique ?

— Oui, il le voulait, il savait que tout commence et finit par la politique.

— Moulin espérait-il un poste politique plus tard ?

— Oui, sûrement, naturellement.

— Que s'est-il passé entre Moulin et vous, au cours de cette conversation que vous avez évoquée, de ce tête-à-tête orageux ?

— Cela s'était bien passé finalement.

— Mais cela avait mal commencé ?

— Oui, mal commencé, mais j'étais inébranlable sur ce que j'avais à lui dire et sur le fait que j'avais raison. Comment pouvait-on me dire, alors que toute notre action reposait sur nos ententes avec les Alliés, qu'il était dangereux, prématuré, imprudent de leur demander d'assurer eux-mêmes nos liaisons [1] alors que, du fait même que l'on allait chez eux pour déposer nos documents, on sauvait des milliers de radios. La goniométrie a été pour nous pire que l'artillerie. C'était affreux.

même temps une communion physique accompagnée dans la pensée et dans les élans, c'est une chose extrêmement rare. »

1. A Londres, dès mars 43, Moulin avec Delestraint avait eu des contacts avec l'amiral Stark, ambassadeur dépêché à Londres par Roosevelt auprès des « gouvernements d'exil ». Moulin déclare être très impressionné par les déclarations (absolument déformées) que nous prêtent les Américains et pense que le rôle de l'armée secrète est « exagéré ». Il ajoute : « En ce qui concerne les opérations aériennes dont j'ai personnellement la charge, je n'ai jamais envisagé que les Alliés puissent faire mille opérations par mois, chacune d'une tonne. » Cf. Daniel Cordier, op. cit., chapitre « Les problèmes militaires ».

— En même temps, vous avez été obligé de lui obéir ?

— Non. Pas du tout. La chose principale que me reprochait Moulin, c'est qu'à partir du moment où je suis parvenu à un accord avec les Américains, tout le courrier passait par la Suisse et donc par les Américains. Mais voulez-vous me dire au nom de quoi, quand on ne pouvait pas avoir de balles de rechange pour son pistolet autrement que par eux, il était malsain ou pas républicain d'avoir nos liaisons par eux ?

— Donc, ça a continué. Je croyais que Moulin vous avait enjoint d'arrêter...

— Ah, il m'a enjoint mais il n'a pas réussi. Cela a été jusqu'au bout.

— Donc, vous avez désobéi à Moulin ?

— Oui, naturellement.

— Et vous le lui avez dit ?

— Oui.

— Comment s'est conclue votre entrevue ?

— On s'est dit au revoir.

— C'est tout ?

— Oui.

— Et à Londres ? Les gens étaient informés de cette dissension ?

— Le fait même que j'étais ami, jusqu'à la fin de sa vie, de Passy, dit tout.

— Donc en fait vous communiquiez avec Passy en court-circuitant Jean Moulin ?

— Oui.

— Mais sans le dire à Jean Moulin ?

— Si. Je disais à Jean Moulin que c'était un grand succès que d'avoir obtenu la communication directe avec les Américains.

— Pourtant, Jacques Baumel [1], dans son livre qui est paru récemment, vous reproche d'avoir fait appel aux Américains.

— J'aime beaucoup Baumel, qui a fait un très bon livre. Mais Baumel a reçu, du fait de son contact privilégié avec Moulin, une promotion qu'il n'avait pas reçue de nous. Voilà. Mais j'ai beaucoup d'affection, et son livre est un bon livre [2].

— Comment expliquez-vous que le successeur de Jean Moulin [3] ait eu un rôle mineur ? C'est extraordinaire au regard de l'histoire.

---

1. Jacques Baumel, *Résister. Histoire secrète des années de l'Occupation*, op. cit.

2. Ibid. Baumel raconte la vive opposition entre les deux hommes et la violence verbale dont usait Frenay avec Moulin. Au cours de la réunion du comité directeur des MUR où Moulin annonça la baisse momentanée de l'allocation mensuelle, Frenay entra dans une vive colère, rendit responsable Moulin. « Il nous a mis la corde au cou », disait-il à Bénouville qui insista alors et balaya tous les arguments hostiles pour aller voir en Suisse Allen Dulles qui leur proposa argent et munitions contre renseignements. Baumel dira de Bénouville qu'il avait ainsi « entraîné la Résistance intérieure dans une opération regrettable pour un bénéfice aléatoire ».

3. Claude Serreulles a été parachuté le 16 juin pour être l'adjoint de Moulin en zone Nord. Il est à Lyon, manque le rendez-vous de Caluire. Dès le 22, il alerte Londres, tente de délivrer Moulin. Il prend la situation en main. « Il n'a que trente ans et n'a aucune expérience de la clandestinité mais il a le prestige de l'aide de camp de De Gaulle. » Cf. Jean-Louis Crémieux-Brilhac, *La France libre. De l'appel du 18 juin à la Libération*, Gallimard, 1996. Dès l'arrestation de Moulin, il déclara : « Je n'ai pas besoin d'insister sur l'émotion qui s'est

— Parce qu'il ne savait pas commander.

— Donc vous pensez que c'est une question personnelle ?

— Personnelle, oui.

— Pensez-vous que le rôle que s'était attribué Jean Moulin et que lui avait donné le Général était un rôle fait pour lui ?

— Oui et non. Le Général ne souhaitait pas étouffer la parole de ceux qu'il ne connaissait pas. Parce qu'il ne connaissait pas l'autre côté, il n'en connaissait que des échantillons rares. Mais il ne souhaitait certainement pas écarter leur jugement.

— Et vous, vous aviez une hypothèse pour le remplacement du général Delestraint [1] ?

— Bien sûr. Mais nous l'avions nommé, c'était le général Dejussieu, le chef d'état-major de l'armée secrète pour le Cantal [2].

---

emparée de nous tous et sur notre profond chagrin. Max laisse un vide bien difficile à combler. » De Gaulle dans ses *Mémoires* écrira : « La disparition de Moulin eut de lourdes conséquences. Il était de ceux qui firent leur tâche et à ce titre on ne le remplace pas. » Voir surtout les Mémoires de Serreulles, *Nous étions faits pour être libres*, Grasset, 2000.

1. Le général Delestraint, délégué militaire national, est arrêté à Paris le 9 juin 1943. C'est dans le but de le remplacer que la réunion de Caluire fut organisée.

2. Il y eut alors une fronde des mouvements dans l'armée secrète. En juillet 1943, Combat fait désigner l'un des siens, Dejussieu (Pontcarral), comme chef d'état-major de l'armée secrète en zone Sud. En zone Nord se reconstitue le comité militaire des mouvements sous l'autorité du colonel Toury. Cf. Jean-Louis Crémieux-Brilhac, op. cit., qui ajoute : « De sorte que le général Delestraint, en tant que commandant en chef de l'armée secrète, n'aura pas de successeur désigné par de Gaulle. »

— Ce n'est pas lui qui a été nommé ?

— Non, et c'était une erreur. D'ailleurs quand j'ai lu le livre de Baumel, je me suis rendu compte qu'après notre départ de France, ils ont sauté sur l'occasion pour nommer à des postes que nous faisions occuper par nos amis, des gens qui leur ont obéi. Ça n'était pas un bienfait parce que la première mission qu'il eût fallu remplir eût été de travailler à faire rentrer directement le Général sur le sol français.

XVIII – RENÉ HARDY

— Revenons sur le drame Jean Moulin et sur les soupçons qui pèsent encore sur le rôle de René Hardy. Vous l'aviez donc rencontré à la prison de Toulon puis il a rejoint le groupe Frenay. Quel était le rôle de René Hardy dans l'armée secrète ?

— Il était le concepteur, l'organisateur, le coordinateur du Plan vert, qui eut une importance stratégique capitale pendant la guerre. J'avais le plan détaillé tous les matins pendant toute la période du Plan vert, aujourd'hui trop oublié par les historiens de la Résistance. Voici par exemple le compte-rendu des interceptions et du sabotage des voies ferrées dans la nuit du 12 novembre 1943. Alors, regardez. Au dos, c'est très mal écrit, il y a le numéro des chemins de fer et le SR de la Résistance, communiqués au service terre, les programmes de transports ferroviaires en France et en Allemagne, préparés par les autorités allemandes, Militär-Verhaltung. Ces programmes temporaires de transport indiquaient la nature de la marchandise transportée, le lieu ou les régions d'origine et les localités destinataires en Allemagne, l'importance des transports en tonnes et le degré d'urgence. C'est ainsi que, par exemple, pour le seul mois de novembre 1943, la SNCF avait été avisée qu'elle avait à transporter 27 500 tonnes d'acier et produits semi-finis, 25 000 tonnes de fer brut, 1 000 tonnes de pièces de machines, 500 camions, 50 tracteurs, 500 trieuses de pommes de terre, 950 tonnes de matériaux pour la construction navale, 1 000 bicyclettes,

1 000 poêles et foyers, 2 000 tonnes de produits finis. Les Allemands avisaient la SNCF de tout ce qu'elle aurait à transporter dans le mois à venir. Max, mon ami, (le créateur des Galeries Lafayette) se procurait ce document ultrasecret grâce à René Hardy, son patron.

— Venons-en à la responsabilité de René Hardy dans l'arrestation de Jean Moulin. René Hardy et ses errements, René Hardy et ses contradictions, René Hardy et ses mensonges. Pourquoi, au cours de ses deux procès, l'avez-vous défendu ?

— Parce que j'affirme que cet homme ne m'a pas menti. Et quand il m'a juré qu'il était innocent, je l'ai cru. Je me serais injurié moi-même, si j'avais douté.

— La fidélité à une parole, la fidélité à une amitié suffisent-elles quand beaucoup d'éléments témoignent de la trahison ?

— Le jour où Hardy est parti de Lyon pour Paris, ce jour-là, il m'a demandé un rendez-vous. Je l'ai tout de suite vu. Je l'ai retrouvé au parc de la Tête-d'Or où nous allions nous promener et parler, et comme il partait pour Paris, je lui ai donné mes instructions qu'il a prises. Il y avait des plans qu'il fallait appliquer. Je me suis enquis de ce dont il avait besoin pour l'application de ces plans et il m'a dit : « J'ai oublié de te le dire, en te faisant demander ce rendez-vous, il me faut de l'argent. » J'habitais tout près de l'endroit où nous nous trouvions, rue Tronchet. Il y a un moment où, quand on est avec quelqu'un qu'on connaît bien, on oublie ses préventions, on ne peut pas se méfier de tout le monde. Tout le monde alors dans le mouvement croyait que Frenay était parti pour Londres. Or Frenay habitait chez moi [1]. Alors je suis monté avec

1. D'après Pierre Péan, *Vies et morts de Jean Moulin*, op. cit., Frenay avait déjà quitté le domicile de Bénouville pour un petit apparte-

Hardy pour chercher l'argent. Dans la chambre, il y avait deux lits, un pour Frenay et un pour moi. Et quand nous sommes arrivés, Frenay était là. Hardy est tombé dessus ! Frenay n'était pas content. Je lui ai répondu : « Frenay, écoute-moi, je ne peux pas toute la journée jouer à cache-cache, alors, je me suis dit que cela te ferait plaisir si je l'amenais ! » Frenay avait de bonnes relations avec Hardy. J'ai donné l'argent à Hardy, la somme qu'il m'avait demandée, je pensais que c'était ce dont il avait besoin – c'était beaucoup d'argent – et puis je suis allé avec lui dans une brasserie, qui est sur l'un des boulevards, près de la rue Tronchet. Là, il s'est passé quelque chose d'incroyable. Nous nous sommes assis à une table, tous les deux, pour faire semblant de déjeuner. Ce qu'on bouffait n'était pas brillant de toute façon ! En tournant la tête, j'ai vu s'installer à la table d'à côté un camarade de bataillon qui jouera un rôle important dans la Résistance anglaise et française, Lazare, celui que je considère comme mon frère depuis qu'il m'a sauvé la vie dans le clocher d'une église, quand il m'a empêché de continuer à tirer contre les Allemands. Il est arrivé avec l'Anglais, celui avec qui il travaillait, que nous connaissions tous, qui s'appelait Vic, Victor. C'était un acte d'héroïsme pour un Français, que de se promener alors avec lui ! Plus anglais que lui, on ne pouvait pas. Il avait tout de l'Anglais type : le teint pâle, les taches de rousseur, l'allure, le costume et les pochettes de soie, sans oublier le mouchoir dans la main. Enfin, c'était un Anglais jusqu'au bout des ongles, une caricature ! Même quand il se taisait, il avait l'air de crier « God save the queen ! »

---

ment quai Saint-Vincent. Il avait déjà nommé Bénouville, en prévision de son départ, chef du secteur des affaires militaires. Henri Aubry était chef d'état-major adjoint de l'armée secrète et Hardy chef du IIIe bureau pour les transports. Il voyageait à l'époque beaucoup entre Lyon et Paris pour étendre à toute la France le service fer national.

Alors on s'est fait des petits signes. La consigne entre résistants était que quand on était en train de travailler, on ne se rapprochait pas. Jamais. Aucun des deux, ni Vic ni Lazare, ne connaissait Hardy.

— En êtes-vous sûr ?

— Tout à fait. Aucun d'eux ne m'aurait menti. J'ai donc fait semblant, comme la règle de la Résistance le prévoyait, de ne reconnaître ni Vic ni Lazare Rachline. Alors, nous déjeunons et à la fin du repas, Hardy se tourne vers moi et me dit : « Avez-vous des cigarettes ? » Je n'en avais pas puisque déjà je ne fumais plus. Par contre, j'avais vu que Lazare fumait et qu'un paquet de cigarettes était resté sur la table. Je me suis donc approché de Lazare et j'ai dit : « Vous permettez, monsieur ? » Et j'ai pris son paquet de cigarettes que j'ai tendu à Hardy. Hardy a alors compris que je le connaissais, car évidemment on ne fait pas ce genre de geste avec un inconnu. Le soir, Hardy partait pour Paris, il avait réservé un wagon-lit et, à la gare de Perrache, alors qu'il se promenait sur le quai, tout à coup il a vu Lazare avec Vic, entrer dans un wagon-lit commun. Hardy n'a jamais su que la femme de Lazare et la femme de Vic avaient loué un autre wagon-lit. Puis, sur le quai de la gare, Hardy a tout à coup vu un type que nous appelions Multon [1] – qui viendra de manière pathétique se rendre plus tard à Frenay quand il a été nommé ministre. Multon fut fait prisonnier, puis fusillé. Il n'y avait que cela à faire. C'était un traître – Hardy est allé vers Lazare et lui a dit : « S'il m'arrive quelque chose, cette nuit, dites à Pierre de

1. Multon alias Lunel, collaborateur du général Chevance, avait été arrêté par les Allemands le 27 avril 1943, et avait accepté de travailler pour eux le 30 avril. Dès le 24 mai, il avait été affecté à Lyon pour aider Klaus Barbie. Cf. Pierre Péan, op. cité. A la suite de sa trahison, 120 arrestations eurent lieu dans les régions marseillaise puis lyonnaise. Ce fut Multon qui arrêta Bertie Albrecht le 25 mai à Cluny.

Bénouville que Multon était dans le train [1]. » Ce qu'a fait Lazare dès qu'il a pu !

— Saviez-vous que Multon était un traître ?

— Oui ! Nous le savions tous.

— Et il était toujours dans le mouvement ?

— C'est une des raisons pour lesquelles je dis que Hardy ne peut pas avoir trahi.

— Pourquoi Hardy vous a-t-il menti en vous cachant qu'il avait été arrêté par les Allemands ? Il l'a caché à tout le groupe, y compris à vous [2].

— C'est vrai, il n'a pas voulu me le dire. Il ne l'a dit à personne.

— Quand l'avez-vous revu ?

— Par hasard. Il a refait surface, après avoir disparu. Je raconte dans *Le Sacrifice du matin* comment je l'ai rencontré en allant aux bains Déney car nous étions pauvres mais nous tenions aux bains chauds et aux douches chaudes. Je l'ai rencontré devant les bains-douches. Alors je suis allé me doucher avec lui, et il m'a dit : « Voilà, les Allemands m'ont pris – alors là, il m'a raconté – j'ai réussi à m'évader et depuis dix jours je tourne dans la France. »

— Et vous, vous n'avez pas souhaité en informer Frenay ?

---

1. Multon était parti pour Paris pour arrêter le général Delestraint.

2. Cf. le procès de René Hardy. Hardy est arrêté en gare de Chalon-sur-Saône puis incarcéré pendant deux jours et repart sur Lyon où le 10 juin il est interrogé par Klaus Barbie qui le relâche vers minuit. Contre quelles promesses ? Nul ne le sait avec certitude encore aujourd'hui. Cf. Pierre Péan, op. cit.

— Si, naturellement ! Tout de suite.

— Et quel sentiment éprouviez-vous à ce moment-là envers René Hardy ? Eprouviez-vous de la suspicion ? Les règles étaient sévères dans votre mouvement. A partir du moment où on avait été arrêté par les Allemands, on était écarté [1]...

— Non, pas toujours ! Il y avait des gens en qui nous avions toute confiance. Et moi je n'avais pas de raison de ne pas avoir confiance en Hardy.

— Et quel type de mission avait-il quand il a pris le train en gare de Perrache pour Paris, mission qu'il n'a pas pu accomplir puisqu'il a été arrêté ?

— Quel type de mission ? Je ne m'en souviens plus précisément. Il avait une mission. Vous savez, nous étions perpétuellement en mission mais c'était un moment stratégique sur le plan militaire.

— Frenay a définitivement abandonné la confiance qu'il avait envers René Hardy après le second procès, quand il a appris qu'il avait menti en cachant le fait qu'il avait été arrêté par les Allemands. Vous pas ?

— Non.

---

1. L'affaire René Hardy continue aujourd'hui à demeurer un mystère. Comme l'explique Jean-Pierre Azéma (« L'énigme Jean Moulin », *L'Histoire,* n° 55, avril 1983) : « On sait que bon nombre de résistants ont porté de très graves accusations contre Hardy. Entre autres raisons, parce que, après avoir été arrêté, le 8 juin 1943, il avait caché à ses camarades qu'il avait été interrogé puis libéré par Barbie. D'aucuns en ont fait un “ mouton ”, d'autres une manière de poisson-pilote involontaire qui a conduit les hommes du SD à la réunion de Caluire. On sait également que, par deux fois, la cour de justice de la Seine, en janvier 1947, puis le tribunal militaire permanent de Paris en mai 1950, l'ont blanchi de ces accusations. Le respect de la chose jugée interdit d'en dire plus. »

— Pourquoi n'avez-vous pas le même avis tous les deux, vous qui êtes demeurés si proches l'un de l'autre toute votre vie ?

— Parce que je n'ai pas jugé que ce qui lui était arrivé fournissait des preuves d'accusation suffisantes pour le condamner. C'étaient des choses qui arrivaient tout le temps, que les gens soient pris, qu'ils s'évadent.

— Mais il n'était pas fréquent qu'un responsable aussi haut placé, après avoir été pris par les Allemands, continue à travailler comme si de rien n'était !

— Si ! Le garçon qui a commandé la région de Clermont-Ferrand, qui était médecin, je crois, a eu, à la même époque, une tragique histoire. Il a été arrêté, à Paris. Il a embobiné les Boches, ce qui est quand même fortiche ! Il leur a dit : « Mais vous vous trompez, je ne suis pas un ennemi mais quelqu'un avec qui vous devriez travailler. » Ils l'ont libéré. Il est arrivé à Lyon et Henri Frenay l'a même nommé chef de la région de Clermont-Ferrand, un mois après.

— Oui mais il a dit la vérité à Frenay, à l'inverse de Hardy ?

— Oui, il lui a dit tout de suite : « J'ai été arrêté par les Allemands, je m'en suis sorti. » Mais Henri avait confiance en lui. Et il n'a pas été repris. Il a opéré pendant toute la guerre, jusqu'à la fin, comme le chef de la région de Clermont-Ferrand. Puis il a été ambassadeur de France. Enfin, nous n'avons jamais eu à regretter notre geste de confiance. Il faudrait que je retrouve son nom. Mais je deviens de plus en plus vieux.

— Henri Frenay raconte qu'après son procès et son emprisonnement, René Hardy est venu le voir.

— Oui. Et alors ?

— Henri Frenay lui a demandé de parler. Il sentait qu'il avait des choses à dire. Et Hardy ne l'a pas fait. Et il a vu Lydie Bastien [1], aussi, c'est ce qu'il a dit dans son livre.

— C'est une poufiasse.

— Pourquoi ?

— Parce qu'elle a été retournée par les Allemands, maintenant on en a acquis la certitude.

— Oui, mais pas la preuve. Comment la considériez-vous ?

— Au début comme une jolie fille. Elle l'était d'ailleurs. Et puis quand je l'ai revue, elle était devenue ce que je viens de vous dire : une poufiasse.

— Quand l'avez-vous revue ?

— Je l'ai revue quand René était en prison à l'occasion de ses multiples procès, elle venait et elle faisait la liaison. J'ai eu, en l'approchant à ce moment-là, beaucoup d'horreur et de dégoût.

— Aurait-elle pu, selon vous, instrumentaliser René Hardy ?

— Même ce qui a pu être beau dans leur histoire a dû se passer à l'étage où je ne vais pas, par goût. C'était affreux.

— Que voulez-vous dire par là ?

— C'était quelqu'un d'affreux. Moralement. Un jour où j'organisais une réception au Rond-Point, à l'époque où je dirigeais le journal *Jours de France*, et où je remettais des décorations à je ne sais plus qui, j'ai vu, au pre-

1. Lydie Bastien, compagne de René Hardy.

mier rang des gens qui étaient dans le salon, une grosse femme que j'ai trouvée très laide et très vulgaire. J'ai appelé mon copain de résistance, Pierrot, et je lui ai dit : « Mais qui est cette femme ? » Et il m'a dit : « Mais c'est Lydie Bastien. Tu ne la reconnais pas ? C'est moi qui lui ai dit qu'on se réunissait et c'est moi qui l'ai amenée. » Je lui ai dit : « Tu as du culot. Va tout de suite lui dire que je veux qu'elle s'en aille. » Alors, elle est partie sans demander son reste. Je ne l'ai plus jamais revue. Vous savez, j'aimais beaucoup Hardy...

— Ah oui, j'ai compris. Il était très beau, d'ailleurs, d'après les photos.

— Oui c'était un très beau jeune homme ! Très lumineux.

— Avez-vous rendu Lydie Bastien responsable des malheurs de René Hardy ?

— Non, parce que je me suis rendu compte qu'elle était à un niveau où tout ce qui se passe est moche.

— Mais qu'est-ce que vous voulez dire ? Le sexe, le chantage, la drogue ?

— Oui, c'était moche.

— Frenay a encouragé de nouveau Lydie Bastien à s'expliquer. Ni elle ni lui n'ont jamais parlé. Henri Frenay semble persuadé qu'il y avait un aveu de culpabilité à délivrer. Qu'en pensez-vous ?

— Vous savez, j'ai été si lié avec Henri...

— C'est bien ce qui me trouble, de voir que vous vous différenciez sur ce point capital.

— Quand même, j'ai beau l'aimer de tout mon cœur, je choisissais moi-même ceux que j'aimais et ceux que je n'aimais pas. Je n'ai jamais cru Hardy coupable. Je l'avais connu en prison, en 1940-1941, comme je vous l'ai raconté. Il avait été arrêté en Corse où il avait été mobilisé. Puis, il nous a rejoints. Je ne sais même pas pourquoi il se croyait une vocation des chemins de fer, mais enfin il l'avait, c'est vrai.

— Et vous avez parlé avec Henri Frenay de René Hardy après le procès ?

— Naturellement ! On ne parlait que de cela.

— Cela ne vous a pas séparés ?

— Mais comment, jamais ! J'étais en Italie quand j'ai appris que Frenay, qui était en Corse, venait d'avoir une attaque cardiaque. J'ai loué un avion privé à Rome, et je suis parti dans l'instant pour la Corse. Quand je suis arrivé, il était mort. J'ai tout partagé avec lui. C'était un type formidable.

— Revenons à Caluire. Qui a demandé à René Hardy de participer à la réunion de Caluire ?

— Les autres camarades ! Cela allait de soi ! Comment pouvait-on faire une réunion où allait être nommé le chef de l'état-major et où ne soient pas présents les responsables ? Quand quelqu'un va être nommé, il est normal que tous soient consultés.

— Jean-Pierre Azéma et François Bédarida précisent dans leur ouvrage que René Hardy n'a pas été invité à cette réunion de Caluire et pourtant il s'y est rendu [1].

---

1. Jean-Pierre Azéma et François Bédarida, *La France des années noires*, *op. cit.*, *De l'Occupation à la Libération*, p. 264. « C'est pour contrer Moulin que des responsables de Combat envoient René Hardy au mépris des règles de sécurité élémentaires (il n'avait pas été convoqué à la réunion de Caluire, où l'on devait décider des mesures à prendre après l'arrestation de Delestraint). »

— Mais Jean-Pierre Azéma croit que cela se passait comment ? Comme dans une famille bourgeoise ?

— Non ! Mais il n'était pas convié à cette réunion. Est-ce vous qui lui avez demandé d'y participer ?

— J'ai sûrement trouvé normal qu'il y aille.

— Et vous, vous ne souhaitiez pas y aller ?

— Non, pour une raison très simple : je représentais Frenay et j'étais plusieurs échelons au-dessus de ceux qui se réunissaient.

— Mais enfin, Moulin était censé réunir et diriger toutes les différentes tendances.

— Non ! Moulin avait convoqué des gens de différentes tendances. C'est-à-dire Raymond Aubrac et Aubry. Mais par exemple, Aubry qui était chef d'état-major adjoint de l'armée secrète et qui était officier d'active, je le connaissais très bien. Il avait une petite fille dont ma femme était la marraine, mais Aubry n'était pas pour autant le genre de type à qui je m'en remettais complètement. Représentant Frenay, j'étais au sommet du commandement.

— Frenay était en Angleterre, à ce moment-là, donc, vous, vous étiez Frenay ?

— Oui. Aubry était chef d'état-major adjoint de l'armée secrète et Aubrac faisait partie du mouvement de libération, mais il y avait entre nous des entourloupes qui faisaient qu'Emmanuel d'Astier était pour moi le chef du mouvement national. Aubrac était un des exécutants.

— Vous avez donc demandé à Hardy de venir parce qu'il représentait le même niveau que les autres participants ?

— Pour mon organisation, il était indispensable qu'il soit présent puisque le poste qui était en compétition était le sien. Comment eût-il pu ne pas être là ? Alors, la nomination qui allait se faire était celle qui le concernait au premier chef.

— Que se serait-il passé, dans cette réunion, si elle avait eu lieu ?

— Alors, là... D'abord moi, j'ai la preuve que Hardy n'a pas trahi. Sans cela...

— Vous ne l'auriez pas envoyé ?

— Non, naturellement pas.

— Mais en même temps, vous preniez un risque assez grand puisque vous saviez qu'il avait été pris par les Allemands ?

— Je ne le savais pas à ce moment-là [1] ! Je ne l'ai su que quand Hardy me l'a dit.

— En êtes-vous sûr ?

— Bien sûr !

— Selon vous, que devait-il se passer dans cette réunion ?

— Il s'agissait de la désignation du chef d'état-major. Mais une des raisons pour lesquelles j'étais sûr de l'innocence de Hardy, et j'en suis toujours sûr aujourd'hui, c'est que lorsque les Allemands arrivent chez ce docteur Dugoujon, personne n'identifie Moulin. Personne !

---

1. Cette affirmation semble contradictoire avec ce que dit Bénouville (cf. *supra* p. 185) de la confidence de Hardy dix jours après son « évasion ».

— Vous voulez dire que vous considérez cet élément comme une preuve supplémentaire de l'innocence de Hardy ?

— Mais oui !

— Mais enfin, Hardy aurait pu dire que Moulin était parmi eux sans pour autant donner sa description ?

— Non.

— Mais vous n'allez pas me dire que vous avez cru à sa version, selon laquelle il avait été blessé au bras par les Allemands ?

— Mais si, précisément...

— ... Comme une nouvelle preuve de son innocence...

— Je le répéterai toujours. Se faire tirer une balle de revolver dans le bras, quand on est un traître, eh bien c'est quand même surprenant !

— Oui, mais alors qui a dénoncé ? Qui a dit aux Allemands que se tenait une réunion là-bas ? Le mystère reste entier.

— Oui, entier.

— Parce qu'il fallait quand même être très haut placé pour signaler aux Allemands l'existence de cette réunion.

— Oui.

— Cela, vous voulez bien le reconnaître ?

— Oui.

— Il y avait très peu de gens qui savaient que cette réunion avait lieu. On pouvait imaginer que Hardy avait donné une information capitale en disant : « Voilà il y a un rendez-vous à cet endroit-là et puis après, vous vous débrouillez. »

— Vous vous débrouillez comment ?

— Hélas, c'est la triste vérité : en torturant les gens et en essayant de savoir qui est qui.

— Oui, mais c'est vraiment une hypothèse. Le mystère est complet. Enfin pour moi.

— Ce n'est pas la thèse d'historiens aussi sérieux et fondés que Jean-Pierre Azéma ou de travaux aussi fouillés que ceux de Pierre Péan [1] !

— Si je devais mourir dans l'instant, je mourrais convaincu que Hardy n'a pas trahi. Personne n'a pu m'en apporter la preuve. D'ailleurs, vous remarquerez que chez ceux qui l'accusent, c'est pour eux moralement une grande gêne que je continue à clamer son innocence.

— Oui, mais vous êtes le seul !

— Eh bien, ce n'est pas un problème. N'est-ce pas comme cela que l'on doit faire ? Lorsqu'on est convaincu de l'innocence de quelqu'un, il faut le dire.

— Pourquoi Hardy aurait-il accepté autant de boue, autant d'infamie ? Pourquoi n'aurait-il pas eu la force morale d'entraîner la conviction, s'il avait été innocent ?

— Vous savez, on arrive à briser des êtres à force de soupçon et d'accusation. L'horrible histoire du pseudo-journaliste qui l'a emmené dans cette maison, cet hôtel des environs de Saint-Germain où il faisait venir des filles tous les soirs, c'est une histoire qui me déplaît, et pour ceux qui l'ont racontée, parce que c'est une cochonnerie de plus, et pour Hardy lui-même, qui aurait dû la rejeter.

1. Jean-Pierre Azéma, Pierre Péan, op. cit.

Quant à son histoire avec Lydie Bastien, c'est plus confus, car je suis sans l'once d'une considération pour elle. C'était vraiment une fille des rues.

— Enfin, si le mystère reste entier pour vous, le soupçon de culpabilité continuera de peser sur Hardy.

— Sûrement.

— Moi j'ai l'impression, après vous avoir écouté longtemps, et relu les textes de Frenay et de Hardy lui-même, qu'il est responsable de quelque chose : ne pas avoir dit cette responsabilité fait que le mystère demeure.

— Oui, c'est vrai, mais lequel ? Vous savez, Frenay a été très déçu par Hardy. Un jour, du temps où je travaillais à *Jours de France*, j'ai eu un coup de téléphone de Hardy qui pleurait et qui m'a dit : « Pierre, mon existence devient odieuse. Il faut bien que je gagne ma vie, alors, je fais des livres. Tu m'as conseillé d'en faire, alors j'en fais. » C'est moi qui lui ai fait publier ses livres qui, d'ailleurs, ne me sont pas indifférents. « Mais aujourd'hui, a-t-il ajouté, il m'est arrivé une histoire épouvantable. J'ai été convoqué à la Radio, pour une interview. Je suis arrivé dans le salon où cela devait se passer, Henri était là et il a exigé qu'on me foute à la porte. Que dois-je faire ? » Je lui ai dit : « Eh bien, ce n'est pas bien de la part d'Henri. » J'ai appelé Henri et je lui ai dit : « Henri, tu deviens fou ! Pourquoi veux-tu empêcher ce garçon de faire son métier ? As-tu un fait nouveau ? Non ! Alors dans ce cas-là tu n'es pas autorisé à faire ce que tu as fait. » Je trouve qu'accuser quelqu'un de cette façon est d'une gravité extrême et que si on le fait, il faut pouvoir en répondre jusqu'au bout. Moi, si j'avais été convaincu de la culpabilité de Hardy, je n'en aurais pas démordu, parce que j'aurais eu des preuves. Or, il n'y a aucune preuve.

— Mais quand il vous a dit aux bains-douches qu'il avait été arrêté par les Allemands alors qu'il l'avait caché, cela n'a pas fait jaillir en vous l'hypothèse de la trahison ?

— Non, parce qu'il me l'a dit d'une façon si naturelle. Il m'a dit : « Tu sais, ce soir-là, je ne l'ai pas dit de crainte de ne pas être écouté. C'est vrai qu'ils m'ont arrêté et que j'ai réussi à foutre le camp. » Moi, comme j'ai souvent réussi à foutre le camp, je suis d'avance pour ceux qui foutent le camp quand on veut les acculer. Mais je voulais vous dire une chose, plus personnelle [1]. La dernière fois que nous nous sommes vus, vous m'avez dit quelque chose qui était... enfin disons de trop. Vous savez, je vous aime beaucoup, je le dis sincèrement, mais la dernière fois, vous m'avez demandé si je n'avais pas été excédé par les relations de Frenay avec Moulin. Et cela vous n'auriez pas dû...

— Non, je ne vous ai pas dit cela. Je vous ai dit qu'il y avait des gens qui avaient instillé cette rumeur il y a quelques années.

— Ne faites plus jamais cela !

— Mais vous vous souvenez qu'il y avait des rumeurs, je vous en ai parlé. Cela aurait été vous mentir que de ne pas vous dire qu'il y a eu des rumeurs qui ont circulé à un moment, essayant de vous porter atteinte exactement de la même manière qu'on a essayé de porter atteinte à

1. Pierre de Bénouville s'était montré très irrité des questions que je lui avais posées au cours de l'entretien précédent. J'avais bien constaté qu'il répondait avec beaucoup de réticences, mais nous avions poursuivi jusqu'au moment où il avait interrompu l'enregistrement sur la question des relations difficiles entre Frenay et Moulin. Nous devions nous revoir la semaine suivante, comme nous en avions l'habitude. Ce furent des semaines de silence sans explication. Au bout de trois mois, sur mon insistance, il reprit les entretiens – d'abord à contrecœur – puis au fur et à mesure avec plus de confiance.

Lucie et à Raymond Aubrac. Et cela participait d'un même mouvement de déstabilisation de la part de certaines personnes aujourd'hui, qui veulent faire croire que certains résistants dont nous avons fait des héros sont des gens finalement qui ont été très complexes, qui ont eu leur part d'ombre. D'ailleurs, cette rumeur vous concernant s'est arrêtée.

— Vous savez, j'ai eu, comme tous les hommes, une vie d'homme, mais jamais nulle part personne ne peut dire que je n'ai pas été du côté de l'honneur.

— Non, mais, pourquoi vous me dites cela ?

— Parce que cela me fait de la peine que vous puissiez imaginer des choses aussi terribles sur moi. Personne n'a jamais pu nous atteindre. Pour les Aubrac [1], par exemple, je me suis insurgé tout de suite, parce que j'ai des raisons de savoir qu'ils sont tous les deux résistants. Ce qui a nui aux Aubrac, c'est la conséquence des positions de Lucie. Lucie est une femme admirable. Pour avoir provoqué un tel amour, il faut ne pas être pauvre... Lucie a, malgré elle, semé sur ce merveilleux itinéraire qu'elle a vécu les couleurs d'un roman. Elle a été admirable de bout en bout et elle a voulu en faire un roman d'amour. Au fond, si j'analyse leur histoire, qu'est-ce qui les embarrasse ? Que Raymond – et je l'aime beaucoup – a été communiste. Moi ça ne me gêne pas. Mais elle si ! Elle aurait voulu que ce ne fût pas comme cela. Moulin, quand il rencontre pour la première fois Henri Frenay, n'était rien. Sauf qu'il était exactement l'un de nous. Nous n'étions rien, individuellement.

1. Raymond Aubrac, *Quand la mémoire s'attarde* (Odile Jacob, 1996) et Lucie Aubrac, *Ils partiront dans l'ivresse : Lyon, mai 1943, Londres, février 1944* (Seuil, 1997).

— Le Général croyait fortement au pouvoir de l'administration ?

— Oui, c'est la raison pour laquelle, je vous l'ai dit, il a cru au préfet Moulin. C'est aussi la raison pour laquelle de Gaulle ne pouvait pas comprendre cette extrême générosité de ceux qui, parmi nous, avaient été presque à la marge du communisme. Ce que j'ai toujours; reproché au Général au fond de moi-même, c'est qu'il n'a pas su vaincre ce genre de négation de lui-même. Rappelez-vous un petit détail que je raconte dans *Le Sacrifice du matin* : le jour où l'amiral Ortoli me téléphone pour me dire : « Dimanche, le Général vous remettra, place de la Concorde, la croix de la Libération. » Je lui dis : « Et Degliame sera là ? » Il me dit : « Non, je n'ai pas pu le joindre. » Alors moi je le joins devant lui et je lui dis : « Viens, tu es convoqué. » Et puis je préviens Ortoli que j'amènerai Degliame et que si on me dit non, je ne viendrai pas [1].

— Pourquoi le Général, à votre avis, décore-t-il à Alger Henri Frenay ? Est-ce dans le but d'essayer de calmer son impatience ?

— Parce qu'il n'était pas possible qu'il ne soit pas décoré ! Il était l'un des fondateurs de la Résistance !

— Bien sûr, mais en même temps on a l'impression qu'il veut, en quelque sorte, calmer son bouillonnement intérieur ?

— Le premier jour où j'ai été dans le bureau du Général à Alger, je lui ai dit : « Mon Général, moi je connais Henri, vraiment, je le connais pour toujours ; un jour, cessez d'être le général de Gaulle, et prenez-le dans vos

1. *Le Sacrifice du matin*, op. cit.

bras. » Le Général savait pourtant faire ces choses. Il ne l'a pas fait avec lui.

— Ce n'était pas son genre, quand même...

— Oui, mais il savait le faire. Il l'a fait dans une querelle qui concernait Malraux. Il l'a fait avec Jacques Baumel. Il a embrassé Baumel dans son cabinet.

— Mais ne craignait-il pas le tempérament d'Henri Frenay ?

— Oui, je crois que vous avez raison. Mais, je reconnais qu'Henri n'était pas prudent dans les virages. Et puis c'était un cœur charmant, Henri. Je l'entends encore dans notre commune salle de bains, à Alger, sifflant un air d'Anna Marly qu'il venait d'apprendre à Londres, d'Anna elle-même : « Et tu appartiens au lendemain, ce lendemain qui va venir... » Alors je lui disais : « Ecoute, la barbe, Henri, le lendemain, c'est nous ! » Mais, j'étais si touché qu'il le chante, c'est-à-dire qu'il le pense. Car Henri pouvait être intraitable, mais le Général n'a pas compris que c'était un cœur ouvert !

— Vous souvenez-vous du procès de René Hardy ?

— Parfaitement. Quand le procureur de la République, au procès de Hardy, irrité du temps que j'avais pris pour déposer, m'a dit, en pleine séance : « Mais, moi aussi, monsieur, j'ai été prisonnier. » Je lui ai répondu : « Bien, monsieur le Procureur, comme beaucoup de Français. Mais étiez-vous blessé ou pas ? » Il y a eu un silence de mort dans l'enceinte du tribunal.

— Tous les magistrats qui étaient là au procès avaient été des collaborateurs ?

— Ils avaient prêté serment à Pétain, en tout cas. Il ne faut jamais oublier que le procureur qui a requis contre

Pétain avait lui-même prêté serment ! J'avais beau jeu de lui dire en me moquant : « Mais puisque vous lui avez prêté serment de fidélité, c'est tout de même que vous le trouviez très bien ! »

— Vous m'avez dit l'autre jour que Lydie Bastien avait été retournée par les Allemands, que vous en aviez la certitude. Comment en êtes-vous sûr ?

— Je ne dis pas que j'en suis sûr.

— Si. Et aujourd'hui, vous en avez le sentiment ?

— J'en ai le sentiment. On me dit qu'elle a joué un rôle que moi j'ignorais complètement. Mais je mourrai prochainement, convaincu que René Hardy n'était pas capable de trahir.

— D'ailleurs, vous le pensez si fort que vous l'envoyez à la réunion de Caluire alors même qu'il avait eu cet épisode avec les Allemands, vous lui faites tellement confiance.

— Quel épisode avec les Allemands ?

— Son arrestation à Chalon.

— L'histoire de Chalon ? Mais il s'est évadé. On s'évadait tous les jours [1]. Chaque fois que je sortais de chez moi, je m'évadais. S'évader des Allemands c'était le résultat même de la vie quotidienne.

— Vous souvenez-vous du livre de souvenirs de Raymond Aubrac, et de celui de Lucie Aubrac, quand elle raconte que quand vous avez tous su que René Hardy avait été arrêté par les Allemands à Chalon, vous vous êtes

1. Dans cet entretien, Pierre de Bénouville ne dit plus avoir ignoré avant Caluire que René Hardy avait été arrêté auparavant par les Allemands.

tous posé la question, dans votre groupe, de savoir s'il ne fallait pas le liquider parce qu'il devenait peut-être gênant ?

— C'est horrible. J'ai jamais douté, moi, de René Hardy.

— Vous saviez qu'il avait été arrêté par les Allemands dans ce train, qu'il s'était évadé et qu'il avait eu la force, comme certains de vos amis résistants, de ne pas être « retourné » par ces mêmes Allemands ? Mais alors que faites-vous de l'épisode, du témoignage de cette femme, Mme Delettraz, qui l'accuse [1] ?

— Au panier.

— Elle dit qu'elle a vu René Hardy au siège lyonnais de la Gestapo, le matin même ?

— Elle y était parce qu'elle trahissait. Elle n'y était pas pour prendre l'air !

— Elle était agent double, elle était « retournée », elle, par les Allemands. En même temps elle dit qu'elle a vu René Hardy.

— Oui, eh bien elle l'a vu peut-être. Quand on est arrêté, on se promène dans les prisons, on va d'un bureau à l'autre.

— Enfin, ce n'est pas ce qu'elle dit, elle : elle dit qu'elle a vu René Hardy et que dans ce bureau il était question de

1. Edmée Delettraz travaillait pour les Allemands depuis le mois d'avril. Le 21 juin au matin, elle est contactée par les Allemands pour qu'on lui présente un « Français qui a compris ». Prise d'un remords, avant cette rencontre, elle prévient un boucher appartenant au réseau de résistants de la trahison d'un des leurs à une réunion importante l'après-midi. Elle sera présentée à Hardy et prendra la ficelle (le funiculaire) puis le tram avec lui, puis indiquera aux Allemands le lieu de la villa du docteur Dugoujon.

préparer l'arrestation lors de cette réunion et que René Hardy était là pour donner les renseignements.

— Elle n'en apporte aucune preuve, d'aucune manière, et je ne vois pas comment je mettrais en doute le chef du sabotage des voies ferrées contre le récit d'une bonne femme qui, elle-même, nous avait caché qu'elle avait été en contact avec la Gestapo. Il faut comprendre : j'aurais été pris, je l'aurais dit tout de suite.

— René Hardy n'a pas fait comme vous.

— Je vous l'accorde.

— René Hardy, dans son livre, parle de vous et il dit qu'il y avait un pacte de silence entre vous. Que signifie ce pacte [1] ?

— Cela ne veut rien dire, comment est-ce qu'on peut dire de quelqu'un comme moi que je peux promettre de ne rien dire sur une affaire aussi grave ? Ce n'est pas possible.

— Vous l'avez toujours défendu, ce qui ne l'a pas empêché d'être salement dégueulasse avec vous. Comment l'expliquez-vous ?

— Je l'excuse, c'est difficile de changer de vie et de changer d'optique et de milieu. Il était de droite.

— Oui, en même temps, on a l'impression que la clé pour vous c'est quand même Lydie Bastien.

---

1. *Derniers Mots*, de René Hardy : René Hardy écrira en décembre 1983 : « Ensemble, nous avons décidé de conclure un pacte de silence sur mon arrestation et de rechercher qui avait été à son origine, ainsi qu'à celle de Delestraint, les deux étant liées. » Comme à Pierre Péan qui l'avait interrogé, Pierre de Bénouville a rigoureusement nié avoir commis une telle ignominie. Péan se pose la question d'un pacte non à deux mais à trois. Cf. chapitre « Des chefs de combat responsables des arrestations », in Pierre Péan, *Vies et morts de Jean Moulin*, op. cit.

— J'ai reçu Lydie Bastien pendant que Hardy était en prison, je l'ai reçue une fois avenue Marceau. J'ai dû l'écarter vivement pour ne pas la passer à la moulinette, et à l'époque elle était jolie. Cela m'a paru monstrueux parce que en plus elle savait que j'avais de l'affection pour Hardy. Alors, voilà, elle a voulu coucher avec moi.

— Que faites-vous du rapport Kaltenbrunner [1] qui accuse René Hardy et qui cite nommément les sources d'information de la Gestapo disant qu'elle a recruté René Hardy comme agent double ?

— Je ne crois pas les Allemands. Ou alors ils ont tiré ce mensonge du fait qu'ils avaient eu le contact avec Hardy, lequel leur avait dit : je vais travailler avec vous. Mais on avait le droit, quand on était menacé par eux et qu'on se trouvait entre leurs mains, de leur dire : « Je vais travailler avec vous. » [2]

---

1. Kaltenbrunner, chef des services de sécurité du Reich, envoya dès le 27 mai un rapport au Führer dans lequel il accuse René Hardy d'avoir trahi : « Comme il a fourni des informations détaillées et qu'il s'est prêté de bonne grâce à collaborer avec nous, nous avons déjà employé Hardy plusieurs fois et avec succès pour fixer des rendez-vous. Grâce à une mise en scène à laquelle Hardy s'est prêté, le Kommando d'intervention de la Sicherheitspolizei et du SD de Lyon, en collaboration avec les détachements spéciaux du Reichssicherheitshauptamt pour la lutte contre l'armée secrète, a réussi à surprendre à Lyon une réunion de dirigeants des MUR. » Selon ce rapport, ainsi que le rapport Flora, Didot (Hardy), comme contre-agent, a fait arrêter Jean Moulin.

2. René Hardy, comme l'explique Jean-Pierre Azéma (article cité : « Jean Moulin », *L'Histoire* n° 71, nov. 1993), « jusqu'à preuve du contraire, a bien conduit Barbie à la réunion de Caluire, sans qu'on puisse affirmer avec toute la certitude voulue si sa collaboration a été involontaire (il aurait été suivi à son insu) ou, ce qui est plus vraisemblable, délibérée. Pas plus qu'on ne peut discerner ses motivations profondes. Lui qui était ambitieux et dont la carrière de résistant s'annonçait prometteuse, a pu croire qu'il serait de taille à finasser avec Barbie. Le moins qu'on puisse dire est qu'il s'est fait piéger. »

XIX – LE PREMIER RENDEZ-VOUS AVEC LE GÉNÉRAL

— Vous tenterez à plusieurs reprises de rejoindre le Général à Londres. En vain. C'est finalement à Alger que vous avez rendez-vous avec votre héros.

— Les contacts avec le Général ne s'établissaient pas très rapidement. J'étais un chef de la Résistance venu à Alger pour le rencontrer. Son cabinet avait fixé le rendez-vous. La première fois que je me suis retrouvé seul avec lui dans son cabinet de travail à Alger, comme malgré moi, je pensais à tous ceux qui allaient, la nuit suivante, être arrêtés et ne répondraient pas à mes messages. Je lui ai dit, après une demi-heure d'entretien, que je préférais qu'il me fixe un autre rendez-vous. J'étais, en effet, je le reconnais, bien trop ému pour entreprendre une conversation sérieuse et constructive avec celui à qui j'avais tant à demander et à dire... Il m'a dit : « Mais écoutez, Bénouville, c'est tellement plus simple que nous parlions tout de suite ; moi, j'ai tout le temps que vous voulez. » J'ai dit : « Oui, mais c'est bien cela qui me trouble ! »

— Vous étiez ému ?

— Il faut vous dire que les nuits d'Alger, au demeurant très agréables, étaient tout de même des nuits difficiles, car nous avions des contacts incessants avec Paris, en particulier par l'intermédiaire d'Emmanuel d'Astier, alors ministre de l'Intérieur, et par Frenay, alors nommé par le Général commissaire aux Prisonniers, Déportés et

Réfugiés. Je suis arrivé dans un état physique et mental d'extrême exaltation dans le cabinet de travail du Général, littéralement brisé d'émotion. Il avait de la peine à imaginer combien nous étions possédés. Alors je suis resté encore un long moment avec lui et je lui ai parlé de ce qu'il représentait pour nous, les résistants. Il tombait des nues. Je lui ai dit : « Mais, c'est extraordinaire que vous ne compreniez pas ce que vous incarnez : j'ai pensé à vous tous les jours depuis le 18 juin. J'ai pensé à vous en prison, j'ai pensé à vous quand j'ai été traduit devant le tribunal militaire. C'étaient des étapes difficiles. Et puis j'ai pensé à vous chaque fois que je pensais à ceux qui, pour avoir du courage, vous appelaient dans la nuit, toutes les nuits. » Comme il se montrait stupéfait par mes démonstrations sentimentales, je me suis cru obligé de lui préciser : « N'allez pas croire, mon Général, que j'ai de mauvais instincts. » C'était, il est vrai, une déclaration d'amour...

— Vous veniez vous donner à lui ?

— Oui, à lui et à la France. J'éprouvais des sentiments filiaux à son égard. Et puis j'avais tant de questions à lui poser, tout en redoutant ses réponses. Alors, pour suspendre le temps, je l'interrogeais de telle manière que ses réponses ne viennent pas. Pour ne pas briser le rêve et l'incarnation de ce qu'il représentait... Il était à lui tout seul la France debout, libre et vaillante.

— Vous avez tout de suite été en contact non avec une icône mais avec un homme humain, trop humain.

— J'ai eu aussi la chance de voir en lui très vite, grâce au hasard des circonstances, une personne très touchante, très sensible, et pas seulement l'incarnation d'un idéal. J'ai assisté à une scène extraordinaire, un jour, à l'occasion d'un rendez-vous qu'il m'avait fixé dans cette maison construite par le général Weygand. Au bout d'un moment, alors que lui devisait, moi, brisé d'émotion et ne voulant pas le lui montrer, je lui dis : « Mon Général, je suis à votre disposition quand vous voulez, mais maintenant je m'en vais. » J'avais une voiture et un chauffeur de la Légion qui m'attendaient. J'ai dit au revoir au Général. Et puis comme le chauffeur tardait à tourner dans l'allée du jardin, je suis parti à pied. Je sentais qu'il fallait partir vite. Cette villa des Oliviers était une somptueuse propriété très bien entretenue. J'étais si tourneboulé que j'en avais oublié mon cartable. L'émotion vous rend stupide souvent. M'en étant aperçu, je suis revenu vers la maison et là j'ai vu une chose incroyable. Lorsque je suis arrivé, le Général, sur la petite terrasse, était assis sur une chaise de jardin et tenait dans ses bras sa fille infirme à qui il chantait pour lui faire plaisir une petite chanson d'amour comme on le fait à quelqu'un qu'on aime et qui souffre. J'aurais voulu mourir. J'avais honte d'être là et j'étais transformé en statue. Mais, tout à coup, il m'a vu, il m'a parlé. Je suis venu reprendre ma sacoche et le chauffeur, entre-temps, était arrivé. Je suis parti. Mais cette scène douloureuse était si poignante que je ne l'ai jamais oubliée.

— Et lui non plus, sans doute, dans ses relations avec vous ?

— A partir de ce moment-là, mes relations avec le Général sont devenues beaucoup plus intimes. Il a vu que j'avais vu. Mais nous n'en avons jamais parlé ensemble. C'était un vrai secret. Ce grand bonhomme assis sur cette chaise de fer et tenant dans ses bras sa petite fille avec amour et partageant quelque chose qu'il n'avait jamais voulu montrer à personne. J'ai revu le Général le lendemain. Et je l'ai revu chaque jour pendant que j'étais à Alger. J'étais en mission pour cela. Je déjeunais souvent avec lui. Je me souviens d'une histoire comique. Il y avait un officier qui habitait à l'Aletti, comme nous tous. Le Général ne prenait aucune liberté avec le langage. Nous étions réunis pour déjeuner autour de lui et il n'y avait que des hommes, Mme de Gaulle n'était pas là. Billotte a raconté l'histoire d'un locataire de l'Aletti qui commandait les troupes au Levant et qui était venu à l'époque en permission à Alger. Il était tombé amoureux de la femme d'un officier, d'ailleurs tout à fait digne d'être remarquée. Et Billotte dit au Général : « Vous savez ce qui lui est arrivé ? A deux heures du matin, il est rentré à l'hôtel et il n'a pas pu résister à monter. Mais l'époux officier venait de rentrer de permission. Ils se sont battus dans le couloir de l'hôtel. » Le Général m'a beaucoup reparlé de cette histoire qui le faisait beaucoup sourire, mais la leçon qu'il en tira me stupéfia. Lui que je prenais pour un moraliste laissa tomber : « Quel con de s'être fait prendre ! »

— Si l'admiration et la ferveur ont perduré, vous aviez cependant construit des relations privilégiées avec lui ?

— J'avais des relations très libres avec lui. Moi, à l'inverse de beaucoup de ceux qui l'entouraient, je n'avais pas envie de faire une carrière politique. Pas du tout. Par conséquent, je m'en foutais, et je lui disais ce que j'avais à lui dire. C'est peut-être cela qui lui plaisait. Il y avait beaucoup de gens qui ne lui disaient pas les choses de la même façon et qui avaient besoin de lui pour plus tard, pour leur carrière. L'atmosphère était au commandement de l'insurrection. On était tous accrochés à ce que nous faisions. Moi, j'avais compris que le Général m'avait plutôt à la bonne. Mais l'idée de me préparer à faire de la politique toute ma vie ne me tentait pas du tout. Pour ceux qui entouraient le Général, il fallait à tout prix prendre le pouvoir. Par conséquent, il fallait y pourvoir.

Un homme comme Gaston Palewski avait rêvé de cela toute sa vie. Mais il n'était pas le seul. On travaillait beaucoup. Par exemple, j'avais la mission de proposer un plan pour son départ et son retour en France. J'ai travaillé avec les sous-officiers de la caserne de Chartres. Je ne concevais pas que le Général et le gouvernement de la France libre pussent rentrer à Paris par les moyens des transports en commun. Et j'avais donc formé le plan, avec l'armée, d'organiser la prise d'une ville française à l'identique de ce que nous avions fait dans le maquis quand nous avons pris Oyonnax, et de faire arriver triomphalement le Général.

La prise d'Oyonnax, en 1943, est une histoire merveilleuse. Le chef de la Résistance de la région de l'Ain, Roman Petit, était un réserviste, colonel d'aviation, que je connaissais bien parce qu'il avait les mêmes opinions politiques que moi. Il était royaliste. Mon cher Roman a décidé de s'emparer à Oyonnax de ce qu'on appelait les autorités, la police, le sous-préfet. Il a fait un coup de main sur un magasin d'habillement de l'armée et a mis tous ses hommes en tenue. Le 11 novembre 1943 sur la place du village, il a célébré à sa façon la cérémonie du 11-Novembre en faisant défiler tous les gens du maquis. C'était un joli coup. Il avait pris soin de mettre auparavant les gens de Vichy en prison avec les Allemands. Donc, ils ne pouvaient pas réagir ! C'était quand même inouï d'avoir tout à coup plusieurs centaines d'hommes en armes qui, en pleine Occupation, font le défilé patriotique du 11-Novembre à Oyonnax. Petit était un type tout à fait organisé, il avait commencé par aller saisir toutes les armes allemandes et tous ces résistants étaient armés jusqu'aux dents. Ce n'était pas si simple. Les voilà sur cette photographie que j'ai retrouvée, Roman entrant dans Oyonnax à la tête de ses hommes précédés de maquisards mitraillette au poing. Ça faisait du bien ! L'idée était donc d'appliquer ce qui s'était passé là-bas de manière aussi efficace et victorieuse : libérer un morceau du territoire français pour que le gouvernement de Londres arrive en avion et descende avec des parachutes. Cela avait une certaine allure ! Et je voulais que cela se fît dans la région de Lyon parce que Lyon était la capitale morale de la Résistance.

— En avez-vous prévenu le Général et comment vous êtes-vous organisé ?

— Pour se préparer à une opération de cette envergure, j'avais choisi, puis regroupé, les meilleurs sous-officiers alors présents à Alger pour leur faire subir des entraînements spéciaux. Le Général avait accepté mon projet. On a été sur le point de réussir. Tout était techniquement au point. J'avais été voir mon homologue américain pour obtenir son accord. C'était le commandant des transports alliés à Brindisi. Je suis parti là-bas pour le convaincre du bien-fondé de cette proposition. Après une séance de deux heures, il m'a enfin lâché : « Oui, vous avez raison. » Mais, le lendemain, il m'a convoqué à l'aube : « Quelque chose s'est produit cette nuit. Je dois vous dire non. » J'ai su bien plus tard ce qui s'était passé, grâce à un ami que j'ai retrouvé après avoir été blessé. A la suite de tout un périple, j'ai été finalement emmené à l'hôpital du Val-de-Grâce. C'est là que je suis tombé sur cet ami, Granar, qui m'a avoué : « Tu sais ce qui s'est passé ? J'ai vraiment cru que l'opération allait se faire, Churchill ne semblait pas contre, mais, tout à coup, j'ai reçu l'ordre de Londres de torpiller l'affaire. Churchill a personnellement fait échouer le projet, sans doute pour inférioriser le Général. »

— Comment l'interprétez-vous ? Règlements de comptes ? Jalousie ? Churchill voulait-il, jusqu'au bout, voler la victoire du général de Gaulle ?

— Il y a, entre les hommes, des rivalités terribles. Et ils peuvent être très méchants, les uns vis-à-vis des autres. Ce fut le cas de Churchill qui a fini par trouver insupportable ce Français inclassable. J'ai pu assister à des entretiens Churchill-de Gaulle. Churchill était un homme très cordial. Si bien que les choses paraissaient faciles. Mais quand on mesurait les enjeux véritables, on voyait bien que les tentatives de rapprochement étaient insurmontables. Il faut dire que le Général n'a jamais été adroit avec des hommes comme Churchill, et comme moi j'étais naturellement tout dévoué au Général, et à personne d'autre, je ne pouvais le contredire. Mais à l'issue de certains entretiens, je lui disais : « Vous ne vous rendez pas compte qu'au fond vous l'enfoncez ! » Churchill se montrait en apparence assez ouvert. De Gaulle souvent même pas correct, pas bien élevé. C'est vrai. Il ne savait être a priori que dans une position où on enseigne la façon d'agir à tous les autres. Mais hélas, les Français sont très comme cela. Churchill interprétait son attitude comme une humiliation et comme une rébellion. Churchill était le commandant en chef des Anglais. A partir du moment où des Français habitaient l'Angleterre, nous étions vis-à-vis de lui dans une position dépendante. La France libre tirait ses ressources matérielles et financières de l'Angleterre. C'est aussi une des raisons pour lesquelles j'avais souhaité, en 1943, créer un lien avec les Américains via la Suisse pour nous dégager des Anglais. Pour ne pas être à leur merci.

— A Alger, vous avez retrouvé, pour la dernière fois, votre ami si proche, Antoine de Saint-Exupéry ?

— Il arrivait des Etats-Unis via Londres. Il avait sous-loué à New York une partie d'un appartement chez des gens qui n'avaient pas de goût du tout, un appartement très laid où il vivait reclus et blessé parce que les prétendus Français libres de New York avaient été odieux avec lui. Un homme d'un certain âge, à cette époque-là, ne pouvait pas d'emblée, sortant du milieu social auquel il appartenait, avoir l'injure à la bouche en parlant de l'Etat français. Quand les discussions politiques ont commencé avec nos compatriotes des trottoirs d'Alger, Antoine ne voulait pas prendre de position publique contre le Maréchal. Alors ils ont commencé à le bousculer. D'abord, on ne l'a plus invité nulle part. Puis on a tenté de l'exclure et de l'humilier. Un jour, à bout de forces, il s'est confié à moi et m'a dit : « Aujourd'hui il faut que tu me sauves la vie, je veux qu'on me rétablisse dans mon commandement dans l'aviation. » J'en ai parlé avec Frenay, qui m'a dit : « Je vais provoquer un déjeuner avec le ministre de l'Air et le député communiste, et on va leur expliquer. » Ce déjeuner a été un des événements les plus émouvants de ma vie. Participaient à ce rendez-vous Grenier, communiste et résistant, Frenay, Bertin-Chevance qui était arrivé des Pyrénées deux jours avant, et moi. Et tous nous avions en commun des copains de toutes les opinions politiques. Chacun a parlé des siens. « Qu'est devenu Untel ? Il a été arrêté hélas, il y a huit jours, et il est interné au Mont-Valérien ». Le silence tombait sur nous. Et tel autre ? Il a été fusillé. Au bout d'un moment, les hommes, dont aucun n'était connu pour sa sensiblerie, avaient tous les larmes aux yeux. Nous avons arrêté de nous poser des questions. Le destin se nouait et se dénouait d'une façon étonnante mais, à la fin de ce déjeuner, nous étions tous en larmes, mais en larmes ! Je n'avais jamais vu aucun de ces hommes pleurer ! Tout le monde s'excusait, sortait de table, on entendait dans les chambres des sanglots. Ce fut un des moments d'émotion les plus intenses de ma vie.

Puis, nous sommes allés voir le Général. Il a accepté qu'Antoine de Saint-Exupéry, qui avait donné à rêver à tous les Français, reparte, et lui a promis qu'il aurait son commandement. Bien sûr, je ne savais pas qu'en obtenant cette faveur, mon ami irait ainsi à son dernier rendez-vous [1]. Mais aujourd'hui encore, je crois qu'il valait mieux pour lui qu'il ait peut-être provoqué ce rendez-vous avec lui-même. Il laisse une œuvre qui demeure un ferment pour des lecteurs de sensibilités différentes et je relis souvent certains de ses livres. Je n'oublierai jamais cette longue rencontre, ces retrouvailles à Alger avec Antoine qui était en train de finir un roman, qui a été publié inachevé sous le titre de *Citadelle*. C'est un bouquin extraordinaire et qu'il faut lire. Comme il fallait parler des difficultés de la vie, de l'amour, Antoine avait choisi comme sujet central l'histoire d'un chef de clan arabe qui aime une fille qui le trahit. Je connais par cœur certains passages, d'une grande beauté. « Quand celle-là qui nous a trahi et bafoué, chassée par nous, avalant ses larmes avant de franchir le seuil, se retourne vers nous pour un dernier sourire, nous reconnaissons le sourire de l'ange. » C'est un livre plein d'une beauté profonde, un livre qu'il n'aurait probablement pas écrit s'il n'avait pas eu le sentiment qu'il lui avait été accordé d'aller jusqu'au bout de son destin. Et pour un homme normal quand il y a la guerre, son destin, c'est forcément les armes à la main. Alors, toutes ces beautés d'Antoine... Ma femme est morte dans l'appartement qu'Antoine avait place Vauban.

— A Alger, contre toute attente, et contrairement à la plupart de vos camarades proches du Général, vous décidez de repartir sur le front ?

— Oui. J'ai pris la résolution à ce moment-là de repartir faire la guerre. La vie à Alger était pourtant assez

1. C'est au cours d'une de ses missions de vol qu'Antoine de Saint-Exupéry s'est abîmé en pleine mer.

agréable, j'habitais à l'Aletti une chambre avec une salle de bains que je partageais avec le général d'Astier, qui était mon ami. Je suis allé voir le général de Gaulle pour lui dire qu'il devenait impossible que je reste jusqu'au terme de ma mission, que je n'allais pas attendre passivement à Alger le débarquement. « Ce n'est pas possible, je ne veux pas », m'a répondu, agacé, le Général. Je lui ai rétorqué que, s'il fallait attendre, eh bien j'irais attendre aux armées avec un bataillon. J'ai supplié le Général : « Je veux un bataillon. » Et le Général m'a répondu : « J'ai besoin de vous pour autre chose. — Non, mon Général, il n'y a rien de plus urgent que l'honneur. » Tout le monde m'a dit dans son entourage : « Vous n'aurez pas le bataillon. » Mais je l'ai obtenu. Il a fini par céder. Il m'a dit avec un petit air ironique : « Savez-vous qu'aucun de vos camarades, c'est-à-dire les chefs nationaux de la Résistance, ne me l'a demandé, le bataillon ! Curieux, non ? » J'ai insisté. Je voulais faire un bout de la campagne que faisait l'armée d'Afrique, voir la Résistance intérieure, comme elle était. Quand la première division française libre est tombée au repos, Juin, que j'aimais beaucoup et qui me le rendait, m'a affecté à un régiment marocain. C'est donc en cette qualité que je suis entré ensuite dans Rome. Dans le tome III des *Mémoires* du général de Gaulle, vous trouverez un supplément dans lequel Juin écrit au Général à propos de « ses camarades de promotion » : « J'ai bien reçu de Bénouville. Je l'ai affecté au BFL. »

XX – LA FOI EN LA PATRIE

— Vous parlez du Général comme Péguy parle de Jeanne d'Arc. Comme d'une incarnation.

— Oui. C'était la France. Et il fallait que j'aime la France, même dans ses déviations. Parce que c'était la France combattante. Il nous avait rejoints et dès lors, il n'était pas moins que nous dans la bataille.

— Le Général a-t-il trop joué le raccommodage entre les différentes fractions de la Résistance, comme le lui a reproché Frenay ?

— Frenay avait raison ! Je ne croyais pas du tout à l'efficacité du CNR qui n'en avait aucune. Il n'avait pas de commandement. Il fallait de toute façon, pour avoir au moins le crédit d'en discuter, être dans la bataille. Enfin, il n'y a pas de doute qu'il y a des sujets sur lesquels le Général s'est trompé. Moi je suis sûr que s'il l'avait voulu, comment dire ?, on ne gouverne jamais tout seul, on n'a jamais le pouvoir tout seul. Mais finalement, même ses erreurs sont des qualités. Jamais, nulle part et d'aucune manière, même pour l'avantage de la bataille, il n'a cédé. Je demeure fermement convaincu que c'est une de ses plus certaines grandeurs. On ne peut pas s'élever tant que la France n'est pas libre.

— Vous dites qu'il représentait l'absolu. En même temps, il n'était pas le seul à vouloir résister aux Allemands.

— Il était le seul capable de commander. Même là, il a fait des erreurs dont je ne peux pas être sûr qu'elles fussent des erreurs. Dans les documents dont je vais vous faire cadeau, il y a cette lettre inouïe de Roosevelt disant : « Je n'ai pas pu, cher ami – il écrit à un membre du Congrès – vous recevoir. J'avais cet emmerdeur de De Gaulle, qui est tellement obstiné qu'il ne voit que la France. » Mais que lui demandions-nous ? De ne voir que la France. J'ai fait cadeau au Général de cette lettre dont j'ai fait la copie.

— Mais comment l'avez-vous eue, cette lettre, entre vos mains ?

— Il y avait des Français au cabinet d'Eisenhower et l'un d'eux, Gérard Piolienc, ancien camelot du roi comme moi, me l'a donnée. On est tombés dans les bras l'un de l'autre après la guerre. Moi, les jeunes gens qui n'aimaient pas la France, même maintenant, je ne les connais pas !

— Votre vénération envers le Général sera brisée. Vous allez vous séparer de lui bien plus tard, lors de ses prises de position sur l'Algérie.

— Je souffre d'une peine irréparable dont il a aussi souffert, ce n'est pas un sujet de discussion. J'ai toujours été très loyal vis-à-vis de lui.

— D'ailleurs, vous avez quitté vos fonctions à ce moment-là [1].

— En fait, je ne les ai pas exercées. Je n'étais plus là. Je ne suis pas sûr que c'était un homme avec qui on pouvait discuter. Il y avait des sujets sur lesquels je craignais

1. Pierre de Bénouville exerçait des fonctions dans l'appareil politique du parti gaulliste (l'ancien RPF, que Bénouville continue d'appeler « RPF » après sa disparition).

de m'affronter à lui, de lui en dire plus qu'il n'avait la capacité d'en entendre. En fait, il était l'absolu et je ne pouvais tout de même pas lui dire : « Je vous aime moins. » Au fond, l'amour qu'on avait de la patrie, on l'avait du général de Gaulle et c'était une histoire si profonde qu'elle ne peut se comparer qu'à cela !

— Quel a été le plus bel âge de votre vie ?

— J'ai passionnément aimé la vie et quand vous me posez cette question, je vois mille visages et mille époques...

— Mais est-ce que c'était plutôt à l'âge de vos vingt ans, quand vous étiez dans l'exaltation de l'Action française ? Est-ce que c'était plutôt à l'âge de trente ans, quand vous étiez au cœur, justement, de la Résistance ? Est-ce que c'était après, quand vous aviez choisi une carrière politique ?

— J'ai toujours eu suffisamment de passion pour vivre avec amour ce que je vivais. Je ne veux pas employer de grands mots, mais avec abnégation. Et puis quand on a la foi, on est invulnérable. Invulnérable !

— La foi chrétienne ?

— La foi, la foi en Dieu. Et la foi dans la patrie, c'est la même chose. C'est une terre bénie que nous avons eue dans notre héritage et avec une si formidable, merveilleuse histoire. Merveilleuse. Et puis tout à coup nous avons été mis au pied du mur, il fallait dire non. Alors, c'était facile de dire non par amour. On dit oui d'habitude. Par amour, on dit non.

— Malgré vos blessures à la fin de la guerre, avez-vous pensé que c'était une chance de vivre cette période où vous avez dû vous révolter ?

— Naturellement. C'était une chance, je dirai même que c'était un signe du destin. Au fond, quand j'analyse ma vie, j'ai eu beaucoup de choses qui m'ont plu, mais jamais rien autant que la France. Jamais rien.

— Est-ce que vous pensez qu'aujourd'hui ce genre de croyance, d'appartenance, existe encore ?

— Oui.

— Où ?

— Chez les jeunes gens

XXI – LES JUGEMENTS SUR LA RÉSISTANCE

— Vous affirmez être souvent agacé par certaines méthodes journalistiques, par certains travaux historiographiques sur la période de la guerre. Vous êtes choqué par la mise en accusation de certains.

— On juge aujourd'hui, à propos de n'importe quoi, n'importe qui de la Résistance. On juge sur les conclusions qu'on a pu bâtir soi-même, à des actions auxquelles, pour ceux qui les jugent, ils n'ont pas pu ou voulu participer. On s'aperçoit tout de suite qu'il y a une lacune et que cette lacune s'appelle la vie. Prenons l'exemple de René Hardy ou de Lucie Aubrac, que j'ai bien connus tous deux. Après la parution du livre de Pierre Péan, un journaliste a demandé quels avaient pu être mes contacts avec l'Abwehr. A moi ? Enfin, écoutez, il y a une forme d'indécence ! En fait, j'ai eu des contacts avec l'Abwehr, mais pas ceux-là. Et bien malgré moi, et à cause de l'amour que j'éprouve pour les teckels ! Avant la guerre, un de mes amis m'avait dit qu'on trouvait les plus beaux teckels chez la baronne X à Munich. J'y suis allé. C'était une étonnante maison. Je suis arrivé dans un grand salon. Un homme m'a accueilli avec beaucoup de gentillesse et m'a vendu un superbe teckel. Les teckels en Allemagne sont des divinités locales ! Les Allemands ne peuvent pas dire « Schön ! » sans se baisser, si grands qu'ils soient, et les caresser ! Et j'ai compris que passer les contrôles avec un teckel voulait dire passer une porte blindée avec la clé et la combinaison. Cette baronne n'était autre que la secrétaire de l'amiral Canaris. C'était lui, l'Abwehr. Alors ce jour-là, j'ai vraiment été très proche des gens de l'Abwehr ! Plus tard, j'ai eu d'autres teckels dont des teckels de race qu'on m'a vendus avec leurs arbres généalogiques. J'ai réalisé qu'ils étaient tous cousins de la baronne. Après la guerre, un jour, à Antibes, on m'a présenté un monsieur qui portait le même nom que la baronne. Je lui ai dit que, par les teckels, il était le cousin de mon chien qui était avec moi. Je l'ai indigné ! J'étais tombé sur un con comme on ne peut pas en rêver ! J'ai été enchanté de l'avoir offensé !

— Vous aimez bien jouer le rôle de provocateur. Vous laissez subsister des zones d'ombre.

— Il me paraît frappant que quand on parle aujourd'hui de la Résistance, et de ce qui la compose, on oublie l'intervalle qui est le temps lui-même et que ce temps est essentiel. Pierre Péan écrit que Hardy m'aurait écrit une lettre pour me dire qu'il avait été arrêté avant Caluire. C'est faux, mais je n'ai pas eu envie de répondre. Je préfère parler d'hommes meilleurs comme Frenay. Je ne suis pas très sensible à la beauté des hommes, mais il était beau. A Alger, quand il était ministre du Général, les dames tombaient comme des mouches. On partageait non seulement la même chambre, mais aussi pendant deux ans le même lit. Il était beau pour plusieurs raisons. Il était beau parce que sa mère l'avait fait beau, mais en plus il avait fière allure : il sortait de Saint-Cyr. Il était devenu, très jeune, breveté d'état-major, ce qui est très rare. Frenay était né général. Il suffisait de le rencontrer. J'ai eu avec lui des rendez-vous innombrables dans les lieux où il campait, et il y avait toujours dans les chambres qu'il occupait une sorte de fraîcheur, d'allégresse, trois fleurs, du papier blanc en vrac. Dès que l'on parlait avec lui, les décisions qui découlaient de la conversation étaient énumérées, notées, et on passait à l'exécution immédiatement. Au milieu de l'été 1943, alors que j'étais le second de Frenay, je parcourais en tout sens la France clandestine, exalté et de plus en plus surveillé. J'étais alors très fatigué. Les Allemands s'approchaient de plus en plus de moi. Je sentais le piège se refermer sur moi. Pour avoir la vie sauve, il fallait se retirer. Je me suis dit qu'on n'était jamais mieux protégé que chez l'ennemi. J'ai donc décidé d'aller m'installer à l'hôtel Bristol. Pour avoir l'allure d'un client de cet hôtel chic, j'ai pris soin de m'acheter une valise chez Hermès, dans laquelle j'ai mis le plus gros livre que j'aie trouvé, de chez Gallimard, qui était le *Journal* de Dostoïevski – quel beau livre ! – et puis j'ai mis des pyjamas et de quoi faire ma toilette et je suis arrivé avec un taxi. J'ai dit au portier : « Je voudrais une chambre silencieuse. » Il ne savait pas qui j'étais, il m'a logé. Il m'a dit : « Vous savez c'est une chance ! L'officier à qui cette chambre est affectée est actuellement en permission en Allemagne. » Ça vous glace le sang.

Quand je fus enfin seul dans cette chambre, j'en ai fait l'inventaire, j'ai trouvé, non seulement sa tenue, mais sa tenue de combat. Et le lendemain, j'ai essayé sa tenue, dans sa chambre. C'était comme une sorte de défi que je me lançais à moi-même. J'avais le casque sur la tête quand on a frappé à la porte. J'ai caché le casque avant d'aller ouvrir. C'était un de ses camarades qui voulait lui emprunter un vêtement. Il m'a demandé si je le connaissais. J'ai préféré dire non. J'essayais, comme je le pouvais, de le renvoyer mais rien n'y faisait. C'était extraordinaire, cette situation où j'étais contraint d'endosser l'identité de mon ennemi. Je suis resté dans cette chambre pendant une semaine. J'étais arrivé au Bristol épuisé, affamé car à l'époque, trouver à manger était une obsession. Dans cet hôtel de luxe, il me suffisait de téléphoner au service d'étage et je me faisais apporter tout ce que je voulais sur un plateau.

La faim fait de vous un homme à la merci des besoins. Combien de fois me suis-je réveillé en pleine nuit avec une faim insoutenable ! Par miracle, de temps en temps, nous achetions un jambon à des agents de liaison. Il fallait se le partager. En prendre un peu, très peu. La faim fut une compagne constante. Quand je me suis trouvé en prison à Toulon, j'ai mangé mes crayons. Dans le maquis, c'était mieux organisé. Les gens venaient nous aider. Des femmes ont été extraordinaires. Les femmes veulent toujours vous nourrir, en toute circonstance, elles sont là pour vous nourrir. Je me souviens, dans le Cantal, elles avaient une expression admirable. Elles servaient des choses superbes aux résistants et puis elles ajoutaient : « Vous allez bien reprendre ce petit peu-là ! » La faim nous taraudait sans cesse, comme le manque de sommeil qui devenait comme une drogue. Si on arrivait à l'attraper, on ne le lâchait plus. Mais, il y avait tout à coup une voiture qui passait, des phares qui s'allumaient. Et puis, c'était très difficile d'être seul.

Sans cesse, notre mission, si elle était militaire et opérationnelle sur le terrain, consistait aussi d'un seul et même mouvement à engager dans notre combat de nouvelles recrues. Dans les gens que nous avons ramenés à nous, sans cesse et par brassées, il s'est trouvé cet officier d'active qui commandait les troupes françaises stationnées en Haute-Savoie, le colonel Valette d'Osia, qui deviendra ensuite officier général avant d'être arrêté. Il fera plus tard une des plus belles évasions imaginables. Il fut capturé en Haute-Savoie par la Gestapo qui décida de le ramener à Lyon pour le faire parler. On l'embarqua dans un train. Il y avait deux Boches qui le gardaient. Il était assis entre eux dans un compartiment où il ne devait pas y avoir d'autre passager. Valette d'Osia s'est aperçu que les deux types avaient piqué une ronflette. Bien qu'il sût son opération difficile, les mains menottées dans le dos, il a réussi – jadis on pouvait descendre les fenêtres des wagons par des courroies de tissu qui pendaient – sans que l'air qui s'engouffrait fît se réveiller les deux autres, à baisser la glace, et tête la première – il pouvait se tuer naturellement – à sauter hors du train ! Il a pu continuer à être un valeureux combattant. Vous voyez, cela fait réfléchir au cas René Hardy !

TROISIÈME PARTIE

LA VIE POLITIQUE

XXII – LA LIBÉRATION

Laure Adler : Vous regrettez encore aujourd'hui de ne pas avoir libéré Paris et de ne pas avoir participé à ce mouvement d'exaltation avec vos camarades. Vous aviez les larmes aux yeux le jour où François Mitterrand vous avait convié aux cérémonies du débarquement. Pendant toute cette période vous êtes blessé, immobilisé.

Pierre de Bénouville : En effet, j'ai été grièvement blessé dans une poursuite en auto huit jours après être rentré en France. Huit jours après avoir été blessé, j'ai été sauvé par le chef communiste des maquis. Il m'a mis en contact avec la sœur Chupin qui a accepté de me cacher dans son monastère avec mon adjoint, le colonel Mangin. C'était un couvent où les religieuses de Saint-Vincent-de-Paul éduquaient des filles de paysans. Je me souviens encore de ses paroles quand il m'a conduit, blessé, dans une ferme : « Je vais te cacher dans un refuge. Mon vieux, tu vas voir si elles vont bien prendre soin de toi. » Je lui ai dit : « Mais de qui parles-tu ? Connais-tu vraiment bien ces personnes ? Elles ne vont pas me livrer ? » Il m'a répondu : « Impossible, ce sont les sœurs de Saint-Vincent-de-Paul. Quand mes parents étaient menacés, parce que toute la région savait que le chef des maquis c'était moi, je les ai planqués là. » Quelques heures plus tard, j'étais installé dans cette communauté des religieuses.

— Vous étiez le seul homme parmi ces dames ?

— Oui, évidemment, avec mon ami le colonel !

— On vous a mis un voile, pour vous protéger ?

— Non, j'étais dans une chambre séparée. Mais comme j'avais sur moi quelque chose de très précieux, qui était un ordre de mission du général de Gaulle, j'ai dit à la sœur Chupin qui s'occupait de moi : « Ma sœur, où vais-je cacher cela ? Parce que, si évidemment on le trouve, cela vous causera des ennuis. Mais d'un autre côté, je ne veux pas le perdre. » Elle m'a répondu très naturellement : « Mais on va tout de suite l'entreposer dans l'endroit le plus protégé, sous la Sainte Vierge, à la chapelle. »

J'essayais de souffrir en silence pour ne pas attirer l'attention des jeunes filles qui ignoraient notre existence. Mais il y avait des moments où je ne pouvais pas m'empêcher de gémir. La mère supérieure m'avait proposé une cellule à l'abri des regards. Quand on disait la messe, elle entrouvrait la porte de ma chambre, puis une autre porte dans le couloir et j'entendais la messe. Ma foi m'a fait supporter ma souffrance, mais ma blessure s'infectait. Il fallait m'opérer...

— Et en même temps, vous ne pouviez faire appel à aucun médecin. Avez-vous songé à mourir ?

— Aucun médecin n'a pu me prendre en charge puisque j'étais dans le secret le plus absolu. J'avais, au grand dam de la sœur Chupin, ma pilule pour mourir. Elle a essayé de me l'enlever. Au contraire, je lui avais affirmé : « Moi, je veux un verre d'eau sur la table, et que personne ne m'enlève la boîte que voici. » Et la sœur venait me trouver, chaque fin d'après-midi, les offices du soir passés, et me suppliait : « Pierre, donnez-moi cette pilule, vous ne pouvez pas nous faire, si la nécessité s'impose, ce mauvais coup de vous suicider dans notre couvent. — Ma sœur, naturellement je le ferai. Comment voulez-vous que je fasse autrement ? Je ne vais pas donner aux Allemands la joie de me faire parler. Et comment être sûr que je ne parle pas ? » Chacun d'entre nous possédait cette pilule. Brossolette s'en est servi et beaucoup d'autres. Louis Méderic s'est tué quand on l'a sorti de sa cellule et il est arrivé devant les Allemands, qui lui ont dit : « Eh bien, monsieur Méderic, vous allez parler, vous. » Il a dit : « Je ne crois pas. » Il a avalé sa pilule et ils l'ont vu tomber devant eux. Il faut quand même beaucoup de courage pour oser le faire. Je ne sais pas où il y a le plus de courage : tenter de résister à la torture sans parler ou prendre la pilule. Il y a des moments où, franchement, la torture est trop grande. On ne peut pas juger pour un autre. Difficile déjà de le faire pour soi-même. Je n'oublierai jamais la conversation que j'eus, un soir d'été après la Libération, dans un hôtel particulier, où Henri Frenay, alors ministre, donnait une réception pour des déportés qui venaient de rentrer. Je me suis approché d'un universitaire à la mine sombre et mélancolique et je lui ai dit : « Qu'est-ce qui vous rend triste, comme ça ? » Et il m'a répondu : « C'est compliqué. Vous ne pouvez pas mesurer et encore moins me comprendre. Vous n'avez jamais volé le pain d'un enfant pour survivre. » Et puis il a ajouté : « Moi je l'ai fait. Je suis vivant. L'enfant est mort. »

— Comment avez-vous fait pour vous soigner ?

— Les sœurs ont fait venir une fille qui était résistante, et qui était en dernière année de médecine. Elle s'appelait Françoise Mendras. Comme il fallait essayer de diminuer cette souffrance, je l'ai vue s'évanouir sur mes genoux, cette pauvre fille, parce qu'elle avait demandé un vilebrequin, et avec cet instrument de menuisier, elle a tenté de me percer la jambe pour arrêter l'infection. Et naturellement elle n'a pas supporté et s'est évanouie. Il lui aurait fallu tout un matériel qu'elle n'avait pas. Ce n'est pas commode de percer la jambe d'un type dans son lit, et de faire gicler le sang partout et de garder son calme.

— La blessure fut si grave que vous boitez encore aujourd'hui ?

— Oui et j'ai encore mal... La convalescence fut très longue et fut interrompue par une histoire ridicule. Les filles d'un cousin ayant appris que j'avais été blessé et que j'étais caché dans ce couvent sont arrivées toutes les deux et elles m'ont réclamé à la mère supérieure. J'étais encore dans le secret le plus complet. Elles ont insisté auprès des sœurs : « Mais nous sommes de la famille. Nous voulons le voir, nous le connaissons. Et puis c'est à nous de soigner notre cousin ! » Je crois même qu'elles s'étaient déjà habillées en infirmières ! Et la mère supérieure les a foutues à la porte, en disant : « Mais, nous ne connaissons pas cet individu dont vous nous parlez, alors repartez au plus vite. »

J'avais, entre autres, une blessure qui est restée toute ma vie douloureuse. Je n'ai plus de talon. J'ai eu le talon coupé par une balle de mitrailleuse. Et le fait de frotter le drap me donnait vraiment une souffrance difficile qui a provoqué une escarre profonde. La mère supérieure venait chaque soir, se savonnait les mains, et posait ses mains fraîches sur mon talon brûlant et, alors qu'elle tenait mon talon dans sa main toute la soirée, elle me répétait comme une litanie : « Vous n'allez pas vous suicider, Pierre. » Elle n'avait pas tort, j'avais pris toutes les dispositions. Mon radio était entre-temps venu aussi se cacher dans une aile du couvent ainsi que le colonel Mangin. Les sœurs nous ont cachés jusqu'à la Libération que j'ai apprise de la bouche de la mère supérieure. Tout le monde pleurait et moi aussi. J'aurais tout donné pour être à Paris aux côtés du Général ! Entre-temps, la blessure s'était refermée progressivement, mais il a fallu quand même m'opérer. C'est là que j'ai été emmené à Montpellier chez un professeur de chirurgie, M. Roux. Montpellier venait juste d'être libéré par de Lattre. Et moi, j'étais toujours contraint d'être allongé, cloîtré dans une chambre d'hôpital.

XXIII – LA GUERRE QU'ON PORTE EN SOI À TOUT MOMENT DE SON EXISTENCE

— Vous ne séparez jamais votre engagement dans la Résistance de votre foi quasi mystique ?

— Si l'Agneau de Dieu a voulu nous créer, on ne peut pas s'engager dans certaines actions de la vie, justement, en faisant taire en soi des choses qui vous rendent fragile sans que la pitié soit plus grande que le reste. Il y a un moment où, au péril de toute chose, il vaut mieux être dur. Dur avec soi et dur avec les autres. Le combat se situe à l'intérieur de soi, parce que tout dépend toujours des responsabilités qu'on ne peut pas ne pas assumer. On ne peut exercer, à quelque échelon que ce soit, des charges qu'on a acceptées sans être plus dur que ne le veut son cœur. Le seul fait de dire au revoir dans des circonstances que l'événement détermine devient quelquefois si difficile qu'on se laisserait facilement aller. Or, ne pas le dire peut, pour les deux interlocuteurs, se transformer en tragédie. Et en même temps, ne pas s'affirmer tel qu'on est jusqu'au bout des hésitations est un abandon.

— Comment auriez-vous imaginé votre destin s'il n'y avait eu la guerre ?

— De la même façon.

— En êtes-vous si sûr ?

— Oui, parce que, en décidant de la faire, ce qui est un événement tout petit dans le déploiement des choses, je m'engageais vis-à-vis de moi-même dans quelque chose qui n'est pas tout petit.

— Oui, mais à l'occasion de cette guerre, même si pour vous il s'agit de la même histoire, vous avez changé de camp idéologiquement.

— Non.

— Certains de vos anciens amis ne vous ont pas suivi. La guerre n'a-t-elle pas transformé votre destin en morale ?

— Oui, mais c'est la guerre qui m'a obligé à être logique. On ne peut pas vouloir ce qui est inclus dans la guerre, c'est-à-dire la victoire, et ne pas en prendre le dur petit chemin.

— Vous persistez à dire cohérent votre engagement dans l'Action française, la Cagoule, la Résistance. Pourtant, vous vous êtes transformé radicalement. Est-ce à cause des événements et par rapport à une nouvelle perception du réel ?

— J'ai eu souvent à me transformer. Et c'est là qu'il fallait tenir la main ferme. La démarche intellectuelle entraînait la démarche spirituelle. Le fait de devoir choisir et d'être moralement obligé de le faire entraînait une transformation quasi métaphysique. Les femmes m'ont conduit aussi à me métamorphoser. Vraiment, je les aime. J'en ai adoré quelques-unes, jusqu'à la folie. Il y en a une, très belle, venue d'Orient, qui aimait aussi les chiens. Un soir, elle m'a gardé chez elle. C'est une histoire qui m'a beaucoup frappé. Alors, il s'est passé ce qui se passe toujours, et puis le sommeil est venu, et tout à coup elle a étendu le pied – elle était iranienne, mais iranienne d'une de ces tribus slaves –, et tout à coup, au cœur de la nuit, elle a senti que mon chien, un ravissant teckel qui ne me quittait jamais, était dans le lit. Elle a poussé un cri et elle m'a dit : « Ton chien est dans le lit ! » J'ai dit : « Oui, naturellement. » Alors, elle s'est levée, elle a changé le lit, changé les draps. La ville où se passait cette nuit d'amour était suisse allemande. J'ai appelé un taxi immédiatement. Et je suis parti avec le chien.

XXIV – APRÈS LA LIBÉRATION

— Le Général vous a demandé de le rejoindre pour l'aider à réfléchir.

— Oui. Le Général m'a dit, quelques jours après la Libération, et cela m'a beaucoup surpris : « Il faut que nous trouvions quelqu'un qui fasse comme un pont avec Vichy et qui soit dans notre comité directeur. » Sans doute, parce qu'un jour, je lui avais fait observer que nous étions dans une position tout à fait fausse vis-à-vis de l'opinion publique française qui avait encensé le Maréchal et qui avait voulu du Maréchal. Le Général m'a répondu : « Bénouville, il faut quand même que nous nuancions l'attitude que nous avons. Nous ne pouvons pas être des procureurs, sans cela nous échouerons dans ce que nous commençons. Alors, il faut que vous me trouviez un homme qui ait été mêlé à l'armistice, qui s'en soit révolté et qui viendra siéger avec nous. Car on ne peut pas dire à tous les Français qui ont accepté l'armistice, qu'ils sont des criminels. C'est inconciliable avec notre décision de prendre le pays. » Mais c'était tout de même incroyable ! Dans notre esprit, il fallait que les Affaires étrangères prennent une autre tournure et qu'on ne puisse plus y avoir des gens qui, à la première occasion, trahiraient de nouveau. Le Général souhaitait ouvrir un peu nos rangs et il ne fallait pas oublier que, parmi les Français qui avaient voté pour Vichy, beaucoup étaient de très honnêtes gens tout à fait convaincus, et que si nous n'avions pas, nous, certaines personnalités qui portaient notre conviction, nous ne pourrions pas nous agrandir, et nous aurions pris, à ne pas le faire, des risques inutiles en vue des prochaines élections. De Gaulle a insisté : « Il faut que nous invitions aussi dans ce comité quelqu'un qui ait eu un rang dans la naissance de Vichy mais qui soit, quand même, un Français sans reproche. » Tâche compliquée pour moi mais qui prouvait, à ceux qui pouvaient légitimement en douter, qu'il était évident pour le Général qu'un tel homme existait. Nous avons longuement évoqué ensemble ce candidat idéal. Le gouvernement de Vichy avait nommé à ses débuts à Paris un représentant français qui avait pour mission de faire face aux Allemands. Le premier avait été M. de Brinon mais M. de Brinon avait dû partir. Il fallait quelqu'un d'autre. Alors, après y avoir réfléchi, j'ai dit à de Gaulle : « Je connais, mon Général, un homme de talent qui est allé signer l'armistice dans le wagon où les Allemands nous ont traînés, par la peau du cou et qui est gaulliste. — Ah, me dit-il, qui ? » Je lui réponds qu'il est ambassadeur de France et qu'il fut délégué à Paris par le gouvernement de Vichy, il a été, après le général de La Laurencie, nommé premier haut commissaire, il a fait front à Vichy et il a presque tout de suite démissionné. Le Général ne connaissait pas cet homme. Il s'appelait Léon Noël ! Il m'a dit qu'il allait y réfléchir. Vingt-quatre heures après, il me convoquait et me priait d'aller voir Léon Noël et d'organiser un rendez-vous avec lui. Ce que j'ai fait, je dois le dire, avec d'autant plus de plaisir, qu'il devenait chaque jour évident qu'on ne pouvait pas se passer de ces Français-là.

— L'idée de faire entrer des non-résistants dans le gouvernement vous a surpris ou choqué ?

— Choqué, mais j'ai pu discuter avec lui de l'idée de créer un comité diplomatique. Il y avait aux Affaires étrangères, avant, en 1939, six cents personnes et au moment de la Libération, il n'y en avait plus que quatre-vingts. Il fallait à tout prix chasser ces gens qui avaient été chargés des relations de la France avec l'extérieur, et qui furent les témoins actifs du malheur de la France. On ne peut pas être à la fois fossoyeur et planter l'arbre de l'an neuf. Comment échapper à cette contradiction ? Alors, j'ai commencé à créer ce comité. La force des choses a fait qu'il a fallu faire appel à Paul Claudel. Claudel était un vichyste notoire, l'un des plus importants ambassadeurs de France et en même temps un très grand écrivain. Sans gaieté de cœur, j'ai envoyé une note au Général, où j'ai placé en tête de liste Paul Claudel. Mais oui, cela m'indisposait mais je savais que le Général le souhaitait. Il a fallu d'ailleurs qu'il me le dise pour que j'exécute son ordre.

— Les arrangements avec la morale, après la guerre, ne vous gênaient pas ?

— Mais non. Cet homme, Léon Noël, avait reçu mandat d'aller à Paris défendre les intérêts français contre les Allemands. Il avait donc participé à l'armistice et je concevais que, par stratégie, le Général estimait nécessaire de renouer avec ces gens-là. La France devait être le plus unie possible, c'est-à-dire être la même avec ceux qui s'étaient trompés qu'avec ceux qui avaient combattu pour sa liberté. L'avenir du pays était à ce prix.

— L'attitude du Général n'était-elle pas alors contradictoire avec son projet politique ?

— Oui, mais qui pouvait prédire alors comment tourneraient les choses, et qui pouvait alors se permettre d'affirmer que l'intérêt de la France n'était pas de savoir que de ce côté-là aussi, il fallait chercher des appuis ? Mon entretien avec Léon Noël a été de ce point de vue très important. Il a eu lieu chez lui, rue de Grenelle, où je m'étais déjà rendu à plusieurs reprises pour préparer son éventuelle nomination. Je lui ai dit que le Général voulait parler avec lui et que nous devions fixer la date. Il l'a fait très volontiers. Le rendez-vous a été pris et le Général, à qui j'ai rendu compte de cet entretien et qui a vu Léon Noël en privé dès que cela a été possible, a annoncé au comité directeur suivant qu'il l'avait rencontré et qu'il avait décidé de le faire entrer au comité directeur du RPF. Evidemment, tout cela créait une certaine émotion dans nos rangs. Mais moi, j'étais tout à fait convaincu que c'était la sagesse. Non pas que j'imaginais une seconde que nous puissions supposer que Vichy pût l'emporter, mais parce que je savais que, dans l'élan du désespoir en 1940, tout de suite après l'armistice, de nombreux Français avaient accepté l'hypothèse d'un traité. C'est d'une grande importance politique. C'est un fait notoire trop souvent méconnu. Les survivants actuels ne souhaitent pas s'en souvenir. Cette nomination fut d'ailleurs acceptée sans difficulté par l'ensemble des membres du comité directeur de l'époque. Et à partir de la séance suivante, Léon Noël a figuré tout naturellement parmi eux. J'en avais au fond – sans cela je ne m'y serais pas prêté – une satisfaction qui venait de ce que je connaissais, dans la matérialité des faits, des gens qui, honnêtement, avaient considéré que l'armistice avait été indispensable. Sans en adopter le principe, il était normal que nous comptions ces forces dans les préoccupations de notre tâche.

— L'armistice oui, mais après, la collaboration...

— Cela n'impliquait pas un ralliement à la collaboration et c'était sûrement ce que le Général avait voulu souligner dans le choix des personnalités qu'il avait choisies. Léon Noël avait été à Compiègne signer l'armistice, ce qui était un acte très douloureux pour lui, comme pour tous les Français conscients à l'époque. Qu'allions-nous faire de cet engagement ? Nous allions en faire ce que nous pourrions en faire, avec les Allemands qui, naturellement, voulaient nous pousser à la collaboration. Léon Noël répugnait à la collaboration. Parmi ceux qui ont été délégués par le gouvernement de Vichy auprès des Allemands, n'oublions pas par exemple le général de La Laurencie qui, après en avoir démissionné, était tout de suite passé à la Résistance. De Gaulle a su montrer très vite, dès la signature de l'armistice, qu'il fallait être présent même dans ce camp des hésitants, car à ceux qui en furent les partisans ne s'était pas encore imposée la vérité de la position du Général comme quelque chose sur quoi on ne pourrait pas revenir. Nous, cet attentisme nous faisait rire aux larmes mais, si on y réfléchit et si on repense à la mentalité de nos compatriotes partisans de l'armistice, elle n'était pas idiote, il fallait au moins la comprendre sans pour autant l'accepter.

— A ce moment-là, dans cette demande du Général pour qu'un ancien représentant de Vichy puisse participer au nouveau gouvernement, n'y avait-il pas finalement l'aveu d'un changement de vision ? Ne passait-on pas de l'espoir en la politique à la gestion de la politique et même à la reconnaissance de la politique politicienne ?

— Si vous aviez vécu cette époque, vous sauriez que pour les Français de toutes catégories, de Gaulle était devenu le point de ralliement. Il devait compter avec toutes les forces qui existaient et bien sûr avec les partisans de l'armistice, car les anciens combattants, les prisonniers qui allaient rentrer, devaient être inclus dans le mouvement de la résurrection nationale. Avec la distance du temps, je pense qu'il s'agit probablement d'un des gestes les plus habiles du Général.

— Un des plus habiles ou un des plus cyniques ?

— Un des plus habiles ! Quand le Général est arrivé à Paris après la Libération, les policiers ont tous dit que le nombre des Français qui l'acclamaient était au fond égal au nombre des Français qui, peu de jours avant, étaient venus saluer le maréchal Pétain, place de l'Hôtel-de-Ville. Ils étaient tous français ! On ne pouvait pas faire comme s'ils n'existaient pas. Dans ce drame que nous avons vécu, n'était-ce pas s'injurier soi-même que de douter de la sincérité de l'amour possible des autres ? Pourquoi ceux à qui la nécessité de l'armistice s'imposait comme une solution auraient-ils aimé moins la France que nous ? Je n'aurais jamais osé le proposer au Général mais je n'ai jamais regretté d'avoir été l'instrument de cette politique.

— Et sur le moment, cela ne vous a pas choqué moralement ?

— Si. Mais pendant un court moment. Parce que j'ai réfléchi. J'ai connu et je connais des gens qui, en acceptant non la collaboration, mais la nécessité de l'armistice, n'ont pas été moins français que moi-même, même s'ils avaient ignoré la Résistance. Il fallait des gestes de transition. Lorsque j'ai rejoint la France libre en Italie, les combattants de la première division française libre n'arrivaient pas à comprendre comment les gaullistes que nous étions, nous les résistants, n'avaient pas rejoint Londres dès le début. Mais, en France même il y eut le refus de l'Occupation par des Français qui continuaient d'y vivre. Mes camarades de la France libre sont sans reproche, mais il était capital que, de notre côté, nous nous soyons battus contre l'ennemi aussi longtemps que possible. La protestation devait venir, non pas seulement de Français qui, à la suite d'engagements politiques, avaient préféré l'exil, mais du sol même de la patrie. Là résidait la profondeur du raisonnement du Général. Il ne s'est entouré d'aucun conseil pour prendre cette décision. Ses proches l'en auraient empêché. Et pourtant, aucun de ceux qui l'entouraient, les Billotte, Palewski, Pasteur Vallery-Radot, ne protesta.

Nous préparions une société. Nous avions à plusieurs, dans cette fin de la Résistance, fait un inventaire de nos nécessités impérieuses. Les comités d'études qui s'étaient réunis avant même la création du CNR sous l'impulsion de personnes aussi différentes que Debré et Maxime Blocq-Mascart ont préparé de leur mieux cette France nouvelle que nous voulions et que nous avons en partie mise en œuvre. La France fut différente. Cette réorganisation fut le rêve d'une époque où nous étions encore paralysés par la guerre et par l'Occupation. On liquidait le passé et en même temps, on s'ouvrait sur un futur enivrant. Ce n'était pas le raccommodement. Tous les Français devaient, de toute façon, puisque la liberté était revenue, se prononcer pour elle.

— Mais tout le monde n'avait pas contribué à part égale à cette liberté renouvelée et reconquise...

— Oui, mais j'ai toujours pensé que ceux qui avaient le plus fait ne l'avaient bien fait – et certains jusqu'au sacrifice suprême – que pour suppléer ceux qui n'avaient pas pu se prononcer. Une nation ne peut vivre complètement, à tout moment, à tout instant, et continuer de vivre, comme les principes universels, la liberté, la fraternité, la charité, que par le consentement d'un certain nombre qui font plus que les autres et qui ne le font pas en leur nom, mais pour la patrie.

— Cette reconstitution exaltante et exaltée de l'identité nationale par le Général ne s'est-elle pas heurtée finalement à la dure réalité de la politique et n'a-t-elle pas laissé sur le bord du chemin des gens qui n'ont pas voulu se rallier au général de Gaulle parce qu'il faisait trop de compromissions ?

— Il n'en faisait aucune. Nous, les résistants, étions si convaincus que nous faisions l'essentiel, que personne n'aurait osé parmi nous dire que c'était un pas en arrière. C'était au contraire un pas en avant ! Même les communistes ! Quand il a nommé des communistes au gouvernement, je n'ai pas eu besoin de preuve supplémentaire. Il associait au destin du pays ceux qui s'étaient librement associés au combat.

— L'arrivée des communistes au gouvernement ne vous a pas choqué ?

— Je n'ai pas aimé. Parmi ceux qu'il a choisis, il y avait Thorez. Pour moi, c'était tout simplement un déserteur. Tant que je vivrai, Thorez restera pour moi un déserteur ! Mais beaucoup d'autres étaient déjà ou sont alors devenus des camarades. Et la volonté du Général me les a fait mieux connaître.

— Avez-vous exprimé votre point de vue au Général ?

— J'avais moi-même de nombreux amis communistes. Marcel Degliame, chef de l'action ouvrière, était un élément irremplaçable, et qui, d'ailleurs, savait que nous avions aussi nos raisons. Quand l'affaire de Budapest a commencé, il était présent au défilé de protestation que nous faisions en faveur de la Hongrie martyrisée. Il s'est retrouvé à côté de moi sur les Champs-Elysées et à mon bras. Nous avions la même conception de la liberté. Alors, pourquoi avoir choisi Maurice Thorez ? Maurice Thorez était, aux yeux du Général, un Français connu de tous. Après tout, juste avant la guerre, il y avait deux hommes très populaires dans le peuple des travailleurs : Thorez d'un côté, qui faisait des meetings monstres, et puis un autre qui rassemblait aussi des foules considérables : Doriot. Et Doriot qui choisira la collaboration... Alors comment arracher cette masse de Français nécessaires à la France – car il n'y a pas de Français qui ne soient pas nécessaires à la France – à cette torpeur coupable et complice dans laquelle les Allemands les avaient plongés ? J'ai dû faire un gros effort pour accepter du Général l'idée de nommer un homme qui s'était enfui des rangs de l'armée au combat. La désertion, c'est grave. Le Général ne s'est jamais bien expliqué sur cette décision, si ce n'est qu'il voulait que la France qui allait naître pesât du côté du communisme. Mais y avait-il d'autres moyens ? Vous savez, quand on est les mains nues pour se battre contre une armée et que l'on n'a pas d'autre puissance que la force de la conviction et l'enthousiasme de la jeunesse et du rêve, on n'hésite pas devant les solutions les plus folles. Cette expérience a porté ses fruits, puisque le communisme en France n'a plus jamais été pareil et que son ambition fut le patriotisme.

— Vous avez beaucoup accompagné le général de Gaulle dans cette période, puis aussi au moment où il a décidé de se retirer des affaires et où ensuite vous l'avez suivi dans cet exil. Comprenez-vous aujourd'hui ce départ et les raisons qui y ont présidé ?

— Stendhal, à propos d'élections, emploie une expression parlante : « faire la cour à des majorités crottées ». J'ai toujours eu pour le Général, je le répète, une admiration dont le fond était la gratitude. Revenons à la période de la guerre. C'était inadmissible pour moi qu'il puisse exister des Français qui acceptent la servitude, invivable, de la défaite. Vous vous souvenez de mon émotion, la première fois où j'ai été à Alger dans son cabinet, seul. Au bout d'une heure et demie d'entretien, je lui ai dit : « Je vais vous quitter. C'est trop, j'ai trop rêvé que je vous dirais librement les choses que j'ai à vous dire, je vous les dis librement, mais je ne vous les dis pas toutes. Alors, je crois qu'il vaut mieux que vous me donniez rendez-vous demain. » Je crois à ce que les chrétiens appellent la communion des saints, la réversibilité du mérite, mais au fond cela voulait dire : je veux être avec vous maintenant parce que je vous aime. Nous avons fait plus tard un dîner tous les deux qui a été étonnant et d'où doit dater l'affection qu'il m'a témoignée et l'indulgence qu'il avait pour moi. Une fois seul avec lui je lui ai dit : « J'ai horreur de voir traîner avec vous des gens qui ne peuvent que vous détester. Vous n'êtes pas fait comme eux, c'est pour ça que vous êtes vous-même. » Ce jour-là, je lui ai dit mieux que je n'aurais pu jamais le lui dire que je ne voulais pas me prêter aux arrangements politiques... Au fond, la politique c'est comme l'amour : on aime si fort qu'on demande tout le temps plus que ce que l'on reçoit; et si on ne reçoit pas ce que l'on demande, c'est comme l'amour, on continue d'aimer.

— Pourquoi le Général a-t-il, selon vous, décidé de s'éloigner de la politique ? Pour mieux y revenir ?

— Il avait des reproches à formuler vis-à-vis de gens qui en tout cas ne pouvaient adopter, à aucun moment, la totalité de nos points de vue. Je sentais que leur fidélité s'éteignait.

— Et lui le ressentait ainsi ?

— J'ai été clair, je crois.

— Vous lui disiez tout ?

— Oui, comme quand on aime vraiment.

— Et vous l'avez encouragé à partir ?

— Oui. Je trouvais qu'il avait pu tout dire à la France, y compris ses incapacités à vouloir se gouverner. Le jour où il a annoncé au gouvernement qu'il partait fut un jour dramatique pour l'histoire française... Mais il connaissait les êtres, il lisait en eux les calculs qu'ils faisaient.

— Il a préféré continuer à construire sa légende plutôt qu'être, comme le souligne Jean Lacouture dans l'ouvrage monumental qu'il lui a consacré [1], un nouveau Daladier ?

— Oui, il était intraitable, il ne voulait pas mentir. Comment voulez-vous mettre en circulation des valeurs pareilles dans la politique ? Mais je lui disais : le fait même de ne pas vouloir doit vous conduire à le dire et à dire pourquoi. Quelle grandeur !

— On a l'impression qu'il s'en va, mais qu'en même temps, très vite, il s'ennuie de ne plus être dans le feu de l'action ?

— Oui, comme il était le premier des Français – c'est un peu comme être le premier de la classe – il avait la sensation de ne plus être interrogé directement.

— Mais revenons à la période antérieure : la création même du RPF. Comment y avez-vous participé ?

— Il fallait créer quelque chose pour que les idées vivent – elles ne peuvent vivre qu'avec les hommes – et il fallait, en même temps qu'on faisait cette organisation, l'animer et l'étendre partout dans le pays. C'est lui qui croyait que si on appelait les hommes, les hommes répondraient. Mais ce ne fut pas le cas.

---

1. Jean Lacouture, *De Gaulle, le Rebelle*, I (Seuil, 1984); *De Gaulle, le politique*, II (Seuil, 1985) ; *De Gaulle, le souverain,* III (Seuil, 1986).

— Et vous y avez cru ?

— Pour un temps.

— Parce que vous vous êtes engagé immédiatement et avec beaucoup d'opiniâtreté, d'obstination et d'énergie ?

— Oui, il m'a nommé le troisième au comité directeur.

— C'était la continuation de l'esprit de la Résistance, le RPF, au début ?

— Oui, c'était la Résistance.

— Dans cette période de traversée du désert où vous l'avez beaucoup vu, quelle était son analyse de la situation politique et a-t-il vraiment hésité à revenir au pouvoir comme certains l'ont dit ?

— Il n'a pas hésité quand il a fallu revenir, rentrer, rouvrir les fenêtres de la maison envahie. Il a hésité dans l'épisode suivant : quand il a fallu affronter ce que j'appelle le complot politique.

XXV – LA CRÉATION DU RPF

— Revenons à la création du RPF. Le Général vous relance à ce moment-là, alors que vous n'aviez nulle envie de vous consacrer à la vie politique [1] ?

— Oui. Mais il était difficile de lui refuser quoi que ce soit ! Quand le général de Gaulle a créé le Rassemblement du Peuple français, je n'avais aucune envie d'y donner ma vie. Je voulais aider à la naissance de ce mouvement, mais je ne voulais pas y employer mon temps et, à regret, je suis rentré à Paris parce qu'il me l'a demandé. J'étais en Autriche, dans un ravissant petit village, en train d'écrire un livre, l'histoire de la Cagoule. Impubliable. Parce que ce serait jeter toutes sortes de gens dans des confusions qu'ils n'ont pas méritées. Il y a eu de tout dans la Cagoule, mais surtout des gens qui voulaient servir leur patrie ! Alors on sait qu'Eugène Deloncle, polytechnicien, avait conçu ce mouvement, mais il l'avait conçu à cause du désarroi de la jeunesse française qui avait vu la rive gauche du Rhin repoussée, comme je vous l'ai déjà expliqué. A partir du moment où on s'armait et où on restituait les gages matériels, comme la rive gauche du Rhin, on consentait à rendre la guerre inévitable, car tous ceux qui sont allés en Allemagne avant guerre ont tout de suite compris qu'ils ne rêvaient que de nous sauter dessus, et que, pour nous sauter des-

1. Concernant le recrutement des compagnons fondateurs du RPF, le Général dira : « Je préfère avoir moins de monde, mais que des éléments douteux ne se mêlent pas à nous. » Une prudence, ajoute Jean Lacouture, qui ne durera pas.

sus, ils auraient exterminé le monde entier ! Alors que j'écrivais ce livre, je suis rentré à Paris forcé et contraint.

— Et ce livre sur la Cagoule, vous me le montrerez ?

— On verra [1].

— Avez-vous dit au Général que vous étiez en train de rédiger ce qui aurait pu constituer une bombe ?

— Non. Je n'ai pas dit au Général que j'écrivais ce livre, mais j'étais tout à fait décidé à faire les choses qu'il me demandait, et puis après, à reprendre le large. Je lui ai tout de même précisé que je ne ferais pas cela longtemps, mais tout ce que je pourrais faire, je m'y engagerais. C'était juste au moment où a été créé le RPF. Ce n'était pas tout à fait qu'il avait besoin de moi, mais il considérait que je lui appartenais.

— Vous n'aviez pratiquement pas votre mot à dire avec le Général ?

— Si, j'avais le mot suivant, mais dans le fil de ce qu'on disait.

— Vous vous êtes donc consacré plus particulièrement à la diplomatie ?

— Mais j'éprouvais un peu de dégoût dans mes rencontres avec les ambassadeurs. Il y en avait d'étonnants, mais il y en avait beaucoup qui avaient servilement suivi Vichy. Le comble était sans doute atteint par M. Paul Claudel, qui arriva en portant à la main une ode au Général pour faire oublier qu'il avait écrit une ode au Maréchal. D'un culot incroyable ! Sachant qu'il fallait

1. Après de multiples hésitations et malgré mon engagement à le lire comme un document pour éclairer la personnalité de Pierre de Bénouville et non pour en publier un quelconque extrait, je n'ai jamais eu accès à ce texte manifestement explosif.

s'occuper de politique étrangère – je n'y allais pas avec enthousiasme –, j'ai commencé à comprendre les enjeux et les problématiques du peuple français. D'abord l'ambiguïté avec le passé proche et la relation avec le maréchal Pétain. Par exemple dans ma propre famille, avec mon propre beau-frère, officier général et dont le père était officier général, qui a été très courageux quand il a été fait prisonnier en Allemagne. Je ne pouvais pas lui dire que le comportement de Pétain était une trahison, parce que toute la vie d'un homme comme son père avait été consacrée au service de la patrie dans l'armée et que le respect est quelque chose dont on ne se défait pas facilement. D'ailleurs, je crois qu'il n'y a pas eu de Français, de droite ou de gauche, qui, en ce qui concerne ce vieillard qui avait gagné la fabuleuse et décisive bataille de la guerre de 14, n'ait pas été déchiré en lui-même ! Quand on l'a vu, au cours de son procès, assis en face de ces magistrats qui avaient tous prêté serment à Vichy, tous, comment oublier cette scène ? Le procureur général, tout le monde ! Quand on l'a vu devoir répondre, lui, avec sa médaille militaire, de ce qui était leur trahison à eux ! Cette confusion régnait alors partout.

— Les jeux politiciens n'ont-ils pas rapidement un peu émoussé la nature de la constitution de ce parti ?

— Oui, les choses ont reçu du destin une sourdine. Ce n'était pas admissible.

— Quelle fut la part réelle des vichystes dans la naissance du RPF ?

— Aucune. Ils étaient hostiles et ils n'ont jamais pu supporter ni le Général ni ce qu'a pu dire le Général au sujet du Maréchal : « La vieillesse est un naufrage. » Ce qui est vrai d'ailleurs. Le Général avait été très proche de Pétain puisqu'il avait été à son état-major particulier, et il m'a raconté comment Pétain avait voulu s'emparer d'un rapport de l'état-major fait par de Gaulle sur la France et son armée. Beaucoup de généraux font cela. Ils font faire des très bons rapports et ils les signent.

— Le RPF était-il, à son origine même, vécu comme un instrument d'accession au pouvoir, de nouveau, pour le général de Gaulle ? Les choses étaient-elles claires ?

— Non, il était vécu comme le moyen d'empêcher que ce qui avait ruiné l'énergie française puisse recommencer. L'autre jour Fabius nous a demandé de venir à l'Assemblée avant qu'il ne la quitte. Il a fait une commémoration pour célébrer la mémoire des dix-sept garçons qui ont été jugés et fusillés. Je n'étais pas bien, mais je me suis forcé à y aller. J'ai retrouvé là tous les communistes de mon temps, le président du groupe communiste, qui est toujours député et qui est un ami. Je leur ai dit : vous saviez bien, tous, qu'alors même que nous n'étions pas ensemble, la partie que nous voulions alors gagner pour tout le monde ne pouvait même pas être jouée.

— Mais c'était le pouvoir, l'exercice du pouvoir que vous visiez, ou c'était plutôt la croyance, qui perdurait à partir de l'esprit de résistance, de former alors une nouvelle communauté ?

— C'était la croyance et nous avons vraiment cru qu'allait naître un monde nouveau. A l'époque, j'ai collaboré à un numéro spécial, *L'Avenir de la Résistance*, que j'ai fait avec Marcel Degliame.

— Rien n'avait changé au fond ?

— Rien.

— Est-ce que cela n'a pas été une immense déception, ce coup de fouet du réel ?

— Un immense chagrin. Quand on faisait les choses comme je crois les avoir faites pour moi, c'est-à-dire avec toute son âme et en aimant ceux avec qui on les faisait, voir tout à coup les combines politiques...

— Le Général vous a alors demandé de partir pour la Corse, asseoir son mouvement ?

— Quand il a fallu fonder le RPF en Corse, c'est effectivement moi que le Général a envoyé et je suis parti à une période où il y avait déjà des grèves. Et quand les grévistes ont su que ma voiture était sur le bateau qui arrivait en rade de Bastia, parce que c'était la voiture de l'envoyé du Général, ils sont allés la sortir contre les règles de leur grève. C'était fraternel... J'ai vécu trois mois en Corse à ce moment-là. J'avais réquisitionné, près de Bastia, un tout petit hôtel où j'avais installé mes collaborateurs et moi-même. J'avais transformé le salon du premier qui était la plus belle pièce de la maison en chambre et j'ai commencé à recevoir des Corses toute la journée. Et je dois dire que j'y prenais beaucoup de plaisir. Les Corses sont très hospitaliers, si bien que dès qu'on en connaît un, on en connaît plusieurs, et ils vous invitent dans leur maison, et dans leur maison ils vous mêlent à ce qu'est leur vie. Je n'ai eu que des raisons de les aimer. Ils étaient dans leur majorité des Français libres, c'est-à-dire qu'ils étaient pour la bataille, là où elle pouvait se livrer. Dans la Résistance, ils se sont singularisés. Scamaroni, c'est un type formidable !

— Comment avez-vous vécu cette période où vous étiez le représentant de l'Etat ?

— Aujourd'hui comme hier, en Corse comme ailleurs, l'Etat doit préserver les représentants de l'autorité comme la prunelle de ses yeux. Chacun d'entre eux peut se tromper naturellement, mais l'Etat doit comprendre qu'il est essentiel qu'ils soient les représentants entiers de son autorité, plutôt que de voir leur autorité entamée par un soupçon qui détruit le jeu. Aucun d'eux n'a vraiment la conception de ce qu'est l'Etat, l'abnégation, le silence. On ne peut pas attaquer l'Etat, ou alors il faut renoncer à faire de la politique. Il faut faire confiance à l'Etat quoi qu'il advienne. Le feu de la Seconde Guerre mondiale n'a fait que renforcer ce sentiment. Je serais bien ennuyé si on me disait tout à coup qu'il n'y avait plus de France.

— Vous n'avez toujours pas été républicain ?

— Mais pourquoi aurait-il fallu épouser le régime, qui n'est qu'un coup de dés dans la vie et le destin de mon pays, pour vouloir garder l'intégrité ? Plusieurs fois dans ma vie, j'ai vu le moment où la république allait disparaître et pas la France ! Ce qui me tient à cœur, c'est l'association des Français courageux qui veulent que la loi ne soit faite que par eux. Je trouve qu'il y a là une indication, une volonté de vivre une durée qui m'importe avant toute chose, mais ce n'est pas lié à la république. La France a duré beaucoup plus longtemps que n'importe quelle république et quelle est la république qui ne soit pas entachée par des exactions ?

XXVI – LA VIE DE DÉPUTÉ

— Pourquoi avez-vous décidé d'embrasser une carrière politique ?

— Figurez-vous que je ne voulais pas être député. D'abord, je n'aime pas la vie politique. Mais un jour, le Général m'a convoqué dans son cabinet. Le Général avait un faible pour moi. Alors voilà.

— Un faible, c'est-à-dire ? La reconnaissance de votre engagement pendant la Résistance ?

— Non. Il était mon ami et il me l'a montré de nombreuses fois et quand il m'a demandé de me présenter aux élections, je n'y ai pas vu alors un signe particulier d'amitié, mais plutôt le recours par nécessité à une personne en qui il avait confiance. J'ai gardé mes opinions qui étaient, sur bien des points, opposées aux siennes. Il en va ainsi des Américains. Moi, j'ai toujours été, je suis toujours l'ami des Américains et j'ai réussi, je crois, à faire entendre au Général que, deux fois, dans deux guerres différentes, nous avons gagné parce qu'ils nous en ont donné l'occasion.

— Mais il n'avait peut-être pas beaucoup de personnalités marquantes de la Résistance à proposer comme député dans cette période charnière ?

— Mais si, naturellement. Quoique... Il est vrai, en effet, que l'entourage du Général était composé de gens quelquefois un peu étranges, comme Guichard, dont le père était tout de même le chef de cabinet de Darlan. Son père était d'ailleurs un brave officier de marine qui avait connu au cours d'une garnison ma sœur, mon beau-frère et mes petits-neveux, et quand il fut à la retraite, il allait chercher mes nièces en classe. Affection ou rachat moral ?

— Avez-vous été étonné quand de Gaulle vous a proposé d'entrer en politique ?

— Non, pas du tout. Je ne m'y attendais pas, mais je trouvais que c'était tout à fait normal. J'ai tout de suite eu des difficultés, parce que Malraux avait été nommé le second sur la liste. Le premier était Soustelle, un homme que j'aimais beaucoup. Mais Malraux était fou de rage de me savoir dans ce rayon. Quand Malraux est venu au premier comité directeur, il a dit devant moi : « Moi, j'ai organisé les premiers attentats à main armée. » J'ai demandé la parole : « Non, non. M. Malraux est en train de raconter l'histoire d'un autre. Mais ce n'est pas lui. Et l'autre s'appelait Jacques Renouvin. » J'ai ajouté dans un silence de mort : « Dites donc, monsieur Malraux, vous êtes venu si tard à la Résistance, que vous êtes tout à fait excusé de ne pas savoir ce qui s'y passait au début. Mais, quand vous êtes arrivé dans la Résistance, nous faisions des attentats depuis longtemps. »

— Il y avait de l'ambiance dans ces réunions, dites-moi.

— Oui, il y en avait et de Gaulle appréciait. « Sacré Bénouville », m'a dit le Général en souriant à la fin de cette séance. Enfin, j'ai résisté un temps à la carrière politique. Puis, il a eu une curieuse manière de m'engager. Un jour, il m'apostrophe : « Dites-moi, Bénouville, j'ai appris que vous aviez des liens avec la Bretagne. » Un peu interloqué, je lui ai répondu : « Comme vous le savez, mon Général, la Bretagne est voisine de la Normandie et je connais mes voisins. » Le Général a tout de même insisté.

« Eh bien vous allez donc vous présenter en Ille-et-Vilaine, et vous aurez fort à faire parce que le MRP a un candidat, compagnon de la Résistance comme vous, Teitgen. » Je lui ai dit : « C'est impossible, c'est un ami, je ne peux pas me présenter contre un ami. » Il m'a répondu en souriant que je n'étais pas au bout de mes peines, car il m'a annoncé que se présentait un autre compagnon, plutôt communiste : Emmanuel d'Astier de La Vigerie. Je lui ai objecté que je ne pouvais que laisser tomber : « Ecoutez, d'Astier est un ami intime, et puis il est le seul qui ait véritablement du talent ! » On est tous restés. Il était difficile de désobéir au Général... Trois amis, donc. Un pour le MRP, un autre pour la gauche et bientôt un autre camarade nous rejoindra, Joël Le Tac. Sa mère était agent de liaison; ses frères, tous résistants, avaient été déportés. Cette situation politique pour le moins étrange d'amis qui devaient s'opposer m'a finalement fait réfléchir et m'a conduit à accepter. J'ai dit au Général : « Tout va se passer très bien, parce que avec aucun des autres candidats je ne peux être ennemi. Par conséquent, je saurai être convenable vis-à-vis d'eux et eux vis-à-vis de moi. » Si nous n'avons pas gagné, dès le premier tour, à ces premières élections générales, c'est que le Général n'a pas voulu que nous bénéficiions de la loi de l'apparentement, ce qui constituait une commodité. Si on s'était alliés avec le centre, nous aurions obtenu la majorité absolue.

— Devenir un homme politique vous a-t-il amusé ?

— J'ai fait une très bonne campagne. Et quand je me suis retrouvé en ballottage, j'ai loué le cirque Bouglione. J'ai organisé des séances gratuites et j'invitais les gens le soir, à l'heure où se tenaient les réunions politiques de mes adversaires qui n'ont pas tout de suite compris pourquoi leurs salles étaient désertes. A la fin de la représentation, après le numéro des fauves, je venais au centre de la piste et j'apostrophais le public : « Ecoutez, nous vivons un temps de campagne politique. Merci d'être venus vous détendre. Il y aura peut-être des changements mais en tout cas nous aurons passé une bonne soirée ensemble. » Il faut dire que le spectacle de Bouglione était épatant. Les militants MRP du coin avaient tenté de faire croire à un scandale. Un dimanche matin, j'étais dans mon lit à l'hôtel, et un de mes camarades est venu et m'a dit : « Il faut que tu te lèves et que tu fasses quelque chose contre certains prêtres qui, dans les paroisses avoisinantes, prêchent en disant : “ Il faut toujours se méfier et il ne faut jamais voter pour ceux qui habitent avec des écuyères dans les hôtels. ” » Cette information m'a réveillé. Je me suis levé et je suis allé à l'église la plus proche. Je suis entré dans la sacristie. Il y avait un jeune prêtre qui se préparait à aller célébrer la messe, je me suis approché de lui et je lui ai dit : « Monsieur l'Abbé, j'ai à vous parler. » Alors, il m'a dit : « Je vous écoute. » Je lui ai dit : « Je ne sais comment vous avez prêché à la messe précédente. Ne recommencez pas. Moi, je vais être dans l'église, si vous dites du mal de moi, je vous jure que je vous corrigerai. » Il a pris peur. Il n'a pas recommencé. Je réagissais comme un chrétien qui ne permet pas qu'on le calomnie. Mais je dois à la vérité de dire que j'aimais mieux la compagnie des écuyères que celle des dames d'œuvres.

Cette histoire a fait le tour de la région et m'a valu l'amitié de certains ecclésiastiques, comme le curé de Fougères, le cousin germain d'Hervé Bourges. Et il était pour moi d'autant plus cordial qu'il savait que le cardinal Roques, un grand érudit, avec qui j'avais des conversations inépuisables sur la théologie, mère pour moi de toutes les philosophies, me soutenait. J'en ai gardé le goût encore aujourd'hui. Je relis chaque soir très tard le père Lagrange. Dans mes réunions politiques, je ne parlais pas de religion mais, entre deux tours de piste avec des clowns, je parlais de la Résistance avec passion. Je répétais, je me souviens, d'innombrables fois cette phrase : « Oui, de Gaulle vient de nous libérer la France, mais méfiez-vous des politicards de métier. »

— Ceux qui avaient un lourd passé ?

— Naturellement, ils nous avaient rendus à la défaite.

— Mais les gens à qui vous vous adressiez, comme la majorité du peuple français, avaient accepté la collaboration et avaient été majoritairement pétainistes !

— Oui mais ils avaient changé, entre-temps. Oui, je vous l'assure : ils avaient regretté de l'avoir accepté. J'évoquais la continuité de l'espoir qu'avait suscité la victoire : « La libération continue, la France va se reconstruire avec des hommes courageux. Nouveaux et courageux. » On ne peut pas punir un peuple auquel on a le devoir de faire croire que tout à coup il est devenu victorieux. Pour être debout, encore faut-il ne pas être si humilié qu'on ne puisse plus que se courber, tendre ses fesses, et prendre un coup de pied dans le cul quand on sait qu'on l'a mérité. Oui. « Maréchal nous voilà » n'était pas complètement oublié. Je me souviens que, pendant la guerre, après mon évasion, je suis arrivé à Nice avec mon Pierrot, le seul évadé qu'on connaisse de Buchenwald – chef chaudronnier en Meurthe-et-Moselle –, et un homme dans la rue nous a interpellés : « Il y a demain, au monument aux morts de Nice, une cérémonie, il faut que vous y veniez. » Pierrot a insisté. Moi, je demeurais méfiant : « Mon Pierrot, je ne vais pas aux cérémonies auxquelles je ne suis pas invité et dont je ne connais pas la raison. Si c'est pour foutre les Boches à la mer, je veux bien. » J'ai bien fait de refuser. J'ai découvert ce jour-là que les gars qui avaient accepté de défiler, à Nice, pour soutenir le Maréchal touchaient cinq kilos de pommes de terre ! Ah, les glorieux soldats ! Ils avaient faim, probablement. De plus, ils n'étaient pas fatigués. Ils n'avaient pas fait la guerre, eux. Nous avons eu cent mille tués dans cette période de 40, mais pas ceux-là, en tout cas. Enfin, ce fut une période affreuse. Vous comprenez pourquoi je ne voulais pas faire de la politique ! La situation dans les têtes et dans les cœurs de certains n'était pas encore très claire !

— Il y avait eu l'épuration, les grands procès... Comment les avez-vous vécus ?

— Le procès du Maréchal fut légitime. Celui de Brasillach aussi. Je ne suis pas intervenu pour lui, même s'il avait partagé les mêmes convictions que moi, à l'extrême droite. Henri Frenay était dans le même régiment que Brasillach et Brasillach a dit un soir à la popote cette phrase abominable : « La France est comme une femme, elle a couché avec l'Allemagne. » Je n'accepte pas ce genre d'insulte. De plus, Brasillach était un captif d'Otto Abetz. Il arrangeait des voyages en Allemagne pendant l'Occupation et a dénoncé de nombreuses personnes. Je ne suis intervenu que pour un seul type, qui avait servi chez les Allemands, pas dans les salles de rédaction, mais qui avait servi au feu et qui était le merveilleux Bassompierre. Pendant l'Occupation, je me trouvais un jour aux Champs-Elysées, devant les bureaux du futur Publicis, attendant un camarade de mon réseau de résistance quand, tout à coup, je vois dans la vitrine devant laquelle je regardais de très jolis tapis persans, un officier allemand qui arrive derrière moi, s'approche, et met ses deux mains sur mes épaules. Alors je me retourne, le souffle un peu coupé. C'était Bassompierre. Je ne l'avais pas vu depuis un an. Il avait changé de camp. Il me dit : « Je viens de te reconnaître, je voulais te dire bonjour. — J'ai pas envie de te dire bonjour », lui ai-je répondu et j'ai tourné les talons. Si on s'engage dans un camp et qu'on est prêt à verser son sang, c'est autre chose. Je suis intervenu après la guerre parce que je ne souhaitais pas qu'il soit fusillé. Et, hélas, il l'a été...

— Et Bousquet ?

— Non. Ça, c'est le rayon de la police. Comme M. Papon. Moi, j'ai horreur de ce type-là. Je l'ai connu quand il était fonctionnaire à Paris et préfet de police, je l'ai rencontré à plusieurs reprises et je ne l'ai jamais supporté. D'ailleurs, n'oublions pas qu'après la Libération, les préfets n'ont jamais été repris en main. Mais lui a réussi à faire une carrière politique qui a été importante. Tout le monde semble avoir aujourd'hui oublié qu'il a été ministre du Budget sous Giscard. Sous le Général, il a tout de même été préfet ! Le Général a accepté parce que le personnel de la France était constitué ainsi. Il ne pouvait pas dire qu'il ne voulait pas que le valet de chambre fasse les chaussures. Ce n'est pas pour autant que la justice doit s'acharner aujourd'hui à le mettre en prison pour qu'il y meure. Maintenant il a eu l'infamie et le déshonneur. Moi, je le laisserais crever de honte et, s'il se promène dans Paris, il y a beaucoup de gens, comme moi, qui lui refuseront la main. C'est suffisant, je trouve. Il n'y a pas de raison de le faire crever en prison. Hélas, on en a beaucoup comme ça. Souvenons-nous de Laval, pour qui je n'avais que mépris et exécration. Je n'ai pas aimé l'histoire de Laval. Au moment de son exécution, il a ressenti une telle émotion qu'il a été malade, physiquement. Alors on l'a vite requinqué, et comme il n'avait pas été touché par les balles du peloton, on lui a donné des rasades de cognac pour le ramener au peloton et le fusiller sur ses jambes. C'est horrible et déshonorant.

XXVII – LE RETOUR DU GÉNÉRAL

— Quand le Général est revenu au pouvoir, pensez-vous qu'il a utilisé l'Algérie comme arme de sa conquête ?

— Je ne crois pas. Je crois même qu'il ne pouvait pas ne pas savoir qu'il allait la perdre [1].

— Pourtant, c'est un homme providentiel qui apparaît sur le devant de la scène ?

— Oui, c'est vrai, il a tout tenté. Il a dû beaucoup souffrir, dans cette période, de la médiocrité qui régnait autour de lui parmi les aspirants.

— Qui ?

— La classe politique. La France est un très curieux amalgame. Entre la camaraderie qui vous fait accepter les autres et leur générosité, et les exigences historiques d'un ensemble. Comment croyez-vous, j'y pensais beaucoup ces temps-ci, qu'un être profondément noble comme l'était Chateaubriand a pu se tromper sur un homme généreux comme l'était Charles X ?

— Les historiens sont divisés, ainsi que les acteurs et les témoins de cette histoire, sur le retour du Général aux affaires. Aurait-il dit oui à l'insurrection militaire française pour pouvoir mieux mettre en scène son retour ? Quel est votre avis là-dessus ?

---

1. Le 13 mai 1958, c'est l'insurrection à Alger qui ramène le général de Gaulle au pouvoir. Cf. Jean Lacouture, *De Gaulle*, op. cit.

— Je ne crois pas.

— Il ne l'a jamais autorisée ?

— Non.

— Parce que certains acteurs disent qu'ils ont entendu de la bouche du Général qu'ils avaient le feu vert. Vous ne le pensez pas. Pourquoi ?

— Parce qu'il ne voulait pas que nous nous insurgions les uns contre les autres. Il ne le voulait pas. Il rêvait au fond de brûler une étape très difficile.

— Laquelle ?

— C'est comme quand se fait l'unité. Il y a un moment très bref où la pâte est prête, et la pâte était prête dans son esprit, et consentir à ce qui n'était pas une unité véritable...

— Vous voulez dire que, pour lui, le recours à la force militaire eût été un désaveu de sa propre vision de la politique, et de sa propre vision de lui-même peut-être ?

— C'est ça. Il croyait que sa voix y suffisait. C'est pour cette raison qu'il a dit : « Vive la République. »

— Vous avez été fort actif dans cette période ?

— Oui.

— Vous avez activement défendu l'Algérie française. Comment avez-vous agi et avec qui ?

— J'étais sûr que nous ne pouvions pas, sans en être immédiatement punis, commettre la faute majeure d'abandonner quelque partie que ce soit du territoire. Dans un avion qui m'emmenait en Espagne, j'ai eu à cette période une conversation avec un garçon que j'aimais beaucoup, le médecin privé du Général, André Lichtwitz. J'avais vu Lichtwitz en Italie, lors de la campagne de libération, faire la liaison entre l'artillerie et les chars. Il s'était montré très courageux. J'aimais beaucoup André. Au cours de la conversation, André m'a avoué : « Tu sais, nous tes vieux camarades, il arrive que nous ne te comprenions pas. Tu prends une position si intransigeante sur certains sujets et notamment sur l'Algérie que nous ne te retrouvons pas. » Et j'ai répondu à Lichtwitz : « Eh bien vous ne me retrouverez jamais, si vous ne me retrouvez pas dans ces instants-là. »

— Vous êtes en train de dire que vous étiez plus gaulliste que le Général et que vous portiez plus haut et plus fort une certaine idée de la France qu'il vous avait montrée ?

— Oui.

— Donc vous alliez souvent en Algérie pour entrer en contact avec les militaires français.

— Oui.

— Vous êtes entré, à ce moment-là, dans une sorte de sédition. Comment avez-vous constitué ce noyau militaire ?

— Il était constitué. Il n'y aurait jamais eu la possibilité d'une Algérie française s'il n'y avait pas eu l'armée.

— Mais une armée qui était légaliste ? Et vous, vous étiez prêt à rompre la légalité ?

— Oui.

— Pourquoi ? Cela reste un des points...

— Parce que jamais le malheur ne m'a forcé à croire que l'objectif était changé.

— C'est-à-dire ?

— Nous étions partis pour sauver l'Algérie alors nous devions la sauver.

— Donc vous vous êtes organisés militairement. Aviez-vous la possibilité, voire la certitude, de conquérir le pouvoir par les armes, selon vous, aujourd'hui ?

— Oui.

— A votre avis, à l'époque, quel pourcentage de l'armée française était de votre côté ?

— Un grand pourcentage.

— En même temps, vous n'irez pas jusqu'au bout et vous ne participerez pas à la tentative de coup d'Etat de vos amis. Pourquoi ?

— Parce que j'aimais le Général.

— A quel moment avez-vous décidé d'arrêter ? Fut-ce un événement, un discours du Général, une appréciation politique ou votre amour personnel pour le Général ?

— J'étais sûr qu'il était le seul à pouvoir rendre la France à son destin. Sûr qu'il pouvait lui redonner le souffle de la foi, et j'ai vécu des jours difficiles.

— Vous étiez alors très proche de Soustelle ?

— Oui, bien sûr. J'ai, tout de suite, dès que le gouvernement a voulu faire arrêter Soustelle, décidé de le mettre à l'abri.

— Vous avez caché Soustelle ?

— Naturellement.

— Où ?

— C'était compliqué parce que Soustelle habitait avenue Henri-Martin, et le ministre de l'Intérieur qui, à l'époque de ces événements, était Jules Moch, un grand patriote, avait pris des précautions pour l'isoler. La maison de Soustelle était gardée, toutes les voitures qui s'y arrêtaient avaient leur numéro relevé. J'avais un ami, dont la mère habitait avenue Henri-Martin, et qui était le petit-neveu de Chateaubriand, Geoffroy de La Tour du Pin. Je lui ai dit : « Tu habites l'avenue même où je veux m'emparer de Soustelle pour le défendre, et je ne peux pas communiquer avec lui. On va explorer tes égouts. » Comme il était un homme ingénieux, il m'a répondu : « Mais Pierre, j'ai une autre solution à te proposer : j'ai découvert que dans l'immeuble de Soustelle, habite la fille de mon propriétaire qui est la seule des occupantes à avoir le droit d'y ranger sa voiture. Alors on va s'entendre avec elle pour sortir ainsi Soustelle, puisque nous avons cette voiture dans la cour même de cet immeuble. » Nous avons monté l'opération. Il fallait qu'en même temps le téléphone fût tout le temps occupé pour faire croire qu'il était là. On l'a enregistré faisant des déclarations d'ordre politique qui étaient comme des réponses à des questions !

— Vous l'avez caché dans le coffre ? Un vrai roman policier !

— On l'a caché dans le coffre et j'avais dit à Geoffroy : « Conduis Soustelle jusqu'à un passage – j'habitais avenue Montaigne – qui donnait sur l'arrière de l'avenue Montaigne – et amène-le-moi là. Et puis en même temps, amène ta valise, on part tout de suite. » Geoffroy est venu me chercher avec Soustelle. Il avait pris des couvertures et puis nous avons quitté Paris pour la Suisse.

— Toujours les mêmes réseaux depuis la guerre ?

— Toujours, oui. Nous avons roulé – j'avais une grosse voiture, une Buick – avec mon chauffeur, et quand nous sommes arrivés près de la frontière, j'ai dit : « Ecoutez, vous allez me déposer là, et je vais aller voir qui est de garde au poste. » C'était un de mes copains de la Résistance, à qui j'ai déclaré : « Nous allons passer en Suisse dans un quart d'heure, il faut que ce soit toi qui sois de garde et il ne faut pas que tu nous arrêtes, ni que tu demandes les identités. » C'est ainsi que les choses se sont passées. Nous avons franchi la frontière, salués par le garde. De l'autre côté, Geoffroy et moi nous sommes descendus à l'hôtel Richmond. Soustelle y a dormi sous une fausse identité. Il ne fallait pas qu'il soit inscrit officiellement. Le lendemain matin, j'ai loué un avion à Balair, une succursale de Swissair, et nous sommes partis vers Alger, en disant que nous partions vers la Tunisie.

— On peut dire que vous êtes un homme de ressources !

— En cours de route, à mi-parcours, je suis rentré dans la cabine de pilotage pour dire : « Nous changeons d'objectif, vous allez nous poser près d'Alger. » Alors les types n'ont pas trop protesté. J'étais le client. Nous nous sommes posés sans encombre. J'ai tout de suite remarqué que, sur le terrain d'aviation d'Alger, on ne nous accueillait pas avec la chaleur que j'aurais attendue. J'avais prévenu la tour de contrôle en disant : « Nous sommes tel avion, nous allons nous poser, je suis le général de Bénouville, j'ai à mon bord le gouverneur général de l'Algérie » – il ne l'était plus mais il l'était encore pour moi – et j'avais conclu en disant : « Vive l'Algérie française. » A notre descente de l'avion, on a vu arriver un de ces officiers qui traînent sur les bas-côtés des aéroports, avec des lunettes – je me suis toujours méfié des types qui ne voient pas avec les yeux que leur a donnés leur maman. L'officier m'a dit : « Suivez-nous. » J'ai refusé. Il a répété : « Nous allons vous demander d'aller au salon d'accueil, et M. Soustelle vous rejoindra ensuite. » Je lui ai répondu : « Décidément, vous nous prenez pour des cons ! M. Soustelle ne me quitte pas et il se rend avec moi au salon de réception. » Et à mesure que nous cheminions entre les baraquements où étaient des soldats français, j'entrais dans les baraquements et je leur disais : « Bonjour à vous tous, vive l'Algérie française, le gouverneur général Soustelle est revenu et l'Algérie restera française. » Quand nous sommes arrivés au pavillon d'accueil, au bout d'un quart d'heure, on a vu Salan arriver, Jouhaud, Massu, et comme je suis moins bête que j'en ai l'air, j'ai été lever la patte, ce qu'on a le droit de faire quand on vient de faire un voyage. Des toilettes, j'ai appelé le gouvernement général, et j'ai demandé mon ami Delbecque, qui était là. Je lui ai dit : « Ça y est, nous sommes là, préviens les territoriaux, qu'ils sortent leurs camions, leurs radios, et qu'ils annoncent dans tout Alger, qu'à six heures du soir, le gouverneur général prendra la parole au gouvernement général. » Ce qui a été fait. Les gens qui étaient venus nous accueillir avaient tendance à nous mettre sous le matelas, mais nous montrions une forte résolution. Si bien que, à six heures du soir, les territoriaux avaient parcouru tout Alger, nous sommes parvenus sur la place du gouvernement général. Le gouverneur général est arrivé et a crié : « Vive l'Algérie française ! »

— Il y avait du monde ?

— Oui, c'était noir de monde et noir d'Algériens.

— Soustelle a-t-il bien parlé ?

— Soustelle a très bien parlé.

— Vous n'avez pas pris la parole ?

— Non, j'étais trop préoccupé. Le Général s'est manifesté après le discours de Soustelle en disant à la foule : « Je vous ai compris. » Ce qui voulait dire : « Vous ne pouvez pas perdre l'Algérie [1]. »

— Vous l'avez compris ainsi ?

— Oui, on ne pouvait pas le comprendre autrement. La foule délirait, les colons arrivaient par camions entiers de toute l'Algérie.

— C'était un feu vert pour vous.

— Un feu éblouissant.

— Pour vous, il n'y avait aucun doute ?

— Non, aucun doute. « Je vous ai compris. »

— Vous avez vraiment cru que c'était réglé ?

— Oui, je l'ai cru. Le lendemain le Général partait pour Oran et m'a dit : « Bien entendu vous venez avec moi. » Je lui ai dit : « Non, mon Général, ce n'est pas la peine. » Je savais qu'il avait tout accepté, que tout se passait bien. Si on reprend son texte, il dit bien : « Oran, je parle à Oran, ville française et pour toujours française. »

— Vous ne l'avez pas accompagné à Oran parce que vous aviez fort à faire militairement pour aider ce que vous croyiez être une victoire militaire française.

— Je vais vous dire ce que je faisais, j'étais encore plus confiant ! Je suis parti me recueillir pour prier dans la région du Mzab.

---

1. Le discours de Soustelle a lieu le 17 mai 1958. Le voyage du Général aura lieu du 4 au 7 juin.

— Ensuite, le Général s'en va, regagne Paris. Vous, vous restez.

— Oui.

— Quand comprenez-vous ? Que se passe-t-il à ce moment-là ?

— Je comprends parce que nous étions très surveillés. J'avais quand même organisé les choses de telle manière que je pouvais téléphoner à Paris. J'avais donc rendez-vous au téléphone tous les jours avec Michel Debré qui me disait : « Ça marche du tonnerre. »

— A l'époque il était ministre de la Justice. Vous l'aviez tous les jours par des circuits secrets ?

— Par le circuit militaire – je le demandais de ma chambre d'hôtel.

— Vous demandiez Michel Debré et lui vous confortait ?

— Il me disait : « Voilà, les nouvelles sont bonnes. »

— Le Général n'a pas réagi, en vous voyant avec Soustelle ? Durant ces deux jours où vous l'avez côtoyé, il ne vous en a pas parlé ?

— Pas une fois.

— Comment interprétez-vous au jour d'aujourd'hui ce silence ?

— Comme une approbation. Je jouais une partie de cartes sévère...

— Cela passait ou cela cassait ?

— Cela est passé.

— Comment commencez-vous à comprendre que le Général a changé d'avis ?

— J'étais partisan, bien sûr, que le Général nommât Soustelle Premier ministre. Il n'a pas nommé Soustelle mais Debré.

— Vis-à-vis des partisans de l'Algérie française, c'était pareil.

— Oui c'était pareil, sauf que la résolution n'était pas égale chez les deux hommes.

— C'était donc un premier signe ?

— Oui. Je suis resté à Alger quelque temps, puis j'ai loué un avion et je suis rentré à Paris par Lyon. J'évitais les aéroports.

— Tout seul, sans Soustelle ?

— Soustelle était resté à Alger. A Lyon, j'ai trouvé près du théâtre une édition originale complète du dictionnaire Larousse. J'ai acheté ces livres que je me suis fait envoyer à Paris car je n'avais pas ce dictionnaire en vingt volumes sans lequel on vit très mal. Et puis j'ai repris contact avec mes camarades. J'ai su que c'était foutu.

— Par qui, par Michel Debré lui-même ?

— Oui, et puis par son entourage, j'ai su que le Général ne franchirait pas le Rubicon.

— Et là, quel fut votre état d'esprit ? Rébellion ou soumission ?

— Pas soumission. Je n'ai fait aucun geste et je ne me suis pas proposé une seconde de faire autre chose que de m'en aller.

— Sans un mot ?

— Oui.

— Avec le recul du temps, aujourd'hui, comment expliquez-vous votre passion pour l'Algérie française [1] ?

— Le Général m'avait nommé auprès de Soustelle, alors ministre des Colonies. Dans mon cabinet du ministère, j'ai préparé la première mission de Pierre Messmer, son parachutage en Indochine. On a beaucoup reproché, plus tard, à François Mitterrand, d'avoir eu une attitude pro-Algérie française quand il était ministre des Colonies. Bien sûr qu'il l'était et il avait raison ! « Perdre l'Algérie, c'est perdre la France. » C'est un article de lui, de cette époque. Mitterrand était un Français qui avait la conscience de la formation de l'unité qui est notre lien commun, et qui s'appelle la France. Toucher à cette unité, c'était commencer de la détruire. C'était un discours de nationaux, qui sentait l'être de la France.

— Avez-vous contribué à forger ses certitudes à cette période-là ?

— Je lui ai dit toutes mes opinions et il savait ce que j'en pensais. Il m'écoutait sur ce sujet et, pour moi, c'était incompréhensible que tout à coup, on vienne dire que l'Algérie pouvait ne plus être française. Incompréhensible.

— Et aujourd'hui, avec le recul du temps, comment jugez-vous l'attitude de l'armée française en Algérie ?

— Je trouve qu'elle s'est très bien conduite et je ne crois pas aux boniments des tortures, je n'y crois pas.

---

1. En mai 1958, Soustelle et Bénouville se réunissaient dans les bureaux de *Jours de France* avec leurs amis politiques, « bénéficiant alors d'un crédit illimité de Marcel Dassault, mais Dassault se séparera de son ami et restera légaliste ». Cf. Merry et Serge Bromberger, *Les 13 complots du 13 mai*, Fayard, 1959.

— Il n'y a pas eu que des boniments. Il y a eu de réelles tortures qui ont été accomplies y compris par l'armée française. Massu lui-même les a reconnues !

— Massu n'a pas reconnu les tortures.

— Si ! Il a reconnu certains actes.

— Non, non, Massu a dit quelque chose qu'on peut naturellement comprendre. A partir du moment où on est chargé de maintenir l'ordre et qu'on tient des gens qui préparent des complots, qu'on voit éclater des bombes dans le centre d'Alger qui tuent des civils, des enfants, alors, on n'a pas de peine à appliquer la règle. C'est-à-dire qu'on préfère les faire parler, qu'ils disent avant ce qu'ils ont préparé.

— Oui, mais vous, vous n'avez pas fait torturer des gens.

— Je ne l'ai pas fait, mais j'essaie de me trouver des excuses pour ne pas l'avoir fait. Je ne l'ai pas fait parce que les choses se sont présentées d'une manière où je n'ai pas eu à choisir.

— Quels étaient vos sentiments pour l'OAS ?

— Honnêtement, ceux qui prenaient en main ces questions montraient une résolution dont tout le reste de la classe politique manquait.

— Leur avez-vous donné des conseils ? Avez-vous encouragé leurs agissements ?

— Oui ! Pour moi, on ne perd pas un tel gâteau du territoire. Historiquement, l'Algérie était française avant Nice !

— Et de quelle manière les aidiez-vous ? Par vos réseaux qui continuaient à perdurer ?

— Ils étaient de toute façon convaincus qu'ils avaient raison. La décision du Général fut d'ailleurs pour moi un grand drame, parce que je faisais alors partie de ceux avec qui le Général avait décidé de travailler.

— Vous n'avez jamais caché votre opinion au Général ?

— Jamais.

— Pendant combien de temps a-t-il respecté cette opinion ?

— Tout le temps.

— Pas au moment où il a pris des décisions opposées à votre propre pensée politique.

— Oui, mais enfin il ne m'a jamais obligé à choisir. Cela a été une question très difficile, parce que j'avais non seulement une admiration, mais de l'affection pour lui. Si j'avais consenti – mais je n'y ai jamais consenti – à faire de la politique, je pouvais être...

— Ministre ?

— J'aurais pu être à n'importe quel poste important. En particulier la Défense et les Affaires étrangères dont il m'a, par écrit, donné l'exclusivité.

— Revenons à cette période de la guerre d'Algérie, puisqu'on ne dit plus maintenant les « événements », on la considère historiquement désormais pour ce qu'elle était, c'est-à-dire une guerre. A partir de quand vous êtes-vous éloigné du Général ?

— Je ne me suis éloigné de lui qu'à partir du moment où il s'est éloigné de lui-même sur ce sujet. Car il était tout à fait décidé sur l'Algérie française. Maintenant, en tant que chef de l'Etat, sa décision a été confrontée à des données que je n'avais pas. Je n'avais pas ses dossiers et il a décidé de traiter. Je ne suis pas sûr qu'il a eu raison. L'attitude de la France, vis-à-vis de l'Algérie, a été de tout temps une attitude pleine de contradictions. On ne peut pas conquérir des territoires, et ne pas vouloir user des armes.

— Mais que s'est-il, selon vous, passé entre le discours du général de Gaulle aux Français d'Algérie et sa décision politique ?

— Des informations. Je crois que l'Amérique a joué un jeu très difficile. Quand on est le général de Gaulle à Colombey et que, tout à coup on devient le général de Gaulle en Algérie, face à un drame pareil, quelque chose a dû se produire, mais personnellement je continue de ne pas croire qu'il a eu raison de changer.

— Comment avez-vous compris le changement d'attitude du Général ? Et qu'est-ce qui l'a déterminé à faire volte-face par rapport à ses engagements moraux ?

— Pour l'Algérie, il était persuadé qu'il fallait y rester. Il me l'a dit. Et puis, quand il a consulté le dossier de l'Etat sur l'Algérie, il a changé d'avis. Il a constaté que nous allions de toute façon perdre l'Algérie. Probablement en faisant couler le sang des Algériens et le nôtre. Pour moi, ce changement d'attitude du Général fut une déchirure. Ce fut atroce.

— Une blessure. Une trahison même ?

— Je ne dirai pas ça du général de Gaulle. Jamais. Non, je suis vraiment gaulliste.

— L'histoire ne lui a-t-elle pas donné raison ?

— Je ne sais pas. Aurions-nous eu peur de demeurer une grande puissance ?

— Mais il y avait un mouvement inéluctable des indépendances !

— Qui consistait comme tout le monde à se remettre en civil et en pyjama ? Je regrette ces indépendances et si je disais que ce mouvement de l'histoire était inéluctable, il faudrait dire aussi qu'Honoré d'Etienne d'Orves est mort pour rien. Les intellectuels qui ont combattu pour ces indépendances n'ont pas traversé une partie importante de ma vie : celle où j'ai combattu avec un régiment marocain, c'est-à-dire celle où j'ai éprouvé par les faits cette fraternité vraie, celle-là était sans phrases... François Mitterrand, s'il avait souhaité finalement ce mouvement d'autonomie, le voulait plus mesuré et plus étalé dans le temps. D'ailleurs, là, je pense profondément qu'il avait raison, étant donné ce qui se passe encore, hélas, en Algérie. On ne met pas à la porte les gens de chez eux, quand ils sont des Français, avec 35 kilos de bagages et 3 000 francs. Non. Je n'ai jamais douté de la puissance incluse dans le sacrifice. Lisez le beau livre d'Hélie de Saint-Marc [1], qui commandait le premier régiment étranger de parachutistes. C'était un vrai résistant. Fidèle à lui-même, pendant la guerre et pour défendre l'Algérie française. J'ai décidé alors d'arrêter toutes mes activités politiques en faisant connaître mes raisons. Tout mon groupe politique savait que j'étais pour l'Algérie française. C'est une telle souffrance que cette affaire... Encore aujourd'hui... Qu'est-ce qui me consolera de la mort de ceux qui y ont succombé, et qui étaient parmi les meilleurs ?

— Auriez-vous été jusqu'au coup de force ?

---

1. Hélie de Saint-Marc, *Les Sentinelles du soir*, édition des Arènes, 1999.

— Je n'ai jamais pensé que l'insurrection des généraux pouvait être une chose réelle. Je sentais que le Général allait l'emporter. Hélas, pas pour les meilleures raisons du monde. Les Français avaient hâte de retrouver le soleil. J'ai tout fait, y compris parler avec eux. Il suffisait d'aller dans la rue et de choisir à qui on parlait.

— Vous n'avez jamais eu d'explication du Général sur ce sujet ?

— Si, j'en ai eu quelques-unes. Le soir du verdict de mort contre Jouhaud, je suis allé lui dire : « Mon Général, n'ayant pas voulu faire couler du sang algérien, voudriez-vous voir couler du sang français ? » Il n'a rien répondu, mais Jouhaud fut gracié.

— De grands résistants comme Robert Antelme et Edgar Morin ont protesté contre la poursuite de la guerre en Algérie, notamment par la publication du *Manifeste des 121*. Cela n'a pas transformé votre opinion ?

— Non, j'ai une mélancolie inguérissable vis-à-vis de cette période et je n'ai pas changé d'avis.

— Par rapport à l'Algérie française, vous n'avez pas changé d'avis aujourd'hui ?

— Non, je regrette profondément cette absence de volonté nationale.

— Le chef de l'Etat que vous admiriez tant et à qui vous aviez donné votre vie pendant la Résistance en avait pourtant décidé ainsi ?

— Oui. Mais pour moi ce fut un drame. Ayant été si proche de lui et ayant été si près de l'exécution des tâches les plus urgentes, tout s'est alors arrêté dans ma vie. Je n'ai plus voulu ni militer, ni continuer à travailler auprès du Général.

— Vous disiez que, dans cette période de l'Algérie encore française, vous étiez coupé en deux ?

— Oui, j'étais coupé en deux, mais animé toujours et encore par le principe de l'espérance... je me suis dit, jusqu'au bout, qu'il y avait une chance que je sois peut-être entendu par le Général. J'ai toujours eu le sentiment que le Général avait très bien compris jusqu'où j'avais pu aller et je crois ne pas m'être trompé puisqu'il m'a témoigné, toujours, beaucoup d'amitié et de chaleur. Roger Frey n'arrêtait pas de se plaindre de moi et de Gaulle lui disait, à lui ainsi qu'à ses autres ministres : « Si j'avais été au combat, lui, messieurs, il y serait venu. » C'est Pompidou qui m'a raconté cette anecdote. Pompidou présidait avec le Général un Conseil des ministres où le Général a répété à Frey, en le regardant dans les yeux : « Lui, messieurs, il y serait venu. »

— Les Renseignements généraux devaient tout savoir sur vous pendant cette période ?

— Oui ! Je ne cachais rien. Quand j'ai quitté le groupe, j'ai fait une campagne électorale à Nice, et au début je n'ai pas dit que je n'étais plus au RPF ou ailleurs. J'étais Bénouville [1]. Le RPF a alors désigné un candidat contre moi qui avait son approbation pour occuper le siège. Je voulais prendre le siège qu'avait occupé mon vieil ami, le général Corniglion-Molinier [2]. Je savais ce qui se passait au comité directeur du RPF. Ma candida-

1. En juin 1962, Bénouville est exclu de son mouvement par le comité central.

2. Personnage fascinant, journaliste ami de Malraux, il fonda avec Emmanuel d'Astier de La Vigerie en 1940 le réseau Libération. Arrêté par les Allemands, il réussira à s'évader. Commandant en chef des forces françaises aériennes au Moyen-Orient puis en Grande-Bretagne et enfin de l'Atlantique, il se convertira après la guerre à la politique : sénateur, député, ministre. Ami intime de Marcel Dassault, il meurt en mai 1963.

ture les irritait beaucoup et à chaque fois qu'ils allaient se plaindre de mon comportement auprès du Général, celui-ci leur disait : « Mais enfin, vous ne voyez pas que Bénouville est en train de se foutre de vous et qu'il a organisé un complot ? » J'avais alors trouvé un type que j'avais pris comme second pendant cette campagne et qui organisait mes contacts secrets. Il avait perdu une jambe à Bir-Hakeim. Il était compagnon de la Libération et très efficace. Le Général a souhaité à ce moment-là que le comité directeur du RPF désignât officiellement quelqu'un qui me détestait, qui était derrière l'opposition contre moi, je veux parler de Foccart. Foccart pour moi c'était un petit flic, enfin c'était rien. Mais c'est à lui que le Général a dit au comité directeur du RPF suivant : « Enfin Foccart ! Vous ne voyez pas que Bénouville et ses amis sont en train de vous rouler dans la farine, c'est un complot de compagnons de la Libération. » J'avais mes émissaires, *mes* agents secrets. Chaban, par exemple, me prévenait de tout ce qui se passait au comité directeur. Il me racontait tout.

— Le Général a-t-il su que vous aviez une action directe auprès des membres de l'armée ?

— Oui, naturellement.

— Comment ? Pas par vous ?

— Pas par moi, mais il y avait des militaires pour le renseigner. Il y a eu un moment, dans un gouvernement intérimaire, un de mes compagnons qui a été ministre de la Défense, Chevigné. Chevigné le lui a sûrement dit !

— Et comment agissiez-vous ? Au vu et au su de tout le monde ?

— Je résidais à l'hôtel Saint-Georges, à Alger, c'était le plus agréable des hôtels et le plus confortable aussi, et le central du téléphone était branché sur le central téléphonique militaire, alors je m'en servais ! J'appelais Paris sans aucune difficulté. Je disposais de la priorité militaire du gouvernement et un jour, j'ai dit au troufion qui m'accompagnait : « Appelle-moi le général Jouhaud. » Il avait d'autres noms dans l'oreille, le pauvre, et au bout de trois minutes, j'entends : « Ici état-major général des armées, c'est le cabinet du général Gouraud. » Je ne fais pas attention, j'entends le nom de Jouhaud et je lui dis : « Ah, je suis heureux de t'avoir, je veux aller en Corse demain, fais-moi préparer un avion. » Et Gouraud, avec qui je me suis lié après, me dit : « Mais, mon général, j'ai peur que vous ne fassiez erreur sur votre interlocuteur, je suis le général Gouraud, major général des armées. » Je lui dis : « Ah, cher ami, j'avais demandé le général Jouhaud, mais je vais réparer cela tout de suite. Au revoir. » Et j'ai joint mon ami. Et j'ai eu mon avion.

— Et de qui étiez-vous le plus proche ? De Jouhaud ou de Salan ?

— J'étais très proche de Jouhaud. Oui. Et puis j'aimais beaucoup sa femme. Mais j'étais aussi très proche de Salan, puisque je lui avais été envoyé dès 1940 par le général franc-maçon Buhrer, chef d'état-major de Lémery.

— C'est ce que vous avez été dire lors du procès de Salan [1] ?

— Oui.

1. Raoul Salan : général français qui fut mis en 1956 à la tête du commandement supérieur interarmes de la 10e région militaire en Algérie. Il se rallia au général de Gaulle lors des événements de 58 mais rompit avec lui, prit part au putsch des généraux en avril 1961 et dirigea l'OAS. Arrêté en 1962, sa condamnation à mort par contumace fut commuée en détention perpétuelle. Il sera amnistié en 1968.

— En affirmant que, sans Salan, vous n'auriez pas pu vous engager dans la Résistance ?

— Et que je n'aurais pas été compagnon de la Libération. Comme bien d'autres.

— C'est une vision de l'histoire !

— Non, c'est vrai. M'étant appuyé totalement sur Salan, je n'allais pas ne pas l'appuyer totalement.

— Le général de Gaulle, qui savait, vous a laissé continuer ce double jeu sans jamais vous convoquer. Pourquoi ?

— Ce n'était pas du double jeu. C'étaient deux jeux différents. Il se trouve que l'on peut avoir deux amours dans sa vie. Les cœurs divisés sont quand même des cœurs donnés.

— Et pendant toute cette période de la guerre d'Algérie, vous vous rendiez très souvent à Alger ?

— Très souvent, oui.

— Par quels moyens... ?

— Ce n'était pas la peine d'essayer les chemins compliqués. Je savais que plus j'aurais des moyens clandestins, plus je serais repéré. Je prenais l'avion de ligne et j'allais à Alger.

— Et en dehors de certains militaires français, avez-vous reçu des appuis de l'extérieur ?

— Non.

— C'était uniquement une partie de l'armée française ?

— Oui.

— Et pour l'argent, d'où venaient les fonds ?

— L'armée avait des fonds.

— Vous soutenez que l'armée était alors déchirée...

— Les jeunes officiers, qui commandaient directement la troupe, quand ils ont vu les généraux s'insurger, ont fait eux aussi volte-face parce que c'étaient leurs chefs immédiats dont il était question. Un homme comme Salan eut alors une influence déterminante auprès de certains de ces soldats. Sans doute parce que c'était un militaire, à mon avis, plus intelligent que la plupart d'entre eux et qui a eu une évolution que j'ai vue. Il est mort très catholique, or il était franc-maçon. Il a beaucoup souffert de tout cela mais j'ai toujours eu la conviction que le Général n'avait pas su le comprendre. A la fin du procès de Salan, son avocat Tixier-Vignancour m'a lu une lettre du général de Gaulle adressée à Salan et l'encourageant pour l'Algérie française. Et j'ai dit à Tixier-Vignancour : « Mais enfin, comment se fait-il que tu avais cette lettre et que tu n'en aies pas fait usage devant le tribunal ? » Et Tixier m'a dit : « Figure-toi que je ne la connaissais pas. J'avais le dossier complet de Salan, mais pas cette lettre ! Salan ne me l'a pas montrée et il a eu raison, il s'est défié de mon impétuosité. C'est au moment où je finissais ma plaidoirie qu'il me l'a mise sous les yeux. » Cette lettre était édifiante ! Le Général disait dans cette lettre qu'il était un partisan de l'Algérie française et il le proclamait haut et fort. De Gaulle avait donc écrit à Salan qu'il avait chargé du commandement en chef une lettre qui lui disait : « Vous avez raison. »

— Vous avez affirmé que militairement le rapport de forces aurait pu jouer en faveur d'une Algérie française...

— Oui, c'est vrai.

— Mais sur quoi vous fondez-vous pour être aussi affirmatif ?

— Je me fonde sur le fait que tous les jeunes officiers qui avaient des commandements effectifs étaient des recrues, puisque c'était une armée d'appelés, et qu'eux-mêmes ont été surpris du ton des ordres qu'ils recevaient. Evidemment, le Général a inversé sa façon de dire, mais il était évident qu'il y a eu une période où il a été à fond pour l'Algérie française.

— De toute façon, le mouvement d'indépendance était inéluctable. Il n'y avait donc rien à gagner à le différer ?

— On aurait gagné que le mouvement d'indépendance n'aurait pas entraîné cette haine. Regardez l'histoire récente d'Enrico Macias. Il dit retourner dans le pays de ses ancêtres. Et puis tout à coup, on le lui refuse. Or, c'est le président de la République d'Algérie qui l'invitait !

— Aujourd'hui règne encore la discorde civile en Algérie.

— Oui, et il faut dire les choses, même dures, ce sont des gens que je connais beaucoup mieux que beaucoup de ceux qui en parlent parce que j'ai combattu avec des unités nord-africaines, ce sont des gens qui peuvent être d'un instant à l'autre les meilleurs et les pires du monde. Il y a un côté versatile, c'est la Méditerranée au paroxysme. Ces gens qui étaient de braves gens vont, pour punir un homme politique quelconque, la nuit, détruire les leurs, c'est quand même épouvantable. Le fond de tout ça reste que l'affaire d'Algérie n'est jamais close.

— Vous aviez des relations, y compris dans le camp adverse ?

— Bien sûr.

— Avec qui ? Qui estimiez-vous dans le camp adverse ? Ferhat Abbas ?

— Oui, j'ai eu plusieurs contacts avec lui.

— Pour une solution négociée ?

— Moi je voulais une solution négociée, je ne sais pas si lui le voulait, mais enfin il avait pris contact avec moi et il ne pouvait pas se tromper sur mes intentions. Alors je les ai revus après. « Le Tibre latin ». C'était le mot, le code que Ferhat Abbas devait prononcer si jamais les négociations aboutissaient. Plusieurs de ces groupes discutaient directement avec l'insurrection, pour les désarmer, et pour arrêter. C'était un brave type, ce Ferhat Abbas, qui avait épousé une Française, une Alsacienne. Je suppose qu'il n'a pas été convaincu ou qu'à force d'hésiter... Les intermédiaires étaient des journalistes qui habitaient Genève et qui faisaient les liaisons.

— Comment considérez-vous aujourd'hui les Algériens ?

— Dans une famille, si on a des difficultés, on ne peut se quitter qu'après avoir surmonté la querelle, et le faire autrement, c'est briser quelque chose de sacré dans le don qu'on fait aux autres de son amitié, de son affection. Les Algériens ont commencé à être des Français – ils l'avaient été superbement puisqu'ils furent résistants dans l'âme. Il y a un fait que j'aimerais bien dire : la France, quand elle a commencé la campagne d'Italie, a trouvé, camouflées en Algérie, au Maroc, énormément d'armes. Jamais, jamais aucun indigène n'a livré les dépôts d'armes secrets que nous avions faits sur leur sol. Jamais, pas un. Comment oublier un tel acte de ténacité et de fidélité ?

— Le Général vous en a-t-il voulu de vos interventions pendant les procès des généraux et de vos demandes de grâce ?

— Non. Au contraire, je crois que l'estime qu'il avait pour moi s'en est renforcée.

— Vous n'avez pas laissé tomber les généraux français après la guerre d'Algérie. Vous avez même voulu sauver certaines vies...

— J'ai souhaité assister au procès du général Jouhaud. Mme Jouhaud était à mes côtés dans la salle de la cour d'assises. A l'annonce de la sentence, elle s'est évanouie. C'était la nuit. Et alors j'ai fait ce qu'aurait fait n'importe qui : je l'ai ramassée et je suis sorti du tribunal avec elle, dans mes bras. A la sortie du tribunal, m'attendait ma voiture conduite par un chauffeur militaire. J'ai réalisé qu'elle était venue seule. Je l'ai fait entrer dans la voiture. Elle était si désemparée ! Et je lui ai demandé : « Maintenant, que faisons-nous ? Où allons-nous ? » Elle m'a répondu dans un soupir : « Pierre, pour l'amour de Dieu, conduisez-moi voir mon mari. Il faut que je le serre dans mes bras. » Nous savions, elle et moi, qu'il devait être fusillé à l'aube, le lendemain. « Bien sûr », lui ai-je répondu sans savoir très bien comment répondre à sa demande que je ne pouvais que comprendre. A l'époque, il n'y avait pas de téléphone dans les voitures militaires, pas même dans celle du général de Gaulle. Alors, on s'est arrêtés au bord de la route dès que j'ai aperçu une cabine téléphonique. Edmond Michelet était ministre de la Justice. Je l'ai appelé, je l'ai eu tout de suite en ligne, et je lui ai dit : « Edmond, je suis dans ma voiture, Mme Jouhaud vient de s'évanouir. Elle me supplie de la conduire à son mari. Je vais à la Santé directement, s'il te plaît, fais-nous ouvrir les portes ! » Il m'a dit : « Très bien, vas-y, je m'en occupe. » Et quand nous sommes arrivés à la Santé,

Mme Jouhaud et moi, le directeur de la Santé nous attendait, et nous a dit : « Je vais vous conduire à la cellule du général. » Tout cela s'est passé dans une tension indescriptible. Je l'ai attendue pendant deux heures. Je n'avais pas oublié qu'elle n'avait pas de voiture. Il faut quand même être bien élevé ! Je l'ai raccompagnée chez sa sœur dans un état épouvantable. Elle avait la certitude d'avoir vu son mari pour la dernière fois. Mais, quelque chose me disait au fond de moi-même que le Général ne pouvait pas faire fusiller Jouhaud. J'espérais, mais le temps pressait.

— Vous avez donc décidé d'intervenir directement auprès du Général ?

— Oui. Je suis d'abord allé chez moi, où j'ai écrit une lettre au Général, en lui disant ce que je n'aurais pas dit dans d'autres circonstances. Je lui ai rappelé que mon frère était mort pour l'honneur de la France à Buchenwald et je n'ai pas hésité à faire un éloge vibrant du patriotisme en terminant ainsi : « Alors écoutez, mon Général, le sang versé, moi qui l'ai tant versé, je sais bien ce que c'est, je vous supplie au nom de Dieu, de ne pas faire verser le sang des autres. Pas nous. Pas vous ! » Après avoir rédigé cette lettre, je l'ai portée moi-même à l'Elysée, l'ai donnée en mains propres au directeur de cabinet du Général, Etienne Burin des Roziers, dont la femme est morte en déportation. Je n'ai eu aucun mal à le convaincre de l'urgence du message. Etienne m'a dit : « Je vais la remettre au Général. » Pendant qu'il me parlait, il a été convoqué par le Général. Il est parti. L'entrevue n'a pas duré longtemps. Mais moi, j'ai quitté la pièce. J'ai pris la direction de l'ascenseur. Je marchais déjà en boitant, comme maintenant. L'ascenseur du Général était situé à l'arrière de son secrétariat et on y accédait par un couloir. Alors, tout à coup, au détour, je tombe sur le Général qui me dit : « Bénouville, que faites-vous ici ? » Je lui ai dit : « Je viens de voir mon ami Etienne et je vous ai déposé une lettre que je vous supplie, à genoux, de lire avec votre cœur. » Et il me dit : « Mais de quoi s'agit-il ? » Je lui dis : « Mon Général, il s'agit de vous puisqu'il s'agit de Jouhaud. N'oubliez pas qu'il est un fils de l'Algérie, qu'il est un homme du peuple. » Dire qu'il était un fils de l'Algérie, c'était dire la vérité. « Il s'est révolté contre vos décisions comme un fils se révolte quand on lui apprend que sa mère est en prison. On n'accepte pas. » « Bon, je vais la lire », a répondu devant mon insistance le Général. J'ai ajouté : « Mon Général, vous n'allez pas la lire, vous allez accepter ce que je vous demande. »

— Dans quel état d'esprit l'avez-vous quitté ?

— Je suis parti, convaincu au fond de moi-même qu'il la lirait avec son cœur. Aujourd'hui encore, je pense qu'il en a été ému. En sortant de l'Elysée, je suis allé voir Pierre Mendès France, qui a accepté immédiatement d'intervenir auprès du Général. Je connaissais bien Mendès France, parce que nous avions été au Quartier latin, pas du même côté, mais là nous communiions ensemble. J'ai redouté, et j'ai eu tort, que Jouhaud ne soit fusillé. Pompidou a sûrement joué un rôle très important d'avocat en faveur de la grâce dans toute cette affaire.

XXVIII – DE GAULLE-MITTERRAND

— Revenons à la naissance de la Ve République, avez-vous eu des différends avec François Mitterrand au moment de la publication de son ouvrage *Le Coup d'Etat permanent* [1] ?

— Oui, je me suis disputé avec lui. François était au fond tout à fait sensible au même niveau de vérité politique que moi.

— Ce n'est pas ce qui apparaissait dans cet ouvrage !

— Oui, mais François voulait à tout prix que la porte fût ouverte et de Gaulle voulait qu'elle fût fermée. De Gaulle voulait établir un certain nombre de pouvoirs sur des bases tout à fait traditionnelles et François comprenait mieux que quiconque que si de Gaulle le faisait et y parvenait, lui, François, on lui retirait ce dont il avait toujours rêvé. C'est cela la véritable histoire. Je le dis avec une profonde affection pour François.

— Dès la constitution de la Ve République, il aurait compris que c'était de Gaulle ou lui ?

— Oui exactement. Ce fut donc le Général.

— Et pourtant, en 1981, quand il fut élu président de la République, lui qui avait tellement stigmatisé la Ve République en a revêtu les habits avec une facilité déconcertante.

---

1. François Mitterrand, *Le Coup d'Etat permanent*, rééd. Julliard, 1984.

— Oui, à croire qu'ils avaient été faits sur mesure pour lui !

— Il avait coutume de dire que cela dépendait des personnes et que lui, ça lui allait bien.

— Oui, il n'avait pas tort, il était fait pour ces institutions. Pourtant, j'avais sincèrement tenté, lorsque François a été battu aux élections, de le décourager de continuer dans cette approche de la politique.

— Il a été battu à plates coutures. Vous avez fait sa campagne ?

— Non.

— Ni personnellement, ni financièrement ?

— Non.

— Mais vous êtes resté ami avec lui ?

— Bien sûr. Le hasard a fait que nous avions à l'Assemblée des vestiaires très proches, qui sont plutôt des débarras dont les députés se servent pour y empiler des documents. Le jour où il est venu à l'Assemblée pour vider son vestiaire, je me suis trouvé à côté de lui. Je lui ai tout de même dit : « François laisse-moi faire. Je voudrais te parler. Je trouverai le chemin » et François m'a dit avec fureur : « Jamais, jamais je ne prendrai ce chemin. »

— Quel chemin ?

— Le chemin pour rencontrer à nouveau le Général. Quand François est allé s'expliquer avec le Général, il a commis une erreur que je ne peux pas lui reprocher, mais une erreur capitale pour qui connaît le Général : il n'y est pas allé seul. Il y est allé avec un de nos camarades avec qui j'ai gardé des relations amicales, Dechartre. Et, quand il est arrivé dans le bureau du

Général, rue de Grenelle à Paris, tout de suite après le débarquement, le Général avait convoqué François parce qu'Henri Frenay, à juste titre, reprochait à François de faire tous les jours des manifestations avenue Foch, devant le ministère – ajoutons que François, quoi qu'il en ait dit, n'a jamais été ministre du Général – et les manifestants qui étaient forcément des antigaullistes, des communistes en général, allaient crier des slogans hostiles au Général. Le Général m'a raconté l'entrevue. Il m'a dit : « Je l'ai vu votre ami Mitterrand, il est venu avec Dechartre. » De Gaulle était très prévenu contre le mouvement de prisonniers qu'avait fondé Mitterrand [1], par son propre neveu, qui avait fondé un mouvement concurrent. Leur première entrevue à Alger s'était déjà mal passée à cause aussi de la rivalité avec Michel Cailliau pour la prise de pouvoir du mouvement des prisonniers et des déportés. Mais, à cette période complexe de reprise en main du pouvoir politique de l'après-Libération, le Général, très intuitif, avait compris que François montait à l'époque une vaste opération politique. Le Général n'en voyait pas les limites, mais moi je les sentais. Et le Général lui a dit : « Ecoutez : ou bien vous allez me promettre tous les deux que la manifestation de ce soir n'aura pas lieu, ou bien vous allez tous les deux sortir de mon bureau pour aller directement en prison. » François, avant de donner sa réponse au Général, a demandé à parler à Dechartre en tête-à-tête. Le Général n'a pas voulu qu'ils sortent : « Si vous avez à parler, allez parler un peu plus loin dans mon bureau. » Ils se sont mis dans l'encoignure d'une porte. François a décidé de céder et a dit : « Je peux vous garantir que le défilé de ce soir n'aura pas lieu, ni ce soir ni demain. » Le Général savait que ces manifestations perturbaient grandement

1. Le Mouvement national des prisonniers et des déportés de guerre.

Frenay et affectaient son moral. Je le savais d'autant mieux que Frenay habitait chez moi à l'époque ! Je le voyais rentrer de son ministère accablé par ces manifestations d'hostilité ; il n'y a pas de doute que Dechartre fut le point de communication de François avec les manifestants, c'est-à-dire avec les communistes. Et la manifestation n'a pas eu lieu. Ni ce soir-là ni un autre. Elle n'a plus jamais eu lieu. Cela a été fini. Mitterrand n'a jamais été appelé par le Général pour faire partie de son gouvernement. Il en fut blessé.

— Au fond, de Gaulle n'a jamais choisi Mitterrand. Il s'en est toujours méfié. Et pas seulement pour des raisons politiques, puisqu'il a fait appel à d'autres personnalités de gauche, Mendès France par exemple ?

— Oui et pas seulement. Moi je savais par Gaston Defferre que le Général avait fait venir Gaston – peut-être pas au même moment – et, Gaston étant gaulliste, il lui a laissé comprendre qu'il le prendrait volontiers dans son gouvernement. Et Gaston, qui était la loyauté même, est venu bouleversé à mon bureau et m'a dit : « Pierre, il veut me faire entrer au gouvernement. » Je lui ai dit : « Quelle chance, il a raison, quel bonheur. » Parce que je savais que la séduction devait, comme toujours, amener à s'expliquer et qu'il n'y avait pas de complot de son côté qui fût possible. Quand un homme tombe d'amour, il tombe d'amour. Et tous ces garçons aimaient profondément le Général, tous, y compris Gaston et François. François Mitterrand n'a pas voulu se faire prendre à ce qu'il appelait de fausses espérances et a refusé une proposition de rencontrer de nouveau le Général. Il a manqué une chance énorme pour notre pays. Imaginez que ces deux hommes se soient entendus. C'était tout à fait possible. Je le pense encore aujourd'hui.

— Le Général vous a-t-il parlé de l'ouvrage de François Mitterrand *Le Coup d'Etat permanent* ?

— Bien sûr. Il le considérait comme injurieux. Il est d'ailleurs injurieux. Non seulement il est injurieux mais injuste. Qui rétablissait la liberté et les institutions ? C'était de Gaulle et lui seul. Mais le fait que c'était de Gaulle privait François de son champ d'activité naturel.

— Toujours ce désir éperdu chez Mitterrand de conquête du pouvoir ?

— Eperdu, oui.

XXIX – GAULLISTE ENVERS ET CONTRE TOUT

— Vos rapports avec le général de Gaulle furent à la fois fervents, admiratifs mais aussi contradictoires. Aujourd'hui, où en êtes-vous ?

— Gaulliste, je le reste, même avec ce très profond désaccord sur l'Algérie. Je n'oublierai jamais que de Gaulle fut le seul, dans son abîme, à savoir nous regrouper. Cela signifie qu'il n'est pas vrai qu'au fond du malheur on atteint le fond de l'aventure. La preuve en est que la France est entrée dans la guerre parce que nous étions amoureux d'elle. J'ai bien connu le Général et j'ai partagé avec lui des moments intimes, intenses, importants. Un homme comme lui, on finit par l'aimer beaucoup, et quand on aime beaucoup, on finit par trouver des excuses à toutes les aventures de la vie, si bien que cet héritage du gaullisme incarne pour moi beaucoup de souffrances. Mais je ne dirai pas que le bilan est négatif. Comme dans toutes les grandes aventures réelles, cet homme portait une croix profonde. Et on ne se débarrasse pas d'une croix.

— Une croix qui n'est pas la croix de Lorraine, qui est la croix chrétienne ?

— C'est la croix, la croix des souffrances.

— Oui, parce que vous avez tracé tout au long de nos entretiens un portrait assez tendre du général de Gaulle, habité par des problèmes de souffrance intérieure, un grand malheur, notamment celui de la maladie de sa fille. Le de Gaulle souffrant n'a-t-il pas modifié votre jugement sur l'homme ?

— J'ai peut-être eu la chance de connaître un homme comme tous les êtres quand ils sont eux-mêmes, en fin de compte. Il y a finalement peu d'hommes mauvais. Il n'avait pas de ruse, et puis je sais mieux qu'un autre qu'il était d'une grande générosité, d'une grande attention aux souffrances des autres.

— Comment comprenez-vous la hargne, la violence, quelquefois même la haine de François Mitterrand à l'égard du Général, haine qui l'animait encore à la fin de sa vie ?

— Je sais, puisque j'ai tenté tout ce que j'ai pu pour le faire revenir sur ses opinions. C'est que le Général n'a jamais vraiment projeté de l'engager. François était convaincu que sa vraie place dans la vie eût été près de lui. C'est la vérité, l'unique clef pour comprendre. Je m'en suis expliqué avec lui de nombreuses fois. Très profondément. François l'approuvait, mais ne voulait pas l'avouer. Je l'ai peut-être plus aimé que François. Il était dit que pour l'amour de la patrie, je devais endurer cette souffrance de voir François continuer à le conspuer.

— Deux grands thèmes ont structuré ce rejet profond de François Mitterrand vis-à-vis du Général : le premier, c'était la thèse de l'éviction de la Résistance intérieure, le second, c'était sa méthode qui consistait à stigmatiser la naissance de la Ve République comme, justement, un coup d'Etat. Ces deux points fondamentaux n'ont-ils pas continué à alimenter cette violence, à la fois personnelle et politique ?

— Oui. Mais François avait tort sur la Résistance. Nous étions tous autour du Général, actifs dans cette

Résistance intérieure. D'ailleurs, le Général nous a incités à ne pas baisser les bras. A partir de là, il pouvait faire de nous ce qu'il voulait. Par contre de Gaulle – et François y fut très sensible – a été très injuste vis-à-vis d'Henri Frenay. L'affaire Frenay est une histoire douloureuse. François a réparé comme il a pu ses souffrances et réparé l'injustice dont il a été l'objet. François, malade, a donné à Henri la grand-croix de la Légion d'honneur qu'il méritait. François m'a demandé de prononcer le discours, j'ai refusé. J'avais un terrible boulet et je vivais un drame de conscience. Qu'aurais-je dit de l'attitude du Général ? Mieux valait se taire...

— Et pourquoi le Général s'est-il comporté ainsi envers Henri Frenay ? Pourquoi l'a-t-il écarté alors qu'il avait fait de lui son ministre à Alger en 1944 ?

— Parce qu'Henri était comme lui, sa caricature absolue. Henri était d'une pureté enfantine et il était comme un reproche vivant pour de Gaulle. Il incarnait l'échec de la continuité de l'esprit de résistance après la guerre. Frenay voulait changer le monde, alors qu'Emmanuel d'Astier de La Vigerie, qui était un être plus subtil, n'était pas aux yeux du Général un reproche vivant... N'oublions pas que d'Astier s'est comporté comme un héros quand, en 1940, il a décidé d'entrer dans la Résistance : il se droguait. Il s'est rendu compte qu'il ne pouvait pas créer son mouvement s'il continuait. Il a arrêté du jour au lendemain. Si l'on y réfléchit aujourd'hui, on peut affirmer qu'Henri Frenay gênait le général de Gaulle parce qu'il ramenait tout le temps le problème sur la prédominance de l'armée secrète, la prédominance du combat, la réalité du terrain. Et cet aspect ennuyait le Général. Je n'oublierai jamais ce rendez-vous avec lui à Alger, avant mon départ pour rejoindre l'armée en Italie. Quand je lui ai demandé à partir rejoindre l'armée secrète en Italie, il m'a dit : « Mais Bénouville, qu'est-ce qui vous prend à votre âge ? Et pourquoi insistez-vous ? » Je lui ai dit : « Mon Général, rien de spécial, simplement un peu de bonne conscience. Je ne veux pas être traité autrement que les autres. »

— Beaucoup n'ont cru au Général que lorsqu'il est revenu ?

— Au fond, cela m'a toujours fâché ces gaullistes qui n'avaient pas été gaullistes.

— Que veut dire être gaulliste ?

— Avoir dit non tout de suite et avoir refusé.

— Donc avoir été parmi les premiers ?

— Pas parmi les premiers. Les premiers sont nés pour cela. Avoir dit non tout de suite.

— Et pourtant le Général n'a pas forcément récompensé ceux qui étaient parmi les premiers ?

— Qu'est-ce que cela pouvait faire ? Ces premiers-là n'étaient pas à récompenser. Ce ne sont pas des chevaux à Longchamp.

— Oui, mais pourquoi ne pas avoir fait davantage appel aux résistants de la Résistance intérieure ?

— Il faut dire que, parmi les premiers, il y avait très peu finalement, quand on regarde avec de la distance, de gens capables d'assumer des places importantes dans l'Etat. Et quant aux personnes qui se sont écartées d'elles-mêmes – il y en a que j'ai bien connues, que j'aime –, c'est une question que je n'ose même pas leur poser. La fin du Général a été très difficile parce qu'il s'attendait à beaucoup plus de fidélité de la part des gens et, en particulier, parce qu'il ne s'est jamais interrogé sur sa propre fidélité.

Néanmoins il était très ouvert à toutes ces questions jusqu'à sa mort. Je me souviens que Paul Reynaud, que je connaissais bien, a été obsédé à un moment par l'idée qu'il fallait qu'il rencontre le Général. Cette idée l'a taraudé quand il a appris que le Général écrivait ses Mémoires. Il m'a dit : « Déjeunons avec lui. » Je lui ai répondu : « Non, cher Paul, ce n'est plus l'époque où l'on va déjeuner avec de Gaulle. Si on va déjeuner c'est qu'il vous en prie et s'il vous en prie c'est qu'il a déjà fait tout seul le chemin qui mène de lui à vous. » Il m'a supplié. « Alors, essayez quand même... » Je lui ai dit : « Non, je n'essaie pas. Il me dira non. D'ailleurs je n'essaie jamais de lui faire faire quoi que ce soit. » Et puis Reynaud m'a tellement imploré en me parlant de ses enfants, de la transmission de ce déshonneur national sur toute sa famille, enfin tout ce qu'il fallait me dire pour m'émouvoir !, que finalement j'ai dit au Général : « Vous savez Paul Reynaud est très anxieux de vous rencontrer. Ce que vous allez dire de lui dans vos Mémoires le préoccupe beaucoup. » Il m'a répondu : « Eh bien vous pouvez lui dire une chose importante, et que moi je n'oublierai pas, c'est qu'il a voulu, du mieux qu'il pouvait – mais les hommes sont les hommes et les hommes politiques composent une tribu spéciale –, croire à l'armée de métier, ce qui était la seule solution. Or l'armée de métier était la seule capable de servir comme une armée et aussi de transformer les hommes qui la composent en spécialistes de la défense et de la bataille. C'était un grand problème, moral, technique, intellectuel, philosophique. Alors n'oubliez pas de lui dire qu'en tout cas, dans ce que je vais écrire à son sujet, il ne trouvera aucune occasion de rougir devant ses fils. Ajoutez bien que sa position de principe vis-à-vis de l'armée a été à l'origine de mon sentiment. » Je l'ai dit à Paul qui a maintenu quand même le désir de le voir. Le Général n'était pas fait pour les mondanités. Cela l'embêtait et il en voyait la vanité tout de suite, le temps perdu. Alors il lui a donné un rendez-vous. Ils se sont parlé. Il y avait des degrés pour le Général dans la reconnaissance de la qualité des gens que, précisément, Peyrefitte n'a jamais compris !

— Vous avez continué à le voir durant cette période si difficile de la traversée du désert ?

— Toujours. Je peux me séparer de quelqu'un pour des raisons d'ordre moral, mais je ne suis jamais infidèle.

— Donc, c'était lui qui demandait à vous voir ?

— Oui.

— Pourquoi ?

— Pour parler. Mais, par exemple, quand j'ai habité à Fontainebleau dans la propriété des Montesquieu, le Général a été curieux de la voir. Alors je l'ai invité avec un chef communiste de l'époque.

— Chef de la Résistance ?

— Oui, bien sûr, les autres ne m'intéressaient pas. Il était le responsable de l'armée secrète pour la région de la Lozère.

— Comment s'est déroulé le repas ?

— Merveilleusement. Le Général ne voulait pas qu'on le noie sous les démonstrations extérieures d'affection. Mais quand il sentait une grande ferveur, tout à coup il sortait de lui-même.

— Vous dressez un portrait du général de Gaulle comme d'un être sensible, presque tendre...

— Il l'était... Quand il avait sa petite fille dans les bras, c'était très émouvant. C'était une personnalité très attachante, en permanence à l'écoute des autres.

— Tout ce portrait vient en contradiction avec ce que l'on sait de lui, au fond.

— Oui, mais c'est le vrai portrait.

— Qu'est-ce qui faisait que cette barrière entre vous n'existait pas et qu'il pouvait se permettre de s'abandonner avec vous ?

— Parce que j'étais parti tout de suite. Je n'avais pas eu d'autre choix. A aucun moment.

— Donc à partir de là, c'était la confiance ?

— Oui, la confiance, pleine et entière.

— Est-ce que vous diriez que vous avez été un intime du Général ?

— Oui, à beaucoup de moments. Alger c'était la première fois. Puis à Paris. Vous ne trouvez pas extraordinaire que de Gaulle ait installé son cabinet rue de Solférino ?

— Vous pensez à la bataille ?

— Oui.

— Vous êtes plus sévère pour le de Gaulle politique. Nous avons beaucoup parlé de ses errements, de ses volte-face, de l'Algérie française. On a l'impression que l'étape précédente de la reconstruction française, et dans laquelle vous êtes engagé, a été une étape que vous jugez aujourd'hui positive ?

— Très positive. Parce que c'est au fond la faute de la France si elle n'a pas entendu ce qu'il lui disait. Mais il l'a dit. C'est une époque où toutes les grandes choses qui se sont décidées l'ont été sous son impulsion.

— Vous pensez à quel héritage ?

— Je pense aux transformations sociales nécessaires, et au fait que si les Français ne veulent pas ouvrir leur cœur à la générosité, au partage, ils disparaîtront, et comme je ne crois pas qu'ils disparaîtront, comme je sais que ce n'est pas possible, alors pas de repos jusqu'à ce qu'on y parvienne.

— Aujourd'hui, lui donnez-vous raison d'avoir, pour la première fois, fait entrer des communistes au gouvernement ?

— Je trouvais que c'était normal, en même temps que j'avais – je vous l'ai dit – un incommensurable mépris pour M. Thorez. Mais il se trouve que la vie ressemble plus souvent à une salle d'hôpital qu'à l'Eden. Je suis sûr que Thorez, au fond de lui-même, aimait profondément la France, comme nous tous. Mais je ne pouvais pas lui pardonner de s'être dérobé à son devoir. J'ai été choqué et puis j'ai compris. J'ai moi-même rencontré des communistes qui sont devenus, comme Marcel Degliame, parmi mes plus proches amis. Je considérais que le Général savait mieux que les autres ce que devait être l'Etat et il a eu beaucoup de discernement. Il y avait une grande difficulté, c'est que beaucoup d'hommes politiques usés par l'image qu'ils avaient d'eux-mêmes se sont agités pour entrer au gouvernement. Aucun n'y a réussi, aucun. Mais tous voulaient y entrer, tous les anciens se sont précipités, Herriot, par exemple. Au cours d'une séance à l'Assemblée, Herriot demanda qu'on retire leurs croix de guerre aux Français qui avaient combattu contre nous en Syrie et ailleurs. Le Général lui a répondu : « Je ne suis pas revenu en France pour arracher les croix sur les cercueils. » C'était vrai.

XXX – DE GAULLE AUJOURD'HUI

— Qu'avez-vous appris du général de Gaulle ?

— J'ai tout de suite su de lui des chemins. C'était un homme qui était trop intelligent, car il l'était énormément, pour n'avoir pas des lumières sur toutes les choses que son destin humain lui faisait devoir de ne pas regarder. Il savait tout des êtres, il savait tout des choses. Il avait en lui-même une rectitude qui faisait que chacun s'inclinait. La liberté intérieure qu'il avait, je trouve qu'il l'a montrée spécialement dans le cas de Malraux, qui est arrivé après nous tous dans la Résistance. Chacun méritait de n'arriver qu'à son heure. Il n'y avait pas d'heure même pour ceux qui avaient oublié l'heure. Mais le Général a tout de suite compris que Malraux avait des choses à lui dire qui n'étaient pas de l'ordre de l'ordinaire. Le Général avait un côté conventionnel, certes, mais ces conventions représentaient pour lui un bouclier. C'était une façon d'être exact, toujours à l'heure, mais, au fond, ce n'était pas du tout ce qui comptait. Ce qui importait c'était d'autres valeurs. Saviez-vous qu'il avait beaucoup lu dans le domaine romanesque ? Et je me souviens qu'un jour nous sommes allés, Malraux et moi, le voir à Colombey et qu'en partant nous nous disions tous les deux des phrases entières sur les difficultés de la vie, un peu comme des pleureuses professionnelles ridicules se plaignant d'une actualité tourmentée. De Gaulle nous a interrompus et très gravement nous a dit : « Ecoutez, tout ça est dans Giraudoux. Mieux dit. Souvenez-vous de *Bella*. Elle revient et elle est enivrée par l'air qu'elle respire comme quand on rentre chez soi, elle débarque, elle court et le premier qu'elle retrouve c'est un Français qui, comme les Français le matin, ne s'est pas donné la peine de se raser, et il n'a ni cravate, ni col, ce Français. Il a une pomme d'Adam qui délire comme du mercure en folie et quand il voit cette jeune et jolie femme pleurer, il a un sentiment naturel de compassion qui le porte vers elle. Et il lui dit : “ Ne pleurez pas madame, il ne peut rien vous arriver, je suis le contrôleur des contributions. ” »

— Vous voulez dire que le Général avait de l'humour aussi ?

— Bien sûr ! Il avait de l'humour et en plus il savait rire.

— On l'imagine rigide, sec.

— Il ne l'était pas du tout. Il avait le cœur tendre et ami. Il ne se livrait pas beaucoup. Je crois qu'avec raison il se défiait des confidences, mais quand on avait passé cette barrière, tout était simple, car il était, contrairement à ce que disent ceux qui lui survivent, tendre, indulgent, et à l'écoute de l'autre. Il avait peur de s'affaiblir. Il était quelqu'un qui entretenait vraiment sa mémoire, il voulait qu'elle ne se permette pas de le quitter sans qu'il lui ait donné congé et il savait énormément de poésies et admirablement choisies. Mieux que dans l'anthologie de Pompidou.

— Comme François Mitterrand, le général de Gaulle a-t-il, selon vous, hésité entre deux destins, la littérature ou la politique ?

— Bien sûr, c'était un homme de lettres, c'est évident. Mais c'était un homme de lettres pour rejoindre, répandre et dire le vrai. Il a un style absolument superbe. Il sait dire de grandes choses avec l'espace qu'il faut.

— Vous avait-il fait lire ses *Mémoires* avant leur publication ?

— Non, mais il m'en lisait souvent des passages. J'ai ainsi passé en sa compagnie des après-midi entières à Colombey... Soustelle lui avait donné le nom d'un universitaire, que j'ai bien connu, qui s'appelait Thibaut et avec qui le Général travaillait. Mais ça ne devait pas être facile pour Thibaut – c'était un agrégé – de travailler avec le Général qui avait, sur le choix des mots, le don de la lumière. Il savait ce qu'on pouvait ou ne pouvait pas dire.

— Les mots – le choix des mots –, aussi, pour galvaniser le peuple. L'appel du 18 Juin a été rédigé dans un style épuré.

— Pur, sobre. Aussi sobre, sans déclamation. Et au fond c'est une merveille de voir un homme qui est né pour dire une chose et qui sait la dire. Le Général était né pour nous parler de la France et pour s'en parler à lui-même. Se promenant avec moi un jour à Colombey, je lui ai demandé : « Pourquoi avez-vous choisi cette maison ? » Alors il m'a dit : « Regardez où elle est située. Elle est située sur le chemin de tous nos malheurs. Chaque fois qu'une invasion dans l'histoire nous est arrivée, elle est passée par là. De tout temps, de tout temps, les Bourguignons, Jeanne d'Arc, enfin. » Mme de Gaulle m'a dit à ce sujet : « Voyez-vous, Bénouville, j'avais une obsession, je voulais vivre dans une propriété qui ne fût pas loin du centre et des villes de garnison » – c'était le cas – « mais surtout dans laquelle j'aurais la certitude que les enfants ne pourraient pas se noyer. » Mme de Gaulle ne s'était jamais remise de son drame familial.

— Le Général jouait-il au Général ?

— Non, parce qu'il était vraiment comme ça. Il était fait pour l'histoire de France et il s'était fait pour l'histoire de France. Je crois que rien ne l'a autant intéressé que notre histoire et il avait un tel souci de la France qu'il en connaissait tous les défauts et tous les côtés irremplaçables. Je crois ne pas me tromper en disant que la France crée dans le cœur des hommes qui s'intéressent à elle un besoin impérieux de la liberté sans laquelle elle n'existe pas. Et donc des exigences qu'on peut énumérer, mais qui sont l'honneur de l'existence.

— Il était fait, dites-vous, pour devenir un homme d'Etat.

— Il l'était, il l'était dès l'avant-guerre. Ce qu'on connaît des textes qu'il a écrits avant la guerre, ce sont toujours des réflexions sur la façon dont, pour exister, la France doit ne pas arrêter l'enseignement qu'elle incarnait et qu'elle donnait aux autres peuples.

— Dès 1943, au fond, il avait constitué et médité déjà son gouvernement ?

— Avant.

— Avant même 1943, vous diriez ?

— Avant, je dirais dès qu'il a été auprès du Maréchal – le Maréchal l'avait pris à son cabinet parce qu'il était l'officier le plus cultivé, le plus intelligent – et en même temps, tout à fait soucieux de posséder ce qu'il créait.

Je vais vous raconter quelque chose que personne ne connaît. En plein désordre de l'OAS, Georges Bidault pour qui j'avais de l'affection et de l'amitié – il était à l'époque à Paris, il risquait de s'y faire arrêter par la police du Général – est venu me trouver à bout de forces, lâché par tous, et m'a supplié : « Bénouville, où puis-je aller ? » Il fallait bien que Bidault aille coucher quelque part. Mais où ? Personne n'en voulait... J'ai alors demandé au directeur de cabinet du général Weygand, le colonel Roger Gasser, que j'avais connu parce que j'avais été son prisonnier en Algérie, puis j'étais devenu son ami. J'ai dit : « Roger, où puis-je le mettre ? » Et Roger m'a dit : « Chez moi. Bidault pour moi fut le président du CNR ! » Alors il s'est installé square de la Tour-Maubourg où Roger Gasser lui a donné une chambre. Mais Gasser n'était pas le seul à habiter cet immeuble. Pétain y avait habité et Mme Pétain y résidait. Bidault devait dormir dans l'appartement en principe une nuit. Cela a duré une semaine. Gasser et Mme Pétain partageaient la même gouvernante. S'il y avait un endroit où on pouvait être sûr que la police ne viendrait pas, c'était chez Mme Pétain. Et tous les matins, la gouvernante, Cécile, partait pour le marché et faisait en même temps le marché de Mme Pétain et de Bidault. Il fallait les faire déjeuner tous les deux !

XXXI – LE CIRQUE POLITIQUE

— Quelle expérience tirez-vous de votre engagement et de votre carrière politique ?

— Qu'il est impossible, si tant est qu'on ne soit pas insensible à sa propre nature, d'oublier que chaque chemin est fait de beaucoup de routes et qu'il y a des choses qu'on ne peut jamais faire : on ne peut jamais abandonner ceux avec qui on a combattu, et on ne peut jamais accepter de renier leur combat puisqu'on l'avait mêlé au sien et qu'on y avait connu le bonheur. Jamais. C'est très difficile, quasiment impossible d'être un homme politique.

— De votre temps, justement, les hommes politiques disposaient de plus de pouvoir et avaient peut-être plus de proximité avec leurs électeurs qu'aujourd'hui ? Est-ce que vous aimiez ce rôle de tribun, ce rôle de porteur d'une parole, dans les préaux d'école, ce côté physique de l'engagement politique ?

— Oui, j'aimais.

— Comme Mitterrand.

— J'aimais aller leur parler et j'aimais sentir que les choses prenaient une autre face. Quand on voit des visages réconciliés dans une salle où l'on avait senti que l'on aurait à combattre, on se dit que la parole... Oui, j'aimais.

— En même temps, il y avait un côté jeu dans cet exercice.

— C'est au moment où j'ai compris que j'allais être battu par mon adversaire politique que j'ai invité tout le monde, y compris mes adversaires. Tout le monde est venu. C'était hilarant. Je me suis retiré le cœur léger comme un danseur.

— Vous avez été député, maire : quel est le rôle qui vous a le plus apporté de satisfactions ?

— Ce ne sont pas ceux-là. Le fait d'être élu m'indiffère.

— C'est une joie, quand même, après avoir fait une campagne ?

— Oui, c'est une joie, et dans les circonscriptions que j'ai représentées, je suis sûr que même dans l'état où me met la vie en ce moment, celui d'un vieillard impotent, si je me présentais à nouveau, je serais élu, parce que j'ai des liens d'amitié avec des gens de toutes sortes et pas croyables !

— C'est la proximité avec les gens plus que le message politique ?

— L'instituteur de chez moi, laïc, venait en car avec moi à Fougères, le jour où j'allais faire un meeting contre son parti, et me disait : « Monsieur Pierre, n'allez pas nous humilier, vous allez gagner. » J'ai toujours aimé ces contacts où les hommes se font un peu meilleurs pour être à la hauteur de ce qu'on leur apporte. La politique peut cela. Les deux rôles étaient intéressants. Le maire fait du bien autour de lui dans sa commune, le député est à la disposition d'une circonscription où c'est un plaisir au fond de travailler la pâte humaine.

— Vous est-il arrivé de savoir que concrètement vous aviez fait du bien en tant qu'homme politique, ou est-ce que vous aviez l'impression que tout glissait entre vos doigts ?

— Non, je crois qu'il y a un certain nombre de choses que j'ai réalisées et dont j'ai été content en m'endormant le soir. Et puis j'oubliais.

— Par exemple ?

— Oh ! Des choses dont d'ailleurs, curieusement, eux se souviennent.

— Pas vous ?

— Non, mais eux m'en parlent.

— Et vous est-il arrivé, sur les bancs de l'Assemblée, de vous affronter, dans des joutes oratoires, avec cet adversaire politique qu'était François Mitterrand ?

— Non, cela je ne l'aurais jamais voulu. Ils savaient tous que j'aimais François, mais il lui arrivait, dans ses discours, de dire des incongruités sur la droite, sur ses milliards. Un jour je suis monté jusqu'à la place de François qui venait de dire quelque chose de désagréable sur nous, il était assis à côté de Defferre, qui était à sa droite, et je suis allé leur dire : « Ecoutez, vous savez bien tous les deux que je vous aime. Vous venez de faire quelque chose que je réprouve, alors je viens vous dire que vous avez le droit de le recommencer mais dans ce cas-là, dans la seconde où vous le ferez, je ne serai plus votre ami. »

— Que venaient-ils de dire ?

— C'était la discussion générale : il faut nationaliser, des foutaises ! Ils n'ont jamais recommencé.

— Et pourquoi finalement, François Mitterrand ne vous a-t-il pas proposé – peut-être vous l'a-t-il proposé d'ailleurs – de devenir ministre ?

— Parce que d'abord je ne l'aurais pas fait...

— Avec vous on ne sait jamais !

— Non, je ne l'aurais pas fait. Je ne suis pas M. Soisson.

— Avez-vous fait la campagne de Mitterrand en 1981 ?

— Bien sûr. Comment pouvez-vous même en douter ?

XXXII – JOSPIN, CHIRAC ET LES AUTRES

— Vous n'éprouvez que regrets pour la vie politique aujourd'hui ?

— J'ai horreur de la vie politique actuelle. Ridicules, toutes ces histoires. Je tiens Jospin pour l'élève de la classe qui en sait autant que les autres, assez brillant dans la tâche limitée qui lui est impartie même si je trouve un peu exigu son courant de pensée. Pourquoi a-t-il affirmé qu'il n'y avait pas de cabinet noir mais une réunion une fois par mois des directeurs de cabinet à propos de la Corse ? C'est une indignité de ne pas dire la vérité devant l'Assemblée. Personne ne le lui aurait reproché, nom de Dieu ! Non, ce n'est pas bien d'avoir menti à l'Assemblée. Il pouvait dire : « Mais oui j'ai des réunions sur la Corse ! » Vous pensez bien, c'est un des sujets brûlants de l'actualité française ! Moi, j'avais une solution que personne n'aurait naturellement appliquée, mais j'ai dit vingt fois aux différents présidents du Conseil : « Coupez-leur leur retraite ! Puisqu'ils ne veulent pas être français, ils nous embêtent ! » Ils ne veulent pas être français, eh bien ils n'ont pas à être pensionnés par le peuple français et ils le sont tous. Et ça aurait fait une bombe dans tout ça. Il y aurait eu une condition, car leur retraite, ils l'ont gagnée plus ou moins. Il y aurait eu la condition de déclaration individuelle de Français indélébile ! Je n'ai jamais pensé, même quand je suis passé en conseil de guerre, à ne pas être français.

— Certains trouvent pourtant miraculeusement grâce à vos yeux. Comme Chevènement par exemple.

— Chevènement a toujours été patriote. Sans cela, il ne serait pas député de Belfort. C'étaient des gens qui, à tous les coups que nous portions, où que ce soit dans le monde, en avaient tout de suite le contrecoup. S'il a démissionné du gouvernement au moment de la guerre du Golfe, ce n'est pas parce qu'il désapprouvait cette guerre, c'est parce qu'il pensait qu'on n'allait pas la gagner. Ce qui, hélas, s'est vérifié ! On n'en prenait pas les moyens. Le meilleur gouvernement pour un pays comme le nôtre, c'est le gouvernement d'un seul. Et il ne faut pas que le pouvoir suprême puisse être l'enjeu de discussions comme la boutique d'un coiffeur.

— Mais c'est l'expression de la démocratie. Qu'avez-vous contre les coiffeurs ?

— Pourquoi y aurait-il plus de démocratie dans le désordre qu'engendre cette compétition qui ressemble à une mauvaise loterie que dans le système de l'héritage qui est naturel ?

— Mais pourquoi le sang vaudrait-il mieux que l'élection au suffrage universel ?

— Parce que dans le système de la famille, il y a quelque chose qui est une garantie pour la nation.

— Pourquoi ?

— Parce qu'on transmet à ses enfants ce qu'on a de meilleur, à moins de n'être pas grand-chose soi-même.

— Pensez-vous vraiment que la royauté peut revenir ?

— Quand on est, comme moi, mêlé à la vie publique de la France – je l'ai été pendant cinquante ans – on voit bien combien sont défaillants les sentiments qui devraient animer l'Etat. Comment se fait-il qu'à l'heure où nous sommes, il n'y ait pas de révolte en Corse ? Il y a encore beaucoup de gens courageux en France et beaucoup de gens d'honneur et beaucoup de gens qui ont d'autant plus de mérite qu'ils sont silencieux sur leur mérite.

— Quel type de gouvernement imagineriez-vous à l'aube du second millénaire ?

— Il peut être républicain, ce n'est pas pour moi quelque chose de dirimant, il doit être composé de gens qui aiment tellement la patrie qu'elle passe toujours avant eux. La contradiction que je trouve quotidiennement en première page des journaux que je lis, c'est que les gens, à la fois, ne veulent plus et ne peuvent plus servir la France. Ils oublient ce qu'est la France. On ne peut pas être un Français et ne pas aimer la France plus que soi-même ! Alors j'ai honte chaque jour en lisant la « une » de n'importe quel journal, que ce soit l'attitude de M. Crozemarie ou l'assassinat du préfet Erignac. L'Europe ne doit pas nous faire abandonner toutes les valeurs dont nous avons besoin et en particulier notre souveraineté de Français sur notre destin. Franchement, quand je vois que les grandes décisions de la France sont prises par des fonctionnaires internationaux à Bruxelles, je commence à douter qu'ils aient raison. Ce sont les Français qui doivent décider pour la France ! Impossible d'imaginer une nation européenne aujourd'hui... Composée de quoi ? Je me dis : quand serons-nous mûrs pour ce genre de décisions ? François Mitterrand était un européen convaincu. Naturellement, il était sincère. Et cette réflexion, je l'ai partagée et je la partage. Comment faire évoluer la nation vers un large esprit de communauté ? Mais je ne veux pas me tromper. Je ne veux pas non plus que la confusion fasse que tout à coup mon pays soit défiguré par des règlements qui contribueraient à nous faire ignorer nos racines et nos origines. Il n'est pas juste de nous condamner nous-mêmes au silence sur l'indépendance que nous devons préserver. Comment se fait-il que certains pays puissent dire qu'ils veulent conserver leur indépendance financière par une monnaie nationale et ne pas être hostiles à l'euro ? C'est quand même avec elle qu'ils vont édifier le lendemain. N'est-ce pas aller trop vite ? J'ai peur qu'il y n'ait une forme de mépris du temps. L'édification de l'Europe va s'accompagner inéluctablement de la disparition de l'idée de nation, qui a été forgée au cours des siècles. Je veux bien accepter la perspective que certaines des choses les plus importantes doivent se muer et se transformer au profit d'autres, mais je ne peux pas accepter qu'elles soient effacées sans le consentement de la France. Or où a-t-elle consenti ? Où et quand ?

— Elle l'a voté, à la demande de François Mitterrand.

— Bien.

— A une majorité très courte, mais une majorité tout de même s'est dégagée et Mitterrand a joué gros là-dessus.

— Elle a consenti à ce que nous acceptions des réformes qui nous conduisent à des disparitions. Finalement, les nations sont comme les personnes. En conscience, pouvons-nous sacrifier quoi que ce soit que le temps ne nous a pas donné ? Avons-nous le droit, avons-nous la possibilité de nous transformer tout à coup comme si l'histoire n'existait pas ? Ce qui m'inquiète, ce n'est pas qu'on change les passeports ou les plaques des automobiles, mais qu'en les changeant, on abandonne les droits que ceux-ci confèrent. Je ne peux être en paix avec ma conscience si j'oublie par exemple que mes amis, et d'abord mon propre frère, ont lutté et sont morts pour la France. La nation signifie à la fois une appartenance, un esprit de communauté mystique et ne définit pas seulement les contours géographiques d'un territoire. Notre histoire a confondu ces deux notions. La nation, c'est que s'il arrive quelque chose où que ce soit, à quelqu'un qui sait encore dire le mot France, je m'en soucie, cela m'importe et me concerne. On ne peut pas oublier que d'immenses élans sont nés en France de l'amour de la liberté et de l'amour des individus. En nous précipitant dans l'administration bruxelloise, nous oublions nos devoirs envers ceux dont nous avons suscité la foi parce que les peuples étaient tout à fait indifférents à ce qui pouvait nous arriver. Etre français, c'est le vouloir. Mais je supplie ceux qui le veulent comme moi de ne pas oublier que cela entraîne le respect mutuel. J'ai vraiment mal quand je vois l'actualité politique corse. S'il y avait eu véritablement un homme d'Etat à l'Assemblée, il aurait rappelé que le gouvernement et la nation sont inséparables de ce qui les inspire. C'est un rêve conçu et articulé et voulu par des âmes ou bien c'est un échange de circulaires qui n'a jamais rien créé.

— Si vous aviez à choisir une couleur politique aujourd'hui, quelle serait-elle ?

— Je serais jacobin... Le vrai jacobin du gouvernement, c'est Chevènement. Et c'est pour cela que je l'aime, pour dire les choses simplement. D'ailleurs, j'ai dit à Mitterrand que le ministre de l'Education nationale devait être Chevènement [1].

— Ah bon, c'est vous ?

---

1. Jean-Pierre Chevènement a été nommé ministre de l'Education nationale le 19 juillet 1984.

— Oui, c'est moi. Et je le lui ai dit parce que je suis jacobin. Il faut avoir l'amour de la patrie, une forme intransigeante d'amour...

— Mais disiez-vous que vous étiez monarchiste quand vous faisiez de la politique ?

— Je l'énonçais quand on m'y forçait.

— Ah ! c'est ça. Vous ne le mettiez pas en avant...

— Combien de fois m'a-t-on apostrophé : « Mais, monsieur de Bénouville, on nous dit que vous êtes monarchiste... » ? Je répondais : « Eh bien, on vous le dit et je vous le répète. »

— Si vous n'aviez pas eu la demande exprimée de manière très claire du Général d'entrer en politique, l'auriez-vous fait ?

— Je ne l'aurais pas fait.

— Et le Général ne vous a jamais tancé sur vos positions monarchistes ?

— Non. J'étais Bénouville, j'étais quelqu'un à lui. Il avait en moi une vraie confiance.

XXXIII – PORTRAIT DE MARCEL DASSAULT

— Marcel Dassault était votre meilleur ami [1]. Quelles étaient les qualités qui ont tissé votre amitié ?

— Marcel était un homme d'une générosité qui devançait toutes les larmes et les essuyait par avance. Il ne pouvait rien arriver aux employés. A partir du moment où on était engagé dans la société Dassault, on était un Dassault. C'est ce qu'on appelle le paternalisme et ça a du bon [2]. Un jour, les ouvriers de Saint-Cloud ont fait la grève, ce qui, après tout, est bien normal. Ils sont venus avec des camions et ils ont envahi le rond-point des Champs-Elysées, siège alors du groupe. Je suis allé à leur rencontre et je leur ai dit : « Ecoutez, c'est une maison privée. On ne peut y venir que si l'on y est invité. Je ne vous y ai pas invités. Et si vous n'en sortez pas, vous allez me forcer à vous faire arrêter. Ce qui ne me plaît pas. » Tous m'ont répondu : « Mais écoutez-nous, mon général, vous qui avez fait la Résistance, vous devez nous comprendre. — Ici, c'est une affaire différente, et si vous m'obligez à constater que vous ne voulez pas partir, vous m'obligerez à vous foutre dehors. » J'ai réussi à les diviser en trouvant des collaborateurs qui m'ont donné raison et qui ont admis que le journal n'était pas un lieu d'occupa-

1. Sur l'itinéraire de cet homme, cf. Pierre Assouline, *Monsieur Dassault*, op. cit.

2. Sur les grèves à l'usine, cf. le chapitre VI de Pierre Assouline, op. cit., et notamment à propos de la syndicalisation dans l'usine, de l'âpreté des luttes et des occupations. La première eut lieu en mai 1936.

tion pour leurs revendications. J'ai fait venir la police et j'ai dit au commissaire de police : « Mettez-les dehors, et puis j'exige la liste de ceux que vous allez expulser, car si par malheur, il y a parmi eux quelqu'un de la maison, je vais m'occuper de lui. » Il n'y en avait pas. Il n'y avait que des ouvriers de l'usine. Le député communiste de Saint-Cloud est venu me supplier : « Mon cher collègue, faites-les libérer. » J'ai refusé. Je suis devenu plus tard assez ami avec ce député.

Un autre exemple. Un jour, nous étions, Marcel et moi, en cure à Gréoux où je soignais mes blessures. Et Marcel, qui était une merveille de petit bonhomme, suivait la cure avec moi. Et puis il avait bien le droit d'aller se reposer quelquefois. Il avait plus de quatre-vingts ans. Or, nous avons été prévenus par l'un des responsables qu'une grève avait commencé et que les gens s'attroupaient, criant : « Dassault, Dassault, des sous ! » Alors nous sommes rentrés pour Paris. Nous sommes arrivés au petit matin. Les ouvriers occupaient le Rond-Point. Je leur ai dit : « Vous allez de nouveau évacuer, c'est moi qui vous le dis ! — Mais, écoutez, on peut commencer à parler, on est contents de vous voir, où étiez-vous ? » Je leur dis : « Nous étions en vacances. On a le droit. Moi je ne vous ai pas vu à la bataille. A la bataille, on se fait blesser, j'ai besoin de me soigner et je pars avec mon copain. C'est normal. Nous aussi, on a le droit de prendre des vacances. » Marcel a ajouté à leur intention : « Je vous recevrai, mais à Saint-Cloud, pas ici. Ici vous me forcez, à Saint-Cloud c'est normal, c'est l'usine. » Nous les avons attendus à Saint-Cloud. J'ai entendu un des délégués syndicaux dire à d'autres – il ne savait pas que j'entendais : « On les tient, s'ils viennent là-bas, ils prennent des risques. » Je me suis retourné : « Mais vous n'avez pas honte de tenir des propos de ce genre ? Vous ne tenez rien du tout, vous pensez bien que si on a tenu devant les Boches, c'est pas pour céder devant vous, on n'a pas peur. » Mais les services de police m'ont averti : « Vous savez, les camions viennent d'arriver de Saint-Cloud, ils encerclent le siège. Il vaudrait mieux passer par le garage. » J'ai dit à la police : « Ecoutez, si je me mettais à craindre nos ouvriers, le monde n'existerait plus. C'est pas croyable ! D'ailleurs regardez, il ne se passera rien. » Une fois à Saint-Cloud, Marcel les a convoqués : « Eh bien quoi ? Vous nous connaissez depuis le temps, nous et nos habitudes. Tous les ans le général va quinze jours à Gréoux et tous les ans, je l'accompagne. C'est normal qu'un copain ne quitte pas son copain. Et vous, vous commencez la grève sans m'avoir parlé. Alors, ou bien vous la terminez maintenant et nous discuterons avec vous, parce que nous ne voulons qu'une chose, c'est le bien de la maison, ou bien vous ne la terminez pas et comme vous n'avez pas le droit d'envahir tous ces locaux, vous en serez de nouveau chassés. Ce qui m'ennuie, parce qu'il en y a forcément parmi vous qui s'y considèrent comme chez eux, ce qui est vrai. » Ils ont cédé ; ils sont partis.

— Vous exercez toujours une fonction chez Dassault. Quelle importance y accordez-vous ?

— J'appartiens toujours aujourd'hui au conseil d'administration. Lorsque j'arrive, il y a une délégation ouvrière, au siège, qui m'attend pour me dire bonjour à ma place, les uns après les autres, et s'enquérir de moi comme si j'étais un objet précieux. C'est d'abord à moi qu'ils viennent serrer la main. Ce qui me touche, naturellement.

— Et vous êtes toujours actif et associé à la politique d'entreprise de Dassault ?

— Je suis administrateur. Quand ils veulent me voir, ils viennent me voir. Et je les reçois toujours. S'ils me demandent un rendez-vous, je les reçois toujours. Si bien que Serge Dassault le sait. Je crois que si Serge apprend demain que je ne suis plus de ce monde, d'une certaine manière il sera soulagé. L'une des raisons pour lesquelles Serge ne m'aime pas, c'est parce que j'ai été trop ami publiquement avec Marcel pendant toute sa vie pour que Serge n'en ait pas souffert [1]. Il faut dire que Marcel le traitait rudement. Marcel était jaloux de l'amour que témoignait sa femme Mamoune à son fils. Jaloux ! Son fils avait le tort d'être devenu un homme [2]. C'était un homme qui vivait dans la maison, donc un autre homme, donc un rival. Pourtant il n'est pas resté si longtemps après la fin de l'adolescence. Mais Mamoune se portait toujours à son secours chaque fois que Marcel le critiquait. J'ai vu Serge, un dimanche sur deux, quitter la table au milieu du déjeuner, les larmes aux yeux, parce que Marcel se foutait dans des colères à son sujet.

Ses sentiments étranges étaient renforcés par le fait que Marcel avait construit entièrement seul sa fortune. A partir de rien. La première hélice, il l'a faite lui-même. Il avait épousé Mamoune, Madeleine, qui était d'origine juive. Elle s'appelait Madeleine Hirsch-Minckès et son frère, Marcel, a été toute sa vie l'ami de Marcel, le copain de Marcel et un de mes amis. Ils avaient fait la foire ensemble [3], mais, Marcel c'était le patron. De toute évidence. Marcel m'a raconté qu'un jour, trois mois après le mariage, Madeleine a dit à son époux après le déjeuner :

---

1. Le 22 novembre 2001, deux semaines avant sa mort, Pierre de Bénouville confiait à sa nièce, Isabelle Huë, qu'il avait eu la veille la visite de Serge Dassault, que cette rencontre leur avait permis de mettre un terme à un certain nombre d'incompréhensions mutuelles et qu'ils avaient donc « fait la paix ».

2. Il fera pourtant un cursus exemplaire. Polytechnique comme son oncle. Sup Aéro comme son père. Il devra, comme le dit Pierre Assouline (op. cit.), se surpasser pour prouver à son père qu'il était apte à mériter l'héritage et non à le recevoir.

3. Le père était un ouvrier tapissier. Marcel et Madeleine se marient à la mairie le 3 juillet et à la synagogue le 7 juillet 1919.

« Je vais faire des courses. — Bien, prends la voiture. » Elle est partie. A six heures, Madeleine n'était pas rentrée. Or, Marcel était furieusement amoureux d'elle, et jaloux comme un tigre. Elle est arrivée comme une fleur à sept heures, il était sur le perron. Il a failli la tuer.

— Vous avez été très longtemps le président actif de France-Israël à l'Assemblée nationale [1].

— Je l'ai été tout le temps jusqu'à l'arrivée des socialistes et quand les socialistes sont arrivés, François Mitterrand m'a dit : « Repose ta candidature. » Je lui ai dit : « François, je ne veux pas, je vais mettre des gens dans l'embarras et finalement je m'en fous. » Ce qu'il faut, c'est que le groupe existe. Les groupes d'amitié avec Israël dans l'Europe, il y en avait de nombreux, il en existait deux en Angleterre, le socialiste et le conservateur. Ils m'ont tous nommé président unique de l'ensemble. Pendant très longtemps, j'ai vécu avec eux.

— Marcel Dassault vous a-t-il encouragé à continuer d'être président de France-Israël ?

— Marcel avait beau avoir complètement choisi le christianisme, c'était une raison de plus, et je crois qu'un

---

1. Cf. chapitre XIV *Monsieur Dassault*, de Pierre Assouline. Depuis la fin des années 50, Marcel Dassault se considère et agit comme ministre de l'Air et ses liens avec l'Etat d'Israël ne sont pas un mystère. Au sein de la Générale Aéronautique dès le début des années 60, Pierre de Bénouville fait partie de son équipe rapprochée. Les Israéliens adopteront d'abord l'Ouragan, puis le Mirage. L'expédition de Suez en 1956 resserra les liens. Le 7 avril 1967, quand les Mirage israéliens abattent sept Mig syriens en quelques minutes, Marcel Dassault envoie une caisse de champagne aux pilotes et appelle le chef de l'armée de l'air israélienne pour le féliciter, cf. Pierre Assouline, op. cit. Les problèmes commenceront avec l'embargo décrété trois jours avant la guerre des Six Jours par le général de Gaulle sur les armes à destination du Proche-Orient. Bénouville essaiera de faire changer d'avis le Général. En vain.

des motifs de son affection vis-à-vis de moi, c'est que nous n'avons jamais parlé de la possibilité que je sois ou ne sois pas président de France-Israël. Je l'étais. Quand j'ai été candidat dans le douzième, Edmond de Rothschild est venu me voir, et m'a dit : « Mais Pierre, aucun de nous n'oublie que tu es le président de France-Israël, mais moi qui suis ton ami, dis-moi quelle est ta position fondamentale ? » Je lui ai dit : « Ecoute, Edmond, je t'autorise à aller en Israël, leur demander. » Très tôt j'avais été en relation avec le délégué de l'Irgoun à Paris. Il m'est arrivé récemment d'en parler à un groupe d'Israéliens qui avaient été mêlés à cette époque. Il y avait des choses qui étaient, si j'ose dire, des tests. Par exemple, Begin était détesté pour avoir fait sauter le grand hôtel de Jérusalem qui était le quartier général des Anglais. Et moi j'avais approuvé complètement. J'ai été affectueusement lié avec Begin. Je l'ai bien connu, d'autant plus qu'il était général d'aviation. C'était un bon aviateur. J'étais avec lui le jour où son fils a été blessé sur le front. Nous avons aussi plus tard fait Jéricho, la fusée qui, partie d'Israël, devait exploser au Caire.

— C'est vous qui la fabriquiez et c'est vous qui l'avez livrée en Israël ?

— Oui, naturellement.

— On murmure aussi que vous avez fait des cadeaux aux Israéliens, notamment au moment de la guerre de 1967, est-ce vrai ?

— Oui. J'en ai fait un qui me paraissait inoubliable à l'époque car je n'avais pas du tout d'argent. Je leur ai donné le premier canon de 75 qu'ils ont eu. Moi-même. Je le leur ai apporté.

– Vous avez eu des relations constantes sur le plan de l'approvisionnement militaire...

— Constantes.

— Vous avez fait des chèques aussi ?

— Oui, je me suis beaucoup occupé d'eux. Dans beaucoup de circonstances.

— Cela vous paraissait naturel ?

— Mais oui.

— C'était dans le cadre de cette association France-Israël ? Ou aussi autrement ?

— Je leur ai installé à Fontainebleau un camp d'entraînement où se faisait le premier apprentissage des hommes qu'on faisait partir pour combattre les Anglais et où on leur apprenait le maniement du sabotage.

— Là vous parlez de la naissance même de l'Etat d'Israël.

— Oui.

— Dès cette période-là, vous avez été lié à la branche militaire.

— Oui. Tout de suite.

— Et pourquoi ? Quelles étaient les raisons qui présidaient à une telle alliance ?

— Parce que, en toute équité, la disparition d'Israël signifierait pour moi la disparition du christianisme. Voilà. Dès cette époque lointaine, j'ai pris l'habitude, mais cela est confidentiel, de prier pour eux tous les jours.

— Mais Marcel Dassault était toujours d'accord avec vos agissements sur le plan de l'approvisionnement militaire et des chèques financiers ?

— Complètement. Je suis parti une fois pour New York et Marcel m'a dit : « Nous n'avons plus personne là-bas pour notre société. Voyez à nommer quelqu'un. » J'ai contacté l'amiral Strauss, ex-ministre du commerce de Roosevelt, à l'époque président de la commission de l'Energie atomique américaine. Je suis allé le voir et je lui ai dit : « Amiral, l'affaire de Jéricho est si importante. Vous devez aller parler aux Egyptiens et leur dire : vous pouvez être détruits dans la nuit qui vient. Acceptez de travailler avec moi. » Et encouragé par mes amis de la CIA, il a accepté. On a eu la fusée. On a donné cette fusée à l'Etat d'Israël.

— Votre lien avec Israël, c'est un lien...

— Spirituel.

— Spirituel mais aussi politique ?

— J'étais, au moment de la lutte avec les Anglais, lié affectueusement avec les gens de l'Irgoun comme on se mêle d'une bande qui a décidé de ne pas céder.

XXXIV – PORTRAIT DE FRANÇOIS MITTERRAND

— François Mitterrand vous parlait-il en toute liberté et de tous les sujets ? A-t-il évoqué avec vous par exemple les écoutes ?

— J'approuvais cette politique de cabinet parallèle et de traitement des affaires. Comment traiter autrement les affaires ! Ou alors il ne faut pas s'occuper d'un gouvernement. Il faut bien qu'un jour il y ait un moment, une heure, où on ferme la porte à tout le monde et où on ne parle qu'avec celui avec qui on a à traiter une affaire. Alors qu'il y ait eu débordement dans les communications écoutées, oui, sûrement. Le principe même des écoutes me déplaît beaucoup. Mais je veux croire que les débordements ne sont pas de son fait. Ce n'est pas François qui le voulait... Qu'est-ce qu'il avait à faire de tout cela ?

— Mais vous a-t-il parlé de ces écoutes ?

— Il ne m'en a pas parlé. J'étais d'accord avec lui sur le fait qu'il fallait qu'il y eût des gens qui écoutent...

— Oui, mais il aurait pu vous parler du contenu de certaines d'entre elles...

— Il n'y en avait aucune d'intéressante...

— Donc, il vous en a parlé...

— Un peu oui. Je lui ai demandé ce qu'il pouvait retirer de tout cela ? Et il m'a avoué : « rien ». Donc il n'y avait rien d'intéressant.

— Et en même temps, il les laissait se continuer comme une pratique...

— Comme une pratique qui pourrait éventuellement être utile.

— Mais si elles s'avéraient inutiles, pourquoi les avoir continuées ?

— Parce que peut-être qu'un jour quelque chose peut arriver. Je sais que dans les moyens de gouvernement il y a beaucoup de choses qui me déplaisent, comme par exemple les fonds secrets. Si quelqu'un reçoit de l'argent du gouvernement, pourquoi ne le déclarerait-il pas ? Cet argent, c'est l'argent de la France.

— François Mitterrand a utilisé des fonds secrets...

— Oui. Nous avons eu un camarade d'Angoulême qui fut le premier trésorier des opérations secrètes de François. Ce camarade de classe, qui est devenu banquier quand François a commencé son parcours politique plus activement, est venu lui proposer de l'aider. Et François a dit oui. A l'époque, il se trouvait sans argent du tout. C'était l'époque de la rue Guynemer, une époque matériellement très difficile. Si difficile d'ailleurs que c'était encore plus difficile de dire à François : « Dis-moi, tu veux 500 000 francs ? » parce qu'il était...

— Il était honteux ?

— Il n'aimait pas. Ce garçon s'appelait Patrice de Corniole. François a eu un premier rendez-vous qui n'avait pas d'autre cause que le financement éventuel de sa prochaine campagne. Il a eu le tort de se rendre dans un hôtel particulier qui était du côté du boulevard Suchet. Le rendez-vous devait être secret mais quelqu'un avait bavardé. Un scandale a éclaté et François a été photographié sortant de cette maison. Il était sorti de chez quelqu'un chez qui on ne pouvait aller que pour des raisons financières. La photo a été publiée à la une de *France-Soir* : François sortant de chez le banquier subrepticement. Maladresse de la part de François. Il n'était pas obligé d'aller chez lui pour traiter ses affaires. Maladresse ou naïveté ? Quelquefois on se demande... De la même manière, François a nommé du jour au lendemain ambassadeur de France Claude de Kémoularia, ancien factotum de Paul Reynaud, car il allait chez un homme d'affaires qui avait des choses possibles à arranger par la Hollande. François Mitterrand a toujours eu des rapports compliqués avec certains hommes d'affaires. Autre personnalité : Lepercq, qui ne le disait jamais, avait aussi ce lien mystérieux avec François. Il a financé François.

— Mais ça veut dire que, dès ses débuts en politique...

— Mais comment voulez-vous ? On ne peut pas aller au bureau de poste pour chercher des mandats. Il faisait de la politique, il lui fallait de l'argent ! Il était très précautionneux quant aux sources mais...

— Et vous, vous lui avez donné de l'argent ?

— Non.

— Pourquoi ? Vous en aviez.

— J'en avais, mais on ne pouvait pas dire qu'il était à moi. Il était forcément à Marcel.

— Et Marcel Dassault n'était pas favorable ?

— Si, Marcel y était tout à fait favorable. D'ailleurs, sans François, nous n'aurions pas gardé l'affaire d'avions. C'est moi qui ai arraché les avions à la soif de nationalisation du gouvernement socialiste. Le jour où Mauroy a lu à l'Assemblée nationale la liste des nationalisations, nous devions être les premiers sur la liste. Et pourtant, le nom de Dassault n'a pas été cité ! Quand j'ai eu à parler à François d'un problème quelconque concernant Dassault, je n'ai jamais eu l'ombre d'une difficulté. Sûrement parce que je n'y mêlais jamais aucune question d'intérêt. Lorsque j'ai appris la nouvelle que Dassault était sur la liste, je suis parti voir François et lui ai dit : « Voilà ce qu'ils vont faire, c'est de la folie ! » François m'a envoyé voir Mauroy. Je suis allé avec Marcel à Matignon voir le Premier ministre. Marcel était grand-croix de la Légion d'honneur et moi grand officier. Sur le perron, nous attendaient les gardes républicains. Lorsque nous sommes sortis du cabinet de Mauroy, Marcel et moi, la garde républicaine faisait la haie, et nous a rendu les honneurs. C'était bien plus important que tout ! L'argent encombre la pensée des gens. C'est une maladie qui est propre à l'argent. Elle paralyse ceux qui pensent de façon basse. Beaucoup se sont imaginé que Marcel allait alors faire plier le gouvernement par des pressions – il n'y a pas eu l'ombre d'une pression. Marcel a dit au Premier ministre : « Dois-je vous rappeler que j'ai été déporté et que je n'ai pas un jour de ma vie travaillé pour les Allemands. Dois-je le rappeler ? » Or il se trouve que Mauroy avait auprès de lui un conseiller financier, chrétien de gauche, Peyrelevade, qui est devenu président du Crédit Lyonnais. Il était ingénieur en l'aéronautique civile et d'une probité absolue – impensable que je lui file une enveloppe, j'aurais préféré crever que de le faire. La nationalisation aurait été une catastrophe parce que la firme était la seule capable de créer le Rafale, l'avion civil le plus vendu dans le monde entier !

— Le fait d'être ami avec François Mitterrand a dû être déterminant dans la décision ?

— Non, c'est le dossier technique. J'ai dit à François : « Si tu nationalises, tu tues cette maison. La preuve est que pendant tout le temps où il n'a pas été là, même avec les Boches qui voulaient que ses ingénieurs travaillent pour eux alors qu'ils ont tous rejoint la France libre, il n'a pas sorti un avion ! Tu vas tuer sa vie et tu tues l'aéronautique française. »

— Pierre Mauroy a-t-il répondu à un ordre ou a-t-il pris la décision ?

— Il a adhéré à une décision. François lui a expliqué. Et je crois que je lui avais bien expliqué.

— On appelle cela une intervention.

— Non, on peut appeler ça un éclaircissement. Mais les bureaucrates l'ont pris comme une intervention. Lemoine, député et maire socialiste de Chartres, secrétaire d'Etat à la Défense, que le gouvernement avait envoyé pour nous dire que nous allions être nationalisés, est arrivé dans le salon du Rond-Point avec un contrôleur général des armées MRP, antisocialiste, j'ai compris tout de suite, je me suis dit : c'est la visite de Samson. Lemoine, qui ne manquait pas d'humour, après nous avoir dit : « Vous allez être nationalisés », a ajouté : « Je sais ce que vous allez faire. — Ah oui, et que vais-je faire ? — A peine aurai-je quitté cette maison que vous traverserez les Champs-Elysées et que vous irez à l'Elysée et je suis certain que vous aurez gain de cause. — Et pourquoi en êtes-vous certain ? — Parce que je sais que l'amitié... » C'est exactement ce que j'ai fait. J'ai traversé les Champs-Elysées sans même attendre ma voiture.

— Sans prendre rendez-vous ?

— Sans prendre rendez-vous. Et j'ai vu François tout de suite. J'ai dit à sa collaboratrice : « Je veux voir le Président tout de suite » et elle m'a dit : « Il a encore un

M. Untel. Cela va durer encore dix minutes, et puis après je vous trouverai dix minutes pour vous deux. »

— François Mitterrand vous demandait-il des conseils ?

— Oui, il m'en demandait.

— Pour lui vous étiez une seconde famille ?

— Oui, parce que j'appartenais à la famille depuis trop longtemps. Un jour, par exemple, du temps où il était ministre, il me dit : « Je suis bien embêté, qui va-t-on nommer à Sud-Aviation ? Qu'en penses-tu ? » Je lui ai répondu : « Sur le plan politique, tu dois faire quelque chose qui serait juste et qui montrerait que vous agissez sans aucun sectarisme. Je nommerais Jacques Mitterrand ! » Il m'a dit, interloqué : « Vraiment ? — Oui je le nommerais, c'est un excellent officier général. Il est général d'armée. En plus il est vraiment technicien de l'aéronautique et comme il est le frère d'un homme supposé incarner la gauche, tout le monde en aura le souffle coupé, à commencer par lui. — Ah, me dit-il, je vais en parler au président de la République. » Jacques a été nommé. François me consultait souvent avant des nominations importantes dans le monde industriel et politique. Souvent, je lui disais : « Tu as tort, parce qu'il te trahira sûrement. » Je les voyais vivre, ces gens-là, je connaissais leur part d'ombre et de lumière.

— Donc vous connaissiez les caractères ?

— Oui.

— Et il vous suivait ?

— Dans beaucoup de cas oui. Je ne me souviens pas de l'avoir en vain alerté sur quelqu'un.

— Et quand vous vous êtes connus, dans les débuts de l'adolescence dans un collège religieux, la religion était-elle primordiale ?

— Elle avait beaucoup d'importance, elle était là physiquement, à la porte ouverte à côté de nous. C'est là que j'ai compris pourquoi il était important que, dans les établissements où on élève des enfants, il y ait des chapelles ouvertes à tous et à tout moment. Certes, il fallait triompher de la pudeur et des moqueries. Mais nous les bravions en allant nous y réfugier. Nous avions l'obligation de vivre ensemble et nous découvrions partout des issues secrètes. C'est-à-dire des ouvertures vers Dieu. Tout est ouvert à Dieu. Des temps de méditation, d'interrogation, de lectures et puis des temps d'amour. Se trouver si près de lui et pouvoir lui parler, c'est une flamme fabuleuse.

— Quand vous avez rencontré Mitterrand au tout début, comment vous est-il apparu ? Vous êtes-vous choisis tous les deux ?

— Oui, tout de suite.

— Mais comment ?

— Parce qu'il savait des choses que les autres ne savaient pas, sa vie était un miroir dans lequel on pouvait voir le niveau de ses préoccupations qui étaient toutes élevées, spirituelles, les seules véritables, le reste était des démangeaisons... Nous n'étions pas grands, autour de dix, onze ans. Ces préoccupations étaient esthétiques, artistiques et même poétiques.

— A dix, onze ans !

— Oui. Notre première rencontre se fit grâce à Ronsard. D'instinct, nous l'avons aimé. Depuis, il nous a toujours bercés. D'ailleurs, le jour où j'ai accepté en mai 58, lorsque j'étais député et que je manigançais le coup d'Etat, de m'entremettre et de parler avec Ferhat Abbas et qu'il avait fallu convenir d'un message radio qui serait diffusé sur Radio-Alger, vous vous souvenez que j'avais choisi ces vers du Bellay : « Plus mon petit Liré que le mont Palatin, Et plus mon Loire gaulois que le Tibre latin », poésie que nous affectionnions entre toutes avec François. Il se trouve que Ferhat Abbas connaissait très bien du Bellay et qu'il l'admirait.

— Comment s'échangeait votre amitié avec François Mitterrand ?

— Le fait qu'on se retrouvait chaque fois que l'on était lâchés dans la cour pour parler, pour se dire des choses importantes. Des poèmes aussi, comme un accompagnement.

— A cette période-là, aviez-vous déjà songé à ce que vous vouliez devenir plus tard à l'âge d'homme ?

— Oui, nous voulions être des hommes. Assumer une part de bonheurs, de rêves. Nous avions un certain nombre d'amis, mais nous étions plus amis dans le cercle que nous formions tous deux qu'on ne l'était avec quiconque. Les autres gens ne nous jalousaient pas, parce que notre amitié était tout à fait naturelle. Il n'y avait rien, un instant, qui fut matière à ragots ou suspicion. Tout était simple.

— Ces années de formation dans ce collège furent-elles fondamentales ?

— Ces années nous ont appris à tous deux des choses sans lesquelles on n'allume pas le feu. Nous lisions avec passion certains classiques que nous connaissions par cœur. Nous y avons puisé un indéfectible amour pour la France. La France méritait qu'on choisisse contre ses préférences. La France, c'est plus grand que nous. J'ai toujours eu un amour déraisonnable, peut-être, pour mon pays. Je savais qu'on lui devait tout. Nous communiions, dès l'adolescence, avec François dans cette passion. C'est vrai, j'ai vu pendant la guerre mourir des gens près de moi ; alors, pensant à ce qu'ils allaient affronter, je me disais la phrase de Michelet [1] pour eux. Et je me disais : « Voilà l'épée. » Nous avons cru très jeunes à l'âme du peuple, à l'identité de la nation française. Nous sommes tous de la descendance de Saint Louis. Cet homme a construit deux fois la Sainte Chapelle. Il voulait que le Christ fût honoré dans ses souffrances et dans cette dérisoire couronne d'épines qui était si lourde à porter. Nous n'avions pas, avec François, connu ni reconnu de maîtres spirituels à l'intérieur de ce collège, mais seuls, nous avons découvert ensemble le meilleur de Péguy. « Nous ne demandons pas que cette belle nappe ne soit jamais repliée. Au rayon de l'armoire quand il fallut choisir le regret d'avec le remords. » Quelle superbe leçon que l'existence !

— Qu'est-ce qui vous liait à François Mitterrand ?

— Nous aimions la littérature ! Je me souviens qu'un jour, nous sommes allés chez Martineau, place Saint-Germain-des-Prés, pour acheter deux livres de Stendhal. Cela représentait pour nous, à l'âge que nous avions – dix-sept ans ! –, une dépense fabuleuse. Martineau était éditeur et ce n'était pas un cuistre. Il aimait Stendhal. Pour nous, Stendhal représentait un univers dans lequel nous commencions à peine à entrer. Nous étions tous deux à la faculté de droit à ce moment-là.

---

1. Phrase déjà évoquée par Pierre de Bénouville : « La France est une épée vivante, elle se porte d'elle-même à la gorge de l'ennemi. »

— Mais vous, à l'époque, vous vous fixiez quel destin ?

— Ecrire.

— Alors que Mitterrand, des correspondances en témoignent, c'était déjà l'action politique ?

— Oui. C'est vrai. Mais moi je voulais écrire.

— Et en même temps des deux, politiquement, c'était vous le plus militant.

— Oui, mais parce que j'avais choisi ce qui me portait en avant.

XXXV – LA FIN DE FRANÇOIS MITTERRAND

— Vous souvenez-vous des derniers jours de François Mitterrand ?

— François habitait le Champ-de-Mars. C'était trois jours avant qu'il meure. Le matin, il m'a appelé. Pas trop tard mais pas trop tôt. Il m'a dit : « On va déjeuner tous les deux. » J'ai dit oui. J'étais pris mais j'ai compris qu'il m'attendait. Il ne l'a pas dit, mais il m'en a fait comprendre l'importance. Il m'a précisé que nous serions seuls. Il a ajouté : « J'ai composé un menu spécial qui va nous plaire à tous les deux. » Il y avait des huîtres pour commencer. On a fait un très bon déjeuner, mais il mangeait encore moins que moi alors que j'ai, hélas, perdu depuis quelques années l'appétit d'ogre que j'ai eu toute ma vie. Souvent, nous nous rencontrions en tête-à-tête. Quelquefois, il dérogeait à notre règle, mais il savait que je n'aimais pas qu'il y eût d'autres personnes entre nous. Au moment où j'allais partir, il m'a retenu : « Tu sais, tout peut arriver, j'ai une rémission de la tumeur pour le moment, mais tout peut arriver. » J'ai su alors, au ton de sa voix, que c'était fini, que c'était sa façon de me dire au revoir. Contrairement à ses habitudes, durant toute la conversation pendant le déjeuner, jamais il ne m'a parlé du lendemain. Alors, je l'ai pris dans mes bras et je l'ai supplié : « François, je t'en prie, ne pars pas sans dire pardon. Chacun de nous souhaite le pardon, tu le sais bien. » Il n'a pas hésité une seconde. Devant moi, il a appelé son médecin, le docteur Tarot, qui veillait depuis des mois à son chevet. Il lui a dit : « Vous avez entendu ce que nous venons de nous dire avec Pierre. Oui, je vais faire comme cela. » Et Tarot s'est tout de suite organisé pour qu'il puisse le faire. Le prêtre de la paroisse voisine est venu pour donner l'extrême-onction. François a décidé aussi de la messe à Jarnac. Il a décidé très simplement, comme il fallait le faire. Il a eu raison d'implorer le pardon. Quand j'étais petit, Maman disait, je l'entends encore, elle nous disait à nous les enfants : « On ne dit jamais assez merci », et j'ai compris ce jour-là que merci et pardon étaient les mêmes mots. Il s'ouvrait. Je crois, moi, qu'il m'a fait venir parce qu'il savait d'avance que je lui dirais qu'il fallait demander pardon.

— Mais vous le lui avez demandé comme une sorte d'obligation d'amitié. Entre vous il n'y avait plus rien à cacher ?

— Comme un accomplissement. Oui je savais tout. C'est très mal élevé de se lever et de partir sans rien dire à ceux qu'on quitte.

— Oui, mais d'un autre côté il s'agissait de sa conscience ?

— Il ne pouvait pas être à ce point différent de ce que je ressentais moi-même. Je lui avais dit quelques mois auparavant : « Tu sais, il ne m'arrive jamais un seul jour de ne pas prier pour toi. » Il n'avait rien répondu. Il a eu alors une façon de me serrer le bras telle que j'ai senti qu'il savait que je savais.

— Et il ne vous a jamais interdit ou signifié qu'il ne fallait pas le faire ?

— Non. Jamais.

— A la fin de sa vie, François Mitterrand était-il croyant ?

— Difficile d'articuler pour un autre que soi-même si on est assuré qu'il croit. Assuré par la nature même de la question qu'il pose – et il en parlait beaucoup – plus que par la déclaration formelle qu'il en faisait. Il est très difficile de clarifier, quand on sait sa fin proche, la question qu'on ne peut pas ne pas se poser : qu'adviendra-t-il, après tout, et de nous et de tout ? *Memento, homo, quia pulvis es et in pulverem reverteris.* C'est probablement un des pas les plus difficiles à faire.

— Pourquoi a-t-il autant hésité à mourir chrétien à votre avis ?

— Je crois qu'il avait un grand respect pour le destin. Il avait parfaitement conscience que s'il arrivait à articuler certaines négations, il se contraindrait trop. Jusqu'au bout il s'est interrogé. Et pour moi, c'est justement l'un des plus émouvants témoignages. Cette hésitation très grande sur la religion, juste au point où il ne voulait pas qu'elle devienne négation. Il y revenait tout le temps. Et ne pas vouloir que cela soit la négation. Ne pas croire, ne plus croire mais ne pas croire en rien. Il donnait l'impression d'avoir embrassé beaucoup de problèmes et de les avoir surplombés. Il avait une capacité à contenir des problèmes philosophiques insolubles. Le fait d'avoir quitté l'Elysée, et d'avoir eu ce cas avant de disparaître, lui a peut-être permis justement de s'élever un peu au-dessus du monde matériel.

— Oui, sûrement. Mais rien n'excusera l'amitié avec Bousquet et l'engagement tardif dans la Résistance ?

— Eh bien, je me suis posé une question. Je me suis demandé si Bousquet ne lui avait pas un jour épargné quelque chose que nous ne connaissons pas. François était capable de garder cette chose pour lui-même. Il ne m'en a jamais parlé. Mais, sinon comment expliquer ? Il a dit au cours d'un repas où il avait invité Bousquet – grâce à Dieu il ne m'y avait pas invité, je n'y serais pas resté ! – qu'il y avait quelqu'un qui devait la vie sauve à Bousquet. Après tout, il était le chef de l'Etat, et il pouvait savoir des choses, il devait même les savoir, et ne pas les dire.

— Mais ne vous en aurait-il pas parlé, si tel avait été le cas ?

— Le secret, c'est vraiment le secret. Et il avait une conception suffisamment haute de sa charge, pour assumer le secret.

— Quitte à être insulté, bafoué ?

— Oui.

— Et l'engagement tardif dans la Résistance ? Vous ne le jugez pas non plus ? Enfin, sans le juger comme un procureur, on peut s'interroger.

— Oui, mais il y a tout de même eu la captivité. Il y a tout de même eu l'éloignement. Vous savez, c'est difficile quand on est loin. Moi, je suis d'une autre histoire, d'un autre tempérament : pour moi la révolte était telle que, même le visage maintenu au sol, j'aurais craché sur l'Allemand. Je ne pouvais pas accepter l'Occupation. Mais François avait le tort d'être différent et l'éloignement de la France a constitué pour lui une terrible épreuve.

— Oui, ses lettres, sa correspondance en attestent, mais en même temps à partir du moment où il revient, sa détermination va vraiment s'élaborer très lentement. Ensuite il y aura l'épisode Vichy. Qu'en pensez-vous ? Est-ce que c'était une période où, comme il l'a dit lui-même, on pouvait pratiquer un double jeu ? Ou est-ce une période où il a approché des cercles de pouvoir pour savoir véritablement de quel côté ça allait se passer ?

— Quand on est dans un territoire envahi, on peut toujours pratiquer un double jeu. On y est conduit par la nécessité des choses. Evidemment, cela demeure indéchiffrable. Etant donné ce qu'il a dit, je crois que c'est déchiffré. Quand il dit « j'en étais », moi, je le crois. Ou alors je ne croirais plus à grand-chose.

— Que faisiez-vous le jour de la mort de François Mitterrand ?

— J'étais avec lui. Je ne l'ai pas quitté. Le jour où François est mort, la France n'a pas su qu'elle perdait sa rose des vents. Et c'est maintenant que nous le constatons, personne ne peut, de bonne foi, nier qu'il a toujours vraiment voulu le bien de la France et que pour le moment sa voix manque puisque il ne vient pas leur dire : faites ceci ou faites cela et que personne ne le leur dit plus. L'émotion fut très grande à l'annonce de sa mort. La France a su qu'elle avait perdu un fils irremplaçable.

— Vous, vous l'avez donc veillé avec sa sœur...

— Oui, pendant toute la nuit et ensuite à Jarnac.

— Comment avez-vous compris ce geste d'aller se faire enterrer à Jarnac ? Vous en avait-il parlé auparavant ?

— Oui, il voulait faire célébrer la messe. Le fond de François, que je connais bien, j'ose dire que pour beaucoup de choses, c'est mon propre fond. Prier, quand tout à coup on ne le fait plus, c'est une terrible lacune, c'est ne plus savoir dire je t'aime et c'est uniquement une question d'amour. Le catholicisme est une religion superbe, avec des médiocrités terribles de la part de ceux qui en suivent les principes, mais l'on porte en son cœur une sorte d'aveu de préférence pour l'autre, toujours, en tout temps, à tout moment. Et puis c'est une religion où tout est aménagé pour l'âme. Je veux dire : quel est l'humain qui peut être insensible à la Vierge Marie ? Ce n'est pas possible ou alors il lui manque quelque humanité.

— Pourquoi Jarnac ? D'autres lieux avaient été envisagés ?

— Oui, mais c'eût été à la fois s'abandonner aux autres alors qu'il voulait être fidèle à sa tribu. Je suis sûr qu'il y avait dans sa décision le souci de ses parents et le désir de les retrouver. J'ai très bien compris Jarnac, et en plus il voulait demeurer dans ces rues où il avait été jusqu'au bout des chemins et où, à la fin de son adolescence, il s'était retrouvé.

— Devant sa tombe, la présence de Danielle Mitterrand et d'Anne Pingeot vous a-t-elle choqué ?

— Non, encore une fois, là où il y a de l'amour, il y a désir de dire la vérité. Mais je n'ai fait aucun geste pour revoir Anne Pingeot, je n'ai pas envie. Quelquefois j'ai envie de voir Mazarine parce que je me dis : je devrais l'aider, elle fait des choses inconsidérées.

— Par rapport à son père ?

— Oui, elle répond aux attaques, mais elle n'a pas à répondre. Jean-Christophe est là qui est son frère aîné et le fils de François, et qui d'ailleurs sur tous ces sujets pense exactement comme elle. J'avais tant souhaité qu'elle devienne amie de ses frères, et c'était facile avec Jean-Christophe et avec Gilbert, qui a un cœur d'or et qui possède toutes les vertus d'un cœur pur.

— Mais elle est peut-être d'abord la fille de son père avant d'être la sœur de ses frères ?

— Oui, elle est tout de même la fille de son père et on n'a pas le droit de l'oublier. En plus, physiquement, elle a beaucoup de choses de lui mais je suis trop vieux pour essayer, en y allant, de l'aider à retrouver cette chaleur familiale avec les autres enfants de son père.

— Quand avez-vous su l'existence de Mazarine ? Il vous l'a dit avant même la naissance ?

— Oui, parce qu'il l'espérait. C'est si mystérieux ce qui peut arriver quand on attend le voyageur. Il l'attendait.

— On peut dire que Mazarine lui a donné énormément de bonheur ?

— Beaucoup. Une fille, ça compte énormément.

— Est-ce qu'il vous parlait de l'éducation de Mazarine ?

— Oui, très souvent.

— C'est peut-être le plus grand amour qu'il ait eu ?

— Oui, je crois. C'est un peu comme les fruits qui ne viennent qu'à leur saison. Avant elle ne pouvait pas venir, il n'y avait pas de place pour elle.

— Mais elle est venue très tardivement dans sa vie ?

— Oui, mais François était fait pour les adieux, les arrivées tardives, les rattrapages de l'histoire et de l'espoir.

— Pourquoi n'a-t-il pas rendue publique l'existence de sa fille ?

— Parce qu'il était sûr qu'un président de la République ne devait pas le dire, qu'il allait faire scandale. Il était très soucieux de la sensibilité des autres.

— De la même manière, il n'a pas souhaité informer les Français de son état de santé ?

— Non.

— Pourquoi ?

— Je crois que c'est parce qu'il les aimait. Je crois qu'il y a des souffrances que l'on n'aime pas infliger aux autres si on les aime.

— Avant de se présenter pour son second mandat de Président, il a traversé une période d'interrogations où personne ne savait s'il allait se présenter ou pas. Quelle attitude avez-vous eue à cette période-là et que lui avez-vous conseillé ?

— Je me disais qu'il apportait dans notre vie quelque chose d'inappréciable, qui était que tout à coup nous étions cordiaux avec tout le monde, et puis je jugeais qu'il était le seul digne vraiment de cette compétition.

— Et lui, dans quel état d'esprit était-il ? A-t-il réellement hésité ou était-ce une feinte ?

— Il a réellement hésité. Il croyait qu'il mourrait plus tôt.

— C'était un coup de poker.

— Oui, mais il croyait que les états auxquels on voue toute son énergie vous donnent des grâces. Et il avait raison, je crois. Il s'est dit : « J'aurai peut-être la grâce d'aller plus loin. »

— C'est peut-être cette croyance en une éternité du pouvoir qui l'a déterminé ?

— En tout cas en une éternité des fonctions qu'on remplit pour le compte des autres. Parce que la fonction ne s'éteint pas avec la mort, quand c'est la fonction suprême. Il fallait pousser les Français à rester à gauche. Il y a dans le fait d'être l'élu, je parle de l'élu national, une sorte d'acquiescement qui est l'approbation de la nation. S'il pouvait l'obtenir, rien ne l'aurait fait renoncer à recevoir cette espèce d'onction. Et puis l'espérance de survivre... Cette figure du chef de l'Etat demeure de manière fantasmatique, rituelle, dans l'histoire des mentalités, comme la continuation du roi. C'est le roi continué.

— Comme s'il y avait chez lui une sorte de définition, pas seulement réelle, mais symbolique d'un pouvoir qui s'inscrirait dans l'histoire française et dans une histoire pas seulement républicaine mais royale ?

— Tout à fait, il avait tout à fait ce sentiment. Les royalistes ne s'y trompent pas qui, comme Renouvin, continuent à le célébrer.

— Et quand avez-vous su sa maladie ?

— Tout de suite. J'ai été le premier puisque c'est moi qui le lui ai appris. Je l'ai su dès que la souffrance est devenue terrible. Il ne connaissait pas l'origine de cette souffrance. Il s'est ouvert à moi de ses problèmes. C'était quelques semaines à peine après l'élection de mai 1981. Il avait terriblement mal au dos. Je lui ai donné le nom d'un spécialiste en qui j'avais toute confiance. Dès le premier rendez-vous, il a su. Et la gravité de son mal et qu'il n'y avait plus rien à faire pour l'enrayer. Il ne me l'a donc jamais caché. Mais l'espérance le soulageait. Cette maladie l'élevait et ne constituait pas un handicap pour lui. Mais la souffrance n'est jamais un handicap.

— C'est votre côté chrétien. Est-ce qu'il le prenait comme ça ?

— Ah oui, sûrement ! Soyez béni mon Dieu, qui donnez la souffrance comme un divin remède à nos impuretés. Et comme la meilleure et la plus pure essence qui prépare l'effort au sein de volupté.

— Oui mais chez lui il y avait un côté jeu.

— C'est son côté tauromachie.

— Il y a beaucoup de façons d'affronter le danger. Le véritable danger, c'est la mort. Alors, affronter le danger, c'est la défier. Et puis c'est la jouer !

— L'image du torero, pour Mitterrand, est tout à fait légitime. L'arène, les clameurs, l'ivresse, les picadors... Ah ! il y en a eu des picadors à la fin de sa vie...

— Quel type d'adolescent était François Mitterrand ?

— Très charmant. Ce qu'il y a d'extraordinaire, c'est qu'il ait tellement été épris de Danielle. D'ailleurs, pour lui imposer ce grand mariage à traîne, il savait qu'il violentait tout ce qu'elle préférait.

— Vous étiez au mariage ?

— Oui, à Saint-Séverin.

— Mais avant il avait une grande histoire d'amour malheureuse avec Catherine Langeais ?

— Je préfère qu'il ait aimé Danielle.

— Parce que vous avez connue Catherine aussi ?

— Oui, mais je préfère Danielle. Elle est touchante. C'est à cause de lui qu'elle s'est crue tellement à gauche, puis elle l'est restée plus que lui, et elle le demeure de manière inébranlable.

— C'est un trait commun entre vous, cet amour pour les femmes.

— Oui. Nous avons beaucoup de manières semblables. Ainsi, jamais je n'ai voulu divorcer. Lui non plus.

— Vous avez eu tous deux des histoires parallèles, cela vous rapprochait ?

— Oui, et il aimait que nous ayons ce genre de complicité.

— Avez-vous eu des femmes en commun ?

— Non.

— Vous vous présentiez réciproquement les femmes dont vous étiez amoureux ou pas ?

— Non.

— Non ? C'était très secret.

— Je leur faisais le cadeau quelquefois de le rencontrer parce que je trouvais que c'était quelque chose de précieux.

— Est-ce qu'il vous a présenté toutes les femmes qu'il a aimées ?

— Non, pas toutes, mais un certain nombre.

— Un jour il m'a dit qu'il aimerait bien, avant sa mort, faire un grand repas où il convierait toutes les femmes qu'il avait aimées. Cette idée vous paraît étrange ?

— Non, c'était son genre. Mais au fond il n'a pas eu une vie très heureuse, parce qu'il ne s'est pas permis ce qu'il voulait faire ni la façon dont il voulait vivre. Quand je lui ai dit que je m'étais installé une maison ailleurs que chez mon épouse et que j'y allais beaucoup, il n'en revenait pas.

— Il ne s'est jamais donné la totale liberté de vivre jusqu'au bout ?

— Non.

— Par convenance sociale ?

— Il a toujours su qu'il serait président de la République. Il était retenu par les obligations d'une charge que nous n'avions pas. Chaque geste de sa vie était dicté par cette idée.

— Mais il en parlait, ou vous saviez que ça existait ?

— Il en parlait quelquefois, il parlait des obligations que lui donneraient les choses qu'il entreprendrait s'il les faisait dans un certain esprit.

— Et vous ne vous moquiez pas de ce gamin qui disait qu'il allait devenir président de la République ?

— Pas du tout, je savais que c'était vrai. Eh oui. Il avait quelque chose, c'est vrai, de princier. Je veux dire que c'est bien regrettable qu'aucun des princes légitimes de la France n'ait eu cet état d'esprit.

— Comment l'avez-vous aidé au cours de sa campagne présidentielle de 1965 ?

— De toutes les manières.

— C'est-à-dire ?

— Toutes les manières, toutes.

— Vous avez été voir vos amis de droite ?

— Oui, bien sûr.

— Et d'extrême droite ?

— Bien sûr. Tous, en leur disant que c'était quelqu'un comme nous. J'ai d'ailleurs été bien accueilli. Je crois qu'il incarnait beaucoup d'espoir parmi les gens de la droite. Ils croyaient à son succès. Il n'y avait pas de dissimulation. Il était clair quand il parlait de ce vaste projet qu'il s'orientait vers les choses dont la France avait le plus besoin : l'autorité, la loi, la justice.

— Et votre cœur n'était pas déchiré entre votre attachement admiratif au Général et votre amitié pour François Mitterrand ?

— François faisait partie de moi, tandis qu'en faisant tout ce que j'ai pu pour le Général, j'avais le sentiment qu'on a quand on sert son pays. A telle enseigne que lorsque je n'ai pas été d'accord avec lui, je n'arrivais pas à me défaire de lui, je n'ai pas essayé d'ailleurs. Sur l'Algérie, François était entièrement d'accord avec moi.

XXXVI - LA VIEILLESSE

— Avez-vous l'impression que vous avez accompli ce que vous deviez ?

— Non, je suis sûr que non. Je ne suis pas lassé mais interrogatif. Il y a quelque chose de sérieux qui m'arrive et auquel je ne peux rien. Je ne peux plus marcher, et c'est une grande privation. On ne souffre pas. Enfin, la vie s'en va parce qu'on ne sent plus en soi les forces de la retenir. On s'aperçoit alors qu'elle constitue elle-même la clef de tous les devenirs. Chacun d'entre nous, seul, ouvre les portes du futur ou les laisse se fermer. Dans les périodes normales, les travaux, ce à quoi on est bien forcé de consacrer son énergie puisqu'on s'y est engagé, constituent autant de moteurs qui vous précipitent en avant. Nous n'arrêtons pas de nous efforcer d'être avant nous-mêmes, d'être devant soi-même. Et puis, arrive le jour où on se dit : « A quoi bon ? » C'est la perte du sentiment de la vie. Tout est bon avant. C'est pas à quoi bon, c'est tout est bon.

Ma tombe est contre le dernier mur du cimetière de Passy. C'est l'aboutissement du cimetière. Ma tombe est en même temps celle de mes amis qui ont demandé à reposer auprès de moi. Elle touche du pied deux tombes de deux frères qui étaient généraux et avec qui j'ai eu des drames. Il m'est arrivé de me retrouver face à face avec des hommes qui avaient voulu me tuer. Une fois, dans une cérémonie officielle, je me suis approché d'un homme et je lui ai dit : « Je vous connais, je vous ai déjà vu quelque part. Vous n'êtes pas M. Robert ? » Il m'a dit :

« Si, mon général. » Et puis je voyais qu'il était embêté, le pauvre. Vichyste, en face d'un ancien héros de la Résistance ! Je lui ai dit : « Ne craignez rien, je suis sans rancune. »

— Vous n'êtes pas rancunier parce que vous êtes chrétien ?

— Non. C'est parce que j'ai eu une mère qui m'a appris à ne pas être rancunier. La rancune ne sert à rien si ce n'est à vous diminuer, profondément. Je suis sans haine.

— Cette solitude dans laquelle vous êtes en ce moment vous pèse-t-elle ?

— Je n'ai plus d'amis. Ils sont tous morts !

— Qu'est-ce qui vous tient en vie encore aujourd'hui ?

— Maman.

— Mais en même temps, vous qui êtes si croyant, vous pourriez vous dire que vous allez la rejoindre plus tard ?

— Oui je vais la rejoindre, et rejoindre mes amis. Mais voilà, la route qui s'ouvre pour quelqu'un qui doit, dès maintenant, renoncer à la continuer constitue un lumineux mystère. Tout va s'éteindre, sauf dans votre cœur. Et moi je ne peux avoir aucune amertume, car ma vie a été pleine de bonheur. Mais quand même... C'était si facile quand tous étaient là... Mais je vois que le chemin aura la lumière de mon espérance. Elle n'existe pas encore. C'est moi qui vais aller allumer cette lumière.

— Cette lucidité que vous avez vis-à-vis de la mort est-elle plus pour vous une épouvante ou un recours ?

— Un recours. Je n'ai aucune épouvante.

— Vous l'attendez ?

— Oui. J'ai besoin encore de quelques jours parce que je veux absolument régler des choses. Je ne veux pas d'un service aux Invalides, je ne veux pas de la troupe, je ne veux pas, c'est vrai. Je veux être enterré dans la petite chapelle proche de chez moi. Et puis étant donné qu'ils ne sont plus là, je ne souhaite pas grand-monde, vraiment.

— François Mitterrand avait décidé qu'il s'arrêterait de vivre au moment où il aurait la certitude que ses moyens intellectuels le déserteraient. Et il avait demandé à certains d'entre nous de lui dire la vérité s'il perdait la tête. Quand il a su qu'il avait pu perdre la tête sans s'en rendre compte, il a décidé d'arrêter son traitement. Que pensez-vous de son geste ? Il a choisi son moment ?

— Oui je pense que, comme toujours, il donnait plus qu'il ne recevait. J'étais là pendant son agonie comme je suis là au moment du départ avec mes proches. Chez les catholiques c'est une des obligations morales que l'on a de veiller le mort. J'avais un camarade de Résistance qui s'appelait François Divernois. Quand il est mort, chez lui, sa femme avait trouvé pour l'accompagner des religieuses espagnoles qui appartenaient à un ordre dit de la Sainte Agonie. Il avait un cancer des poumons. Il est mort étouffé. Je tenais sa main. Sa main ne me relâchait pas et la petite sœur quand elle a vu que j'allais dégager la mienne, m'a dit : « Oh non, attendez, ils ne partent pas comme cela. Votre ami est encore là. » Alors j'ai repris sa main que je n'ai pas quittée et il est mort en me tenant. C'est vrai qu'ils ne partent pas comme ça. J'ai fait de même pour François Mitterrand. Je suis allé le veiller. J'ai apporté ce que je pouvais. Je suis comme tout le monde. Je me disais qu'un ami très cher ne pouvait pas disparaître... Quelle angoisse que de le quitter ! Avant la mise en bière je ne l'ai pas quitté, je n'ai pas quitté non plus sa main. Je suis allé l'embrasser plusieurs fois. Je priais près de lui, puis j'allais l'embrasser. Pauvre petit François.

— Vous avez contribué à faire basculer François Mitterrand à la fin de sa vie dans la religion dans laquelle il avait été élevé. Pensez-vous que la religion soit, dans ces moments-là, nécessaire ?

— Oui. C'est une aide fantastique pour ceux qui partent ainsi que pour ceux qui, derrière eux, font le chemin à petits pas, comme font tous les hommes.

— C'est très étonnant le parcours spiritualiste de François Mitterrand et cette recherche éperdue qu'il a continuée jusqu'à ses derniers moments, où, épuisé, il lisait encore des textes mystiques, mais aussi des textes orientaux. Quel est pour vous le sens de cette recherche de vérité ?

— Les textes orientaux, cela s'explique très bien. D'ailleurs la foi n'a pas de couleur de peau.

— Mais ce questionnement incessant, ces tourments de l'âme dont je peux modestement témoigner, pourquoi n'a-t-il pas, selon vous, décidé de s'abandonner plus tôt à sa religion matricielle, le christianisme ?

— Mais je comprends très bien. Le mystère de François c'est le secret de tous ceux qui dans leur périple autour du chemin final ont la possibilité d'oublier que l'issue était incluse dans ce qu'ils ont appris.

— Vous m'avez dit que vous aviez accepté d'avoir dans votre tombe plusieurs amis ?

— Oui.

— Et que votre tombe était déjà peuplée de personnes qui vous y attendent ?

— Oui. Jean de Castellane, Michel de Camaret.

— C'est plutôt réjouissant. Mais quelle signification profonde cela a pour vous ?

— On ne s'est pas quittés dans la vie, alors on ne se quitte pas non plus dans la mort.

— Vous allez continuer votre conversation plus tard ?

— Oui, ou nos prières, je ne sais ce que nous continuerons, je sais qu'on ne se quittera pas.

— Vous croyez à une communion des âmes ?

— Oui, mais le plus beau dogme de la religion catholique, c'est celui de la communion des saints. Car cela va très au-delà de nos propres religions, très au-delà de nos races, très au-delà de nos personnes. C'est un dogme superbe, il fallait être Dieu pour l'inventer.

— Vous n'avez de haine pour personne, au jour d'aujourd'hui ?

— Non. Si je meurs cette nuit, je mourrai en paix, sans aucune colère.

— Même envers ceux qui vous ont humilié, abaissé, blessé moralement et physiquement durant la période de la guerre ?

— Non, puisque j'ai gagné. Finalement, s'il me fallait une raison de m'être battu, c'était bien les Français. Quand bien même je ne les aime pas, parce que quelquefois j'ai honte d'eux, ils me désobligent, souvent, mais on ne choisit pas ses frères.

— Et vous n'avez aucune colère envers ceux qui ont trahi des idéaux ?

— Ah si. Ceux qui ont trahi. Ceux-là je ne peux pas... Je n'ai pas de colère apparente, mais ils ne font plus partie de l'horizon des vivants. Je ne sais plus qui ils sont. Et je ne veux pour rien au monde que la mort me soit épargnée.

— Vous souhaitez une mort lucide, que vous puissiez affronter ?

— Oui, je suis debout et je peux répondre, je ne veux pas de cette espèce d'aiguillage qui allégerait cette tâche ultime que j'ai accomplie. Nous croyons obscurément que nous avons besoin de nous expliquer. C'est faux. Là où nous devons répondre, nous répondons à qui sait tout de nous.

— La vie n'est-elle pas la valeur suprême ?

— Non. La valeur suprême, c'est Dieu, parce qu'il est la vie éternelle. On n'a pas à se justifier devant son quotidien quand on est assuré de la vie éternelle.

— Mais quand on est un croyant comme vous, a-t-on le droit de se suicider ?

— Non.

— Et si le désir vous en vient et la nécessité ?

— Non, on ne doit pas. On doit être debout.

— Mais justement, il y a des morts dures, il y a des morts lentes, il y a des morts par effacement...

— On doit être debout. Ne serait-ce que par amour de Dieu.

— Mais si la vie ne fait pas les choses ainsi...

— Elle les fait, parce que la résolution qui nous met debout, dans un dernier sursaut, au moment de partir, nous l'avons forgée dans les quarante années qui précèdent notre chute. Et cette résolution, c'est vraiment un engagement d'honneur et un choix d'amour. Qui constitue une joie en soi.

— Donc vous, vous croyez à la vie éternelle ?

— Oui, bien sûr, je crois en Dieu. Donc à la vie éternelle. Je crois au seul dieu qui est au monde.

— Je suis frappée de voir la présence chez vous d'un bouddha avec une fleur dans la bouche.

— C'est parce que je crois en l'amour et que Bouddha est un modèle extraordinaire. Dans le paradis tel que je le conçois, le Bouddha existe forcément. On ne peut pas avoir tant aimé que les hommes en aient été bouleversés, et que tout à coup ce soit effacé. Je crois, comme tous les Pères de l'Eglise l'ont cru, qu'avant la révélation de Jésus-Christ, l'idée de Dieu a existé chez les hommes. Dieu est partout. Sur le fond des choses, je suis d'accord avec Henri Cartier-Bresson qui est devenu bouddhiste, ainsi qu'avec le fils de Jean-François Revel, Mathieu [1]. Mais nous n'avons probablement pas la force de construire l'image du monde comme nous le voudrions. Alors, il est normal que nous ayons de l'indulgence pour les hésitations des autres, d'autant plus que nous savons que ces hésitations convergent toutes vers l'unité de Dieu. Dans cette unité, il y a chacune de nos préférences. Sans cela comment aurions-nous la force d'affronter cette unité, si nous devions tout y perdre et ne pas retrouver ce que nous avons ?

1. Mathieu Ricard.

— Y a-t-il un moment où chacun de nous accepte de partir sans faire de bruit ?

— Oui. Le bruit n'est plus en nous quand on part... Le bruit, il y a du bruit, mais ce n'est plus le même et nous ne pouvons plus l'identifier à nous, ce bruit.

— Chacun de nous accepte qu'il y ait un âge pour mourir ?

— Oui, s'il est raisonnable. Il y a quand même un jour où on le sait d'une science certaine, on sait que ce sera à partir de ce pas-là que les choses seront d'une valeur moindre. Sans cela, beaucoup de gens mourraient d'angoisse à l'idée de l'incertitude qu'ils vont laisser aux autres. Et je ne crois pas qu'on ait autour de soi une sorte de concert de désespoir qui fait que d'autres que nous renoncent. Pour nous-même, c'est nous-même qui répondons. On se sent capable, à ce moment-là, de transmettre en acceptant de s'effacer. On y est conduit, pas à pas.

BIBLIOGRAPHIE

RAYMOND ABELLIO : *Ma dernière mémoire,* tome III : *Sol invictus (1939-1947)* (Ramsay, 1980).

MIREILLE ALBRECHT : *Bertie, la grande figure féminine de la Résistance* (Robert Laffont, 1986).

PHILIPPE ARIÈS / MICHEL WINOCK : *Un historien du dimanche* (Seuil, 1980).

PIERRE ASSOULINE : *Monsieur Dassault* (Balland, 1983).

PIERRE ASSOULINE / RAOUL GIRARDET : *Singulièrement libre* (Perrin, 1990).

JEAN-PIERRE AZÉMA / OLIVIER WIEVIORKA : *Vichy (1940-1944)* (Perrin, 2000).

JEAN-PIERRE AZÉMA : *Jean Moulin face à l'histoire* (Flammarion, 2000).

JEAN-PIERRE AZÉMA / FRANÇOIS BÉDARIDA : *La France des années noires* (Seuil, 1993).

JACQUES BAUMEL : *Résister. Histoire secrète des années de l'Occupation* (Albin Michel, 1999).

FRANÇOIS BÉDARIDA : *Churchill* (Fayard, 1999).

PIERRE GUILLAIN DE BÉNOUVILLE : *Saint Louis ou le Printemps de la France* (Robert Laffont; réédition Livre de poche, 1970).

PIERRE GUILLAIN DE BÉNOUVILLE : *Baudelaire le trop chrétien* (Bernard Grasset, 1936).

PIERRE GUILLAIN DE BÉNOUVILLE : *Le Chemin brûlé* (Darentière).

PIERRE GUILLAIN DE BÉNOUVILLE : *Le Sacrifice du matin* (Robert Laffont, 1945).

DANIEL CORDIER : *Jean Moulin, l'inconnu du Panthéon* (Jean-Claude Lattès, 1989).

DANIEL CORDIER : *La République des catacombes* (Gallimard, 1999).

JEAN-LOUIS CRÉMIEUX-BRILHAC : *La France libre. De l'appel du 18 juin à la Libération* (Gallimard, 1996).

HENRI FRENAY : *La nuit finira : mémoires de résistance (1940-1945)* (Robert Laffont, 1973).

HENRI FRENAY : *L'Enigme Jean Moulin* (Robert Laffont, 1977).
FRÉDÉRIC FREIGNEAUX : *Histoire d'un mouvement terroriste de l'entre-deux-guerres : la Cagoule* (université de Toulouse, 1996).
MAURICE GARÇON : *Plaidoyer pour René Hardy* (Fayard, 1950).
RAOUL GIRARDET : *Essais d'égohistoire, l'ombre de la guerre,* présentés par Pierre Nora (Gallimard, 1978).
RENÉ HARDY : *Derniers Mots* (Fayard, 1984).
JEAN LACOUTURE : *De Gaulle, le rebelle* (Seuil, 1984) ; *De Gaulle le politique* (Seuil, 1985), *De Gaulle, le souverain* (Seuil, 1986).
HENRI NOGUÈRES : *Histoire de la Résistance en France* (Robert Laffont, 1972).
HENRI NOGUÈRES : *La vérité aura le dernier mot* (Seuil, 1985).
PIERRE PÉAN : *Vies et morts de Jean Moulin* (Fayard, 1998).
PIERRE PÉAN : *Le Diabolique de Caluire* (Fayard, 1999).
PIERRE PÉAN : *Le Mystérieux Docteur Martin (1895-1969)* (Fayard, 1993).
PIERRE PELLISSIER : *Le 6 février 34* (Perrin, 2000).
ALAIN PEYREFITTE : *C'était de Gaulle* (Fallois/Fayard, 2000).
ZEEV STERNHELL : *La Droite révolutionnaire (1885-1914). Les origines françaises du fascisme* (Seuil, 1978).
EUGEN WEBER : *L'Action française* (Fayard, 1985).
THIERRY WOLTON : *Le Grand Recrutement* (Grasset, 1993).

Articles :

JEAN-PIERRE AZÉMA, « L'énigme Jean Moulin », *L'Histoire* n° 55, avril 1983.
DANIEL CORDIER, « Défense de Jean Moulin », *L'Histoire* n° 167, juin 1995.
JEAN-PIERRE AZÉMA, « Le dossier Jean Moulin », *L'Histoire* n° 233, juin 1999.
JEAN-PIERRE AZÉMA, « Jean Moulin et le rendez-vous de Caluire », *L'Histoire* n° 171, novembre 1990.
STÉPHANE COURTOIS, « Jean Moulin et les communistes », *L'Histoire* n° 166, mai 1993.
JEAN-FRANÇOIS SIRINELLI, « L'Action française », *L'Histoire*, n° 51, décembre 1982.
JEAN-FRANÇOIS SIRINELLI, « La greffe maurrassienne », *L'Histoire*, n° 113, juillet-août 1988.
ZEEV STERNHELL, « Les origines intellectuelles du racisme en France », *L'Histoire*, n° 17, novembre 1979.

TABLE

Cet ouvrage a été réalisé par

FIRMIN DIDOT
GROUPE CPI

Mesnil-sur-l'Estrée

pour le compte des Éditions Grasset
en mai 2002

Imprimé en France
Dépôt légal : mai 2002
N° d'édition : 12404 – N° d'impression : 58676
ISBN 2-246-59921-0